日本監査研究学会リサーチ・シリーズ XXII

サステナビリティ情報の会計・保証・ガバナンス

Accounting・Assurance・Governance of
Sustainability Information

小西範幸 編著

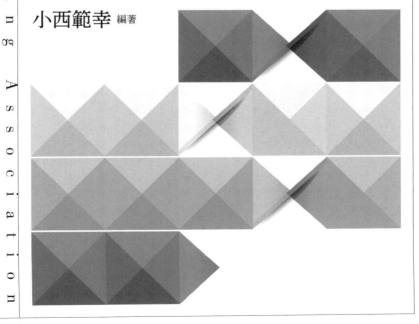

同文舘出版

はしがき

　本書は，日本監査研究学会の課題別研究部会「サステナビリティ情報と会計・保証・ガバナンスの展開」（2021年～2023年）の研究成果であり，サステナビリティ情報を介した会計，保証，ガバナンスの３つの研究領域の分野横断的な知見，さらには「総合知」の創出を得ることを目的としている。ここでは，会計，保証，ガバナンスについて，制度的側面に加えて理論および実務の側面から先鞭をつけることで，財務諸表を中心とした財務情報とESG情報でも将来的に財務情報あるいは企業価値に影響を及ぼすサステナビリティ関連財務情報とを同等に位置付けた**「サステナビリティ情報」**の開示について論じている。

　国際サステナビリティ基準審議会（ISSB）から2023年６月にIFRS S1「サステナビリティ関連財務情報の開示に関する全般的要求事項」とIFRS S2「気候関連開示」の公表があり，世界各国では当該基準を基にして，それぞれの政策の優先順位によって，より広範な要求事項や特定の開示の要求事項を追加して自国の基準を設定していくことになる。日本では，すでに有価証券報告書の「サステナビリティに関する考え方及び取組」において，「気候変動」に加えて「人的資本・多様性」に係る記載が求められている。今後，ISSBからはIFRS S2に続く基準が公表されていくため，当該基準を取り込めるような開示制度の枠組みを検討しておく必要があり，本研究の貢献がそこにある。

　本書での研究が求められる背景には，３つの国際的な動向を挙げることができる。１つ目は，国際連合からのSDGs（持続可能な開発目標）の公表である。その17の目標の達成には企業の果たす役割が大きく，個々の企業のサステナビリティのトリプルボトムラインである経済，社会，環境に関わるリスクと機会について評価できる情報を開示することでSDGs達成への貢献が求められている。２つ目は，環境，社会，ガバナンスに配慮している企業を選別して行うESG投資の進展である。ESG評価の高い企業ほど，事業活動の社会的意義やサステナビリティが優れていると判断されるようになっている。そして３つ目は，国際

i

会計基準（IFRS）財団の下，国際会計基準審議会（IASB）と並んでISSBが設立されてサステナビリティ開示基準が公表されるようになったことである。

サステナビリティ経営が21世紀の企業経営を標榜していると考えると，コーポレートガバナンスは企業の方向付けと統制を行うシステムと捉えた「企業統治」の訳語は適当とは言い難くなっている。サステナビリティ経営の目的は，ステークホルダーのための価値創造と結び付いているため，本書では，「**コーポレートガバナンス**」は取締役会の適切な行動，ならびに取締役会と株主等の間の良好なコミュニケーションを促進する手段と考えることで，包括的に「会計・保証・ガバナンス」を捉えた考察を深めている。

SDGsの達成に向けて，将来世代の便益を最大化するための複合的な価値を実現する新しい経済社会へのイノベーションが求められている。このためには，経済社会と企業経営のサステナビリティの連結環となるようなサステナビリティ情報の開示制度を介したコーポレートガバナンスの構築が不可欠である。しかし，本研究の構想を練った2020年には，まだ「財務情報と非財務情報」という使い方が一般的であり，これらの情報を同等に位置付けることに関して，会計あるいは保証の観点から議論されることは少なくともわが国では殊どなく，挑戦的なテーマであったように思う。

このような状況の中で，ガバナンスの議論をも加えた本研究を進めることに自信が持てたのは，1990年代からはじまっている英国のコーポレートガバナンス改革の本質が本研究部会のメンバー間で逸早く共有できたことが大きかったように思う。この改革からは，アカウンタビリティとコーポレートガバナンスの関係性についての知見を得ることができた。

心許ない部会長の進行にもかかわらず，2年間に亘って毎月の研究会に我慢強く参加していただいたメンバー各位に心よりの感謝を申し上げたい。そこでは有意義な研究報告の下での活発な議論を交し合うことで，本研究課題に対しての意見形成が徐々にでき上がっていったことは望外の喜びであった。

本課題別研究部会とその出版の機会を与えていただいた日本監査研究学会への感謝を付すとともに，20回を超える研究会の開催や国内外の学会出席の機会を与えてくれた青山学院大学総合研究所「一般研究Bユニット：コーポレート・ディスクロージャーの総合的研究（2021年～2024年）」の研究助成があったこと

はしがき

を付しておきたい。

　最後に，本研究の出版に向けて励ましのお言葉を幾度となくかけていただいた同文舘出版の取締役である青柳裕之氏と鼎談のとりまとめから校正作業に至るまで多大なご尽力をいただいた有村知記氏に謝意を表します。

2024年 5 月 6 日

課題別研究部会部会長

青山学院大学大学院教授

小西　範幸

目　次

はしがき　i

略語一覧表　xv

序 章　サステナビリティ情報とコーポレートガバナンス

Ⅰ　はじめに ……………………………………………………………… 1

Ⅱ　研究の背景と構成 …………………………………………………… 2
　1　国際的な動向　2
　2　本書の構成と各章での研究目的　8

Ⅲ　研究の特徴 …………………………………………………………… 10
　1　サステナビリティ情報　10
　2　コーポレートガバナンス　11

Ⅳ　サステナビリティ情報と会計 ……………………………………… 14
　1　サステナビリティ情報開示の意義　14
　2　サステナビリティ経営と会計主体論　15
　3　資金主体論とサステナビリティ情報　16

Ⅴ　サステナビリティ情報と会計・保証・ガバナンス ……………… 19
　1　コーポレートガバナンスの観点　19
　2　会計・保証・ガバナンスの一体的な考察　20
　3　ガバナンスの観点　24

Ⅵ　おわりに ……………………………………………………………… 25

v

第 I 部　英米のコーポレートガバナンスの制度

第1章　英国におけるコーポレートガバナンス改革の特徴

Ⅰ　はじめに ……………………………………………………………… 33

Ⅱ　コーポレートガバナンス改革の変遷 ………………………………… 33

Ⅲ　ガバナンスコードとナラティブレポート …………………………… 34
　　1　コーポレートガバナンスコード公表までの経緯　34
　　2　ガバナンスの拡充とナラティブレポートの必要性　38

Ⅳ　ガバナンスと会計の展開 ……………………………………………… 41
　　1　会計の展開　41
　　2　スチュワードシップコードを介したガバナンスと会計の連携　43

Ⅴ　会計，保証，ガバナンスの展開 ……………………………………… 47
　　1　保証の展開　47
　　2　内部統制の拡充による会計，保証，ガバナンスの連携　49
　　3　財務報告評議会（FRC）の改編の意図　51

Ⅵ　おわりに ……………………………………………………………… 53

第2章　英国における内部統制とコーポレートガバナンスの近時の展開

Ⅰ　はじめに ……………………………………………………………… 57
　　1　本章の問題意識と構成　57
　　2　「監査とコーポレートガバナンスの信頼回復」報告の経緯と概要　58

Ⅱ　「監査とコーポレートガバナンスの信頼回復」
　　にみる内部統制の強化 ………………………………………………… 59
　　1　内部統制強化のための3つの選択肢　59
　　2　2022年5月政府見解　60

目次

Ⅲ 「監査とコーポレートガバナンスの信頼回復」
  にみる新しい企業報告書 ………………………………………… 61

  1 新しい企業報告書概要　61

  2 レジリエンス報告書　62

  3 監査・保証方針報告書　64

  4 配当金支払実務報告書　66

  5 不正発見・防止措置報告書　67

  6 公益ステートメント　68

Ⅳ コーポレートガバナンス強化を支える新しい規制機関ARGA …… 68

  1 企業報告書に対する監督のアプローチ　68

  2 ARGAによる会社役員へのエンフォースメント　69

Ⅴ コーポレートガバナンスコード2023年改訂案の公表 ……………… 70

  1 コーポレートガバナンスコード2023年改訂案の概要　70

  2 コーポレートガバナンスコード2023年改訂案における具体的な変更点　70

Ⅵ 直近の展開 ………………………………………………………… 76

Ⅶ おわりに …………………………………………………………… 77

第3章 英国のサステナビリティ関連財務情報に対する保証の現状

Ⅰ はじめに …………………………………………………………… 83

Ⅱ サステナビリティ関連財務情報の保証に関連するCGC改訂案 …… 84

Ⅲ サステナビリティ関連財務情報に対する保証の現状 ……………… 85

Ⅳ AAP ………………………………………………………………… 92

Ⅴ おわりに …………………………………………………………… 102

第4章 米国における気候関連情報の開示と内部統制の展開

Ⅰ　はじめに …………………………………………………… 107

Ⅱ　米国における財務報告と内部統制 ……………………… 108

　1　MD&Aと財務報告　108

　2　内部統制と財務報告　109

Ⅲ　気候関連情報開示 ………………………………………… 111

　1　SEC「規則案」までの経緯　111

　2　SEC「規則案」の内容　113

　3　「TCFD提言」との比較　115

Ⅳ　内部統制の拡充 …………………………………………… 120

　1　「COSOガイダンス」までの経緯　120

　2　「COSOガイダンス」の内容　121

　3　「ICIF-2013」との比較　122

Ⅴ　気候関連情報の開示と内部統制 ………………………… 125

　1　情報開示のための内部統制の拡充　125

　2　米国のコーポレートガバナンスの特徴　126

Ⅵ　おわりに …………………………………………………… 128

第Ⅱ部　サステナビリティ情報の保証の理論

第5章 Credibility概念からの監査・保証の検討

Ⅰ　はじめに …………………………………………………… 133

Ⅱ　ASOBACにおけるCredibilityの水準 …………………… 134

　1　ASOBACの位置付け　134

2　監査の定義とCredibilityの概念　135

　　3　情報利用者の観点からのCredibilityの検討　136

Ⅲ　ASOBACの監査とIFAEの保証業務 ……………………………… 137

　　1　ASOBACの監査と証明　137

　　2　IFAEにおける合理的保証業務と限定的保証業務　138

　　3　保証実施者の観点からのCredibilityの検討　139

Ⅳ　CTモデルにおけるCredibility ……………………………………… 141

　　1　CTモデルの位置付けと特徴　142

　　2　Credibilityを高める主要な要因　142

　　3　情報作成者の視点からのCredibilityの検討　144

Ⅴ　おわりに ……………………………………………………………… 144

第6章　サステナビリティ情報と保証の考え方

Ⅰ　はじめに …………………………………………………………… 149

Ⅱ　サステナビリティ情報の保証類型 ……………………………… 149

　　1　業務実施主体による分類　149

　　2　情報の範囲と保証の範囲の組み合わせによる分類　151

Ⅲ　年次報告書に対する一元的保証 ………………………………… 152

　　1　内部統制を財務諸表監査の基本命題の意味として

　　　　命題化する考え方　152

　　2　サステナビリティ情報の「適正性」を

　　　　「年次報告書の適正性命題」の意味として命題化する考え方　153

Ⅳ　財務諸表情報に対する監査と連携したサステナビリティ情報に対す

　　る保証 ……………………………………………………………… 153

　　1　基本命題と意見　153

　　2　サステナビリティ情報に関する開示規準と保証規準　155

　　3　間接立証のポイント　156

ix

4　サステナビリティ関連財務情報保証の基本命題の翻訳　160

　　5　サステナビリティ情報保証における保証水準　161

Ⅴ　おわりに　…………………………………………………………　161

第7章　サステナビリティ情報に対する保証の制度的枠組み

Ⅰ　はじめに　……………………………………………………………　165

Ⅱ　非財務情報の開示　…………………………………………………　166

　　1　非財務情報開示の背景　166

　　2　サステナビリティ関連財務情報の開示の意義　167

Ⅲ　サステナビリティ情報開示基準の整備　…………………………　169

　　1　日本における開示基準の整備　169

　　2　EUにおける開示基準の整備　172

Ⅳ　サステナビリティ情報の信頼性　…………………………………　173

　　1　情報作成者の責任　173

　　2　想定利用者の多様性の影響　175

Ⅴ　サステナビリティ情報に対する保証　……………………………　176

　　1　保証基準の整備　176

　　2　保証業務の展開　178

Ⅵ　リスク・アプローチによる保証業務　……………………………　180

Ⅶ　おわりに　……………………………………………………………　182

第8章　サステナビリティ情報に対する保証の役割

Ⅰ　はじめに　……………………………………………………………　185

Ⅱ　開示情報の生来的信頼性　…………………………………………　186

x

目次

Ⅲ　開示情報に対する保証の役割 ･････････････････････････････ 189
Ⅳ　保証の枠組み ･･ 192
　1　保証対象　192
　2　保証手続　196
Ⅴ　おわりに ･･･ 198

第Ⅲ部　コーポレートガバナンスの実務

第9章　サステナビリティ情報の開示と保証に関する国際的実態調査

Ⅰ　はじめに ･･･ 205
Ⅱ　用語の整理と国際的調査の限界 ･･･････････････････････････ 205
Ⅲ　サステナビリティ情報の開示および保証に関する国際的動向 ･･･ 207
Ⅳ　投資家，企業および保証プロバイダーの見解 ･････････････････ 208
　1　IOSCOとサステナビリティ情報の開示・保証　208
　2　投資家の見解　210
　3　企業の見解　216
　4　保証プロバイダーの見解　221
Ⅴ　おわりに ･･･ 225

第10章　日本の統合報告書におけるガバナンス責任者の有効な関与

Ⅰ　はじめに ･･･ 227
Ⅱ　統合報告書と国際統合報告フレームワークの概要 ･････････････ 229
　1　統合報告書の定義と特徴　229

xi

2 国際統合報告理事会（IIRC）の沿革と活動　229

3 国際統合報告フレームワークの原則と内容　230

Ⅲ　フレームワークにおけるガバナンス責任者による 責任表明の要求事項 …………………………………… 230

1 フレームワーク改訂の背景と目的　230

2 ガバナンス責任者による責任表明の内容と意義　231

3 ガバナンス責任者の概念と範囲　232

Ⅳ　日本企業における取締役会の役割と課題 ……………… 232

1 日本企業の取締役会の特徴と現状　232

2 欧米企業の取締役会の特徴と比較　233

3 日本企業の取締役会が直面する課題と改善策　234

Ⅴ　日本企業の統合報告書におけるガバナンス責任者による 責任表明の実態分析 …………………………………… 235

1 分析対象と分析手法　235

2 分析結果と考察　236

3 ガバナンス責任者の肩書きとガバナンス体制の違いによる 責任表明の文章の変化　241

Ⅵ　おわりに ………………………………………………… 243

第11章　サステナビリティ情報の保証に関する実証分析

Ⅰ　はじめに ………………………………………………… 247

Ⅱ　先行研究 ………………………………………………… 247

Ⅲ　リサーチデザイン ……………………………………… 250

1 仮説　250

2 検証モデル　252

3 データ　254

4 サステナビリティ情報の開示・保証のトレンド　255

Ⅳ　分析 ………………………………………………………………… 257

　1　記述統計と相関係数　257

　2　モデルの推定結果　261

Ⅴ　おわりに ……………………………………………………………… 267

補章①	【鼎談】サステナビリティ情報の開示制度の確立に向けて

Ⅰ　はじめに―研究の背景― ………………………………………… 273

Ⅱ　コーポレートガバナンスの潮流 ………………………………… 275

　1　広義のガバナンスと狭義のガバナンス　275

　2　英国のコーポレートガバナンス改革に見る開示制度　277

Ⅲ　内部統制とは ……………………………………………………… 280

　1　Internal control は「内部統制」なのか　280

　2　サステナビリティ情報の開示に伴った内部統制の拡充　282

Ⅳ　ガバナンス責任者とは …………………………………………… 285

　1　ガバナンスの責任の所在　285

　2　監査等委員会設置会社では，ガバナンスは機能するのか　286

　3　パフォーマンスが低いCEOを解任することができない日本　289

Ⅴ　合理的保証を実施するには ……………………………………… 291

　1　限定的保証と合理的保証　291

　2　サステナビリティの開示基準によってガバナンスはどう変容するのか　293

　3　保証担当者に求められる資質　294

Ⅵ　保証とガバナンスの議論の今後の展開 ………………………… 295

Ⅶ　おわりに …………………………………………………………… 296

補章②	**ESG環境下における不正リスクの管理について** ―2022年のA Report to the Nationsの 職業上のリスク管理との比較を中心として―

Ⅰ　はじめに ……………………………………………………… 299

Ⅱ　職業上の不正の分類とそのリスク管理 ……………………… 300

　1　資産の不正流用　300

　2　財務諸表不正　301

　3　汚職　301

Ⅲ　職業上の不正の発見，不正の多い業界，不正対策の有効性および犯
　　行者と不正の兆候について ……………………………………… 302

　1　不正の発見とその他の手続　302

　2　不正の多い業界　302

　3　不正対策の有効性　302

　4　不正犯行者と不正の兆候　303

　5　不正発覚後の対応（Case Result）　304

Ⅳ　ESGサステナビリティ情報について ………………………… 304

　1　ESGサステナビリティ情報について　304

　2　ESGに関連する項目の例示（行動におけるESG）　305

　3　ESG不正のタクソノミー（分類）　306

Ⅴ　おわりに－財務情報とESG情報の統合について－ …………… 309

　　索　　引　311

略語一覧表

◆機関名

略称	英語表記	日本語表記
AAA	American Accounting Association	アメリカ会計学会
AICPA	American Institute of Certified Public Accountants	アメリカ公認会計士協会
ASB	Accounting Standards Board	会計基準審議会（英国）
BEIS	Department for Business, Energy and Industrial Strategy	ビジネス・エネルギー・産業戦略省
BIS	Department for Business, Innovation and Skill	ビジネス, イノベーションおよびスキル省
CGI	Chartered Governance Institute	チャータード・ガバナンス協会
COSO	Committee of Sponsoring Organizations of the Treadway Commission	トレッドウェイ委員会支援組織委員会
DTI	Department of Trade and Industry	貿易産業省（英国）
FCA	Financial Conduct Authority	金融行為規制機構
FRC	Financial Reporting Council	財務報告評議会
IAASB	International Auditing and Assurance Standards Board	国際監査・保証業務基準審議会
IASB	International Accounting Standards Board	国際会計基準審議会
ICAEW	Institute of Chartered Accountants in England and Wales	英国勅許会計士協会
IFAC	International Federation of Accountants	国際会計士連盟
IIRC	International Integrated Reporting Council	国際統合報告評議会
IOSCO	International Organization of Securities Commissions	証券監督者国際機構
IRC	International Integrated Reporting Council	国際統合報告評議会
ISSB	International Sustainability Standards Board	国際サステナビリティ基準審議会
PCAOB	Public Company Accounting Oversight Board	公開会社会計監査委員会
SASB	Sustainability Accounting Standards Board	サステナビリティ会計基準審議会
SEC	Securities and Exchange Commission	証券取引委員会（米国）
TCFD	Task Force on Climate-related Financial Disclosure	気候関連財務情報開示タスクフォース

◆用語

略称	英語表記	日本語表記
ASOBAT	A Statement of Basic Accounting Theory	基礎的会計理論
ASOBAC	A Statement of Basic Auditing Concepts	基礎的監査概念
AAP	Audit and Assurance Policy	監査・保証方針
CGC	Corporate Governance Code	コーポレートガバナンスコード（英国）
CSRD	Corporate Sustainability Reporting Directive	企業サステナビリティ報告指令
FCPA	Foreign Corrupt Practices Act of 1977	海外不正支払防止法
ICAEW	Institute of Chartered Accountants in England and Wales	英国勅許会計士協会
ISAE	International Standard on Assurance Engagements	国際保証業務基準
OFR	Operating and Financial Review	営業および財務概況
PIE	Public Interest Entities	社会に重要な影響を及ぼす可能性のある事業体
RMM	Risk of Material Misstatement	虚偽記載リスク
SOX法	Sarbanes and Oxley Act of 2002	企業改革法

序章

サステナビリティ情報と
コーポレートガバナンス

I　はじめに

　SDGs（持続可能な開発目標）の達成に向けて，将来世代の便益を最大化するための複合的な価値を実現する新しい経済社会への変革が求められている。そのためには，経済社会と企業経営のサステナビリティの連結環となるディスクロージャー制度の確立が必要であり，そこではサステナビリティ関連財務情報は財務情報と同等に位置付けられなければならない。したがって，本書では，財務情報とサステナビリティ関連財務情報を合わせて「サステナビリティ情報」として考察を進めている。

　本書では，サステナビリティ情報を介した会計，保証，ガバナンスの３つの研究領域の分野横断的な知見，さらには「総合知」の創出を得るための考察を展開している。国際サステナビリティ基準審議会（ISSB）から2023年６月に『IFRSサステナビリティ開示基準』の第１号と第２号の公表があり，日本においてもこの数年内に当該サステナビリティ情報に関わる開示制度の確立が必要になっている。本書は，その３つの研究領域について制度，理論，実務の３つの観点からその先鞭をつけることで，今後における日本のディスクロージャー制度の確立に向けての貢献を期待することができる。

　日本ではコーポレートガバナンスに内部統制を重ね合わせた議論が行われてきた。トレッドウェイ委員会支援組織委員会（COSO）から2021年に公表されたサステナビリティ報告に対する内部統制ガイダンスでは，内部統制はリスクマネジメントの領域に拡充されていて，コーポレートガバナンスの意味づけも変容してきている。序章では，「コーポレートガバナンス」は取締役会の適切な行動，ならびに取締役会とステークホルダー間の良好なコミュニケーション

1

を促進する手段として捉えている。そして，サステナビリティ情報の開示を介したコーポレートガバナンスのあり方について，会計，保証，ガバナンスの視点から包括的に捉えて考察を行うことで，本書の概観および要点を明らかにしてみたい。

Ⅱ　研究の背景と構成

1　国際的な動向

　本書の目的は，サステナビリティ情報の開示に向けての会計，保証，ガバナンスの３つの領域の一体的な考察を行って，SDGsの達成に向けての経済および経営のあり方が変革している中でのディスクロージャー制度の確立の一助となることである。そのために，制度，理論，実務からの研究アプローチを試みている。

　国際連合が採択したSDGsにある17の開発目標の達成は，国際社会に共通の課題である。その達成には経済成長，社会的包摂，そして環境保護という３つのサステナビリティの要素を調和させることが不可欠である。この国際社会のニーズに対して，経済と経営の変革から会計の変革へと相互関連性をもっての適合が進んできている。この３つの研究領域からの企業への接近を国際的な動向を踏まえて試みることで，本研究の背景を説明してみたい（図表序－１）。

（1）経済の変革

　2021年の世界経済フォーラム（WEF），通称，ダボス会議では「グレートリセット」を統一テーマに，グローバル資本主義経済から環境や格差に配慮した持続可能な資本主義への転換についての議論が行われている。

　そこでのキーワードの１つがイノベーションであり，イノベーションの視点からの分析を行う経済学が企業家論である。企業家論では，均衡理論における所与の条件を書き換えることがイノベーションであるとし，イノベーションが契機となって景気変動が引き起こされ，長期的な経済発展がもたらされると考えている（Schumpeter［1926］）。この場合，イノベーションの必然性が説明できず，戦争や地震などのさまざまなグローバルリスクに晒されている21世紀の

経済社会に適合しているとはいいがたい。

図表序-1　企業と経済，経営，会計

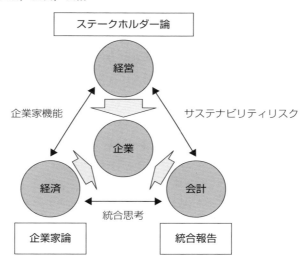

出所：小西［2021a］。

　そこで，情報の不完全性と将来の不確実性というリアリティのある仮定から出発して，均衡の成立を仮定とせず，不均衡という課題の解決を図ることにイノベーションの普遍的意義を見出す必要が生まれる。この場合，企業の内外に潜んでいる不均衡を発見し，そこでの課題を解決することをイノベーションと捉え，その課題解決力を企業家の機能とすることで，市場経済に対して内在的かつ必然的なものとなって，21世紀のビジネスがより現実的に反映された企業家論に展開される。

　この企業家たる経営者からの働きかけによって経済社会のサステナビリティが実現し，その働きかけの手段こそが会計の役割である。この会計には，企業の短期，中期および長期の価値創造を包括的な観点から捉えた意思決定および行動の前提となる統合思考が根底にある財務報告が合致する。それが統合報告であり，イノベーションを生み出すべく企業を刺激し，企業家精神を発揮させるように企図されているため企業家機能の視野に立っている会計ということが

3

できる（池本・小西［2024］）。

　企業家の機能は，ビジネスモデル発案機能，組織管理機能，およびリスク負担機能に大別でき，持続可能なビジネスの創造力の源である。ビジネスモデル発案機能は，市場における問題発見能力と問題解決能力である。企業の目的は，モノを作ることにあるのではなく，社会のニーズをより有効に満たすことにあり，それは効用の創出であり，企業価値の創造である。組織管理機能は，企業の目的を有効に達成できるよう各部門に役割を配分し，そこに人員を配置する人事能力とともに，従業員の貢献意欲を引き出すリーダーシップのことである。リスク負担機能は，ビジネスプランの遂行のイニシアティブを生む原動力となるリスク負担の意志である（池本［2004］）。

（2）経営の変革

　21世紀には，次の4つの大きな変化によって，ステークホルダーのための経営が求められるようになっている。1つ目は市場のあり方がよりオープンかつ自由になったことであり，2つ目はビジネスの展開が一挙にグローバル化したこと，そして3つ目は環境問題が緊急の課題になったことである。最後の4つ目は情報技術の目を見張る進歩である（Freeman et al.［2007］）。

　21世紀のビジネスの世界においては，企業経営の目的は，多様なステークホルダーのための価値を創造することに結び付いている。長期的に考えれば，ある利用者を犠牲にして，ある利用者を優遇するとことは，持続的な企業価値の創造にはつながらないため，ステークホルダーのための経営が求められるようになる。ステークホルダーは，企業の存続と成功に不可欠な存在（集団）である。したがって，個々の企業経営のサステナビリティにとって必要な集団がステークホルダーとなるため，サステナビリティ経営が21世紀の経営を標榜しているということができる。

　SDGsの達成が世界共通の使命であるという認識の加速によって，経済社会の多元的な共存を叶えるサステナビリティの捉え方の浸透，そして環境，社会，ガバナンス（ESG）に配慮している企業を選別して行うESG投資が進展して，サステナビリティ情報の世界的な規模での開示要求が強まってきている。それに伴って，当該サステナビリティの評価の高い企業ほど，ビジネスの社会的意

義や持続的な価値創造が可能であると判断されるようになっていることがサステナビリティ経営への後押しとなっている。サステナビリティ経営では，経営戦略上の最重要課題の1つとして当該サステナビリティを位置付けることが肝要であり，そのためにサステナビリティリスクの評価を行うことが求められる。当該サステナビリティ情報の有用性は，資本コスト，企業業績，株価などの視点からの研究で支持されている（Selim［2015］）。

（3）会計の変革

　2008年のリーマンショックを契機として，株主価値至上主義を1つの特徴とするアメリカ式のグローバル資本主義経済の再構築が急務となった。そこでは，短期業績偏重への反省，不十分なリスクマネジメントの改善，ビジネス教育の一新，および職業倫理教育の必要性が謳われた。そして，会計・監査システムの失敗が問われて，その解決策の1つとして財務情報と特定の非財務情報の結合が求められた結果，21世紀の経営と会計の新しいあり方が模索されるようになった。

　これまでの財務諸表が中心の財務報告は，会計基準等の法令遵守のための財務情報を伝達するプロセスということができる。一方，統合思考に基づいた財務報告，例えば，国際統合報告評議会（IIRC）の「国際統合報告フレームワーク」（IIRC［2021］）に準拠した統合報告は企業内外とのコミュニケーションのプロセスであり，そのプロセスの結果を成果物にしたものが統合報告書であり，必ずしも1つの報告書になることが求められてはいない。

　ケースbyケースで統合思考は，企業の短期，中期および長期の価値創造を包括的な観点から捉えた意思決定および行動の前提となる考え方であり，価値創造プロセスを監視，管理，および伝達するためのマネジメント能力が求められるため，企業の長期にわたる成功を導く鍵となる。

　統合報告では，財務資本，製造資本，知的資本，人的資本，自然資本および社会関連資本に分類した資源が，どのように組み合わされているかの説明をもって価値創造プロセスを開示して，例えば，①戦略とリスク，②ガバナンスと業績，③財務業績と非財務業績などの重要な情報の相互関係を明らかにする役割が求められている（IIRC［2021］）。

これらの情報の開示には2つの方策が考えられる。その1つは，開示と情報を公表するまでのプロセスの結合である。これはリスクマネジメントをいかに導入するかに依存していて，一般的には，リスクマネジメントは開示について考慮されていない。しかし，IFRS S1号「サステナビリティ関連財務情報の開示に関する全般的要求事項」では，ガバナンス，戦略，リスク管理，そして指標・目標を表示することを要求しており，これらの要求はリスクマネジメントについてのシナリオをもった開示に該当する。

　そして，もう1つの方策がサステナビリティ会計基準審議会（SASB）から公表している会計メトリックの活用である。SASBでは，会計メトリックの定義を次のように行っている。1つ目として定性的および定量的なデータであること，2つ目は重要なサステナビリティに関わるトピックを公正に表現して企業業績を説明することで，合理的な投資者が意思決定プロセスにおける情報のトータルミックス（一方で設定を変えると，もう一方にも連動するようになっていること）を確実に利用できること，そして3つ目はサステナビリティへの影響と同様にイノベーションの機会も取り扱うというものである。会計メトリックは，サステナビリティの課題および長期的な価値創造の可能性に関する企業の立場を特徴づける指標であり，財務的にどのサステナビリティの領域，課題およびトピックに関連しているかを示したもので，会計メトリック自体が意味のある情報，すなわちサステナビリティ情報となっている（SASB［2017］）。

　企業経営のサステナビリティは，経営者が高度に発揮する企業家の機能に依存するという視点に立ってはじめてみえてくる。その企業家機能の経済社会への働きかけの手段こそが会計の持つ機能である。企業経営と経済社会のサステナビリティが図られる連携環の役割を担うべき統合報告では，サステナビリティのトリプルボトムラインである経済，社会，環境に関わるリスクと機会，すなわちサステナビリティリスクの評価を可能にするように財務情報と同等に位置付けられたサステナビリティ関連財務情報が開示されなければならない。

　サステナビリティ経営では，多元的共存を意味する共生価値（shared value）の創出が求められており，それには，ビジネスを行う地域社会の経済条件や社会状況を改善しながら，企業自らの競争力を高める経営方針とその実行を伴う必要があるため，社会発展と経済発展の関係を明らかにし，これらの発展を持

続させることが重要となる（Porter and Kramer［2011］）。したがって，会計には，アカウンタビリティに加えて，企業の構成員たる経営者あるいは従業員などが自らの活動に関する説明責任を果たすこと，すなわち，企業活動の説明責任（コーポレート・アカウンタビリティ）を明らかにすることが求められるようになる。ここに，アカウンタビリティとコーポレートガバナンスの関係性を垣間みることができる。

（4）日本の現状

　このような世界的な動向の中で，日本では，統合報告書の公表をもってサステナビリティ情報が開示されるようになってすでに10年以上が経過している。日本では当該情報の開示制度が整備されていない中でも，今では千社以上がアニュアルレポートとして「国際統合報告フレームワーク」や「GRIスタンダード」等を参考にした統合報告書の公表を行っている。

　国際サステナビリティ基準審議会（ISSB）では，2023年6月に，まずIFRS S1「サステナビリティ関連財務情報の開示に関する全般的要求事項」とIFRS S2「気候関連開示」を公表し，当該基準を基に各国がそれぞれの政策の優先順位によって，より広範な要求事項や特定の開示の要求事項を追加できるような柔軟性のあるビルディング・ブロックアプローチを採用している。したがって，日本でも同様の開示基準の公表が不可欠となっている。有価証券報告書では「サステナビリティに関する考え方及び取組」において，「気候変動」および「人的資本・多様性」に係る記載がすでに求められているため，今後の当該開示基準の公表に期待が高まる。

　わが国には，これまでサステナビリティと親和性のある経営原理が提唱されてきており，実践されてきた歴史がある。その1つが江戸時代に活躍した近江商人の伝統的精神として有名な「三方よし」であり，それは「売り手よし，買い手よし，世間よし」の理念を持つ。また，日本の近代資本主義の父と称される渋沢栄一は，ビジネス上の競争には道徳が必要であるとして，一見かけ離れた『論語』に象徴される道徳とお金を儲けるための経済を融合させることが富の永続に不可欠であるという「道徳経済合一説」を説いた（小西・神藤［2014］）。現在，世界で求められているサステナビリティ経営というのは，実は伝統的な

日本的経営の延長線上にあるといっても過言ではないため，日本でのサステナビリティ開示基準の公表は，日本的経営の再構築を図る契機となり得る。

2 本書の構成と各章での研究目的

本書は，序章「サステナビリティ情報とコーポレートガバナンス」において，本研究の概観と要点を説明することからはじまっている。序章では，「コーポレートガバナンス」について会計・保証・ガバナンスを包括して捉えた論拠，および「サステナビリティ情報」について財務情報とサステナビリティ関連財務情報を合わせて捉えた論拠を述べた上で，経済，経営，そして会計に関する国際的な動向を鑑みたサステナビリティ情報を介したコーポレートガバナンスの展開を論じている。

次に，制度，理論，実務の観点から第Ⅰ部～第Ⅲ部に分けての考察を行っている。第Ⅰ部「英米のコーポレートガバナンスの制度」は第1章～第4章から構成され，第Ⅱ部「サステナビリティ情報の保証の理論」は第5章～第8章から，そして第Ⅲ部「コーポレートガバナンスの実務」は第9章～第11章から構成されている。これらに続いて補章1「サステナビリティ情報の開示制度の確立に向けて」では，本書の狙いと結論を洗い出すべく鼎談が組まれており，補章2「ESG環境下における不正リスクの管理について」ではサステナビリティ情報によっての職業上の不正リスクについての検討が加わっている。

各章の研究の目的は，以下の通りである。

第Ⅰ部の第1章「英国におけるコーポレートガバナンス改革の特徴」では，サステナビリティ情報の開示に向けての英国での会計，保証，ガバナンスの一体的な取組み，すなわちコーポレートガバナンス改革の変遷と内容を検討することで，その特徴を明らかにしている。加えて，これらの一体的な取組みを確実なものとするための基準等設定主体の改編についても言及している。第2章「英国における内部統制とコーポレートガバナンスの近時の展開」では，英国における2021年以降の新しい企業報告制度とその信頼を確保する内部統制の強化に向けたアプローチについて，開示，内部統制，ガバナンスの関連性を中心に検討を試みている。第3章「英国のサステナビリティ関連財務情報に対する保証の現状」では，ソフトローとハードローの有機的連携というアプローチを

8

駆使して，新しい企業開示と内部統制の強化を確保する実効的なコーポレートガバナンスの実現を可能にするための英国での保証の取組みを紹介している。第4章「米国における気候関連情報の開示と内部統制の展開」では，気候関連情報の開示を定めるSECの「規則案」と「COSOガイダンス」を踏まえて，米国における気候関連情報の開示と内部統制の展開を明らかにするとともに，これらの展開を介して米国のコーポレートガバナンスの特徴を見出している。

第Ⅱ部の第5章「Credibility概念からの監査・保証の検討」では，Credibility（信憑性）の概念に着目して，サステナビリティ情報の開示を可能にする保証の考え方について，情報利用者，保証実施者，情報作成者の観点から考察している。第6章「サステナビリティ情報と保証の考え方」では，財務情報と一体となってサステナビリティ関連財務情報の開示が行われることで，会計や保証はどう変化するかの検討を介して保証についての課題を明らかにしている。第7章「サステナビリティ情報に対する保証の制度的枠組み」では，サステナビリティ関連財務情報に保証を提供するための環境がどのように整備されているのかについて，その現状と課題を検討している。第8章「サステナビリティ情報に対する保証の役割」では，経営者が開示する情報について，保証や監査がない状態でどの程度の信頼性が確保されているのか，また，当該情報の信頼性が利用者にとって有用となる程度を確保するためにはどのような仕組みが必要かについて検討を試みている。

第Ⅲ部の第9章「サステナビリティ情報の開示と保証に関する国際的実態調査」では，国際会計士連盟（IFAC）が2023年に公表したサステナビリティ情報の開示と保証の現状の傾向に関するレポートを分析して，国際的動向を整理している。また，証券監督者国際機構（IOSCO）が2023年に公表したアンケート結果を分析して，サステナビリティ情報の開示と保証に対する投資者，企業および保証プロバイダーの見解を整理している。第10章「日本の統合報告書におけるガバナンス責任者の有効な関与」では，日経225企業の統合報告書（2022年版）を対象にガバナンス責任者による責任表明の実態を調査している。第11章「サステナビリティ情報の保証に関する実証分析」では，2016年から2021年までのJPX400構成銘柄企業を対象として，サステナビリティ情報の保証の決定因子と経済的帰結の解明に向けた分析を実施している。

Ⅲ　研究の特徴

　本書での研究には，大きく3つの特徴がある。これらの特徴を持った研究を推進するために，Ⅱ節で説明したように，経済，経営，会計の国際的な変革を視野に入れた考察に加えて，制度，理論，実務の側面からの考察を行っている。

　1つ目の特徴は，①財務諸表を中心とした財務情報とESG情報に関連したサステナビリティ関連財務情報とを合わせて「サステナビリティ情報」と定義していることである。2つ目の特徴は，「コーポレートガバナンス」は，取締役会の適切な行動，並びに取締役会と株主の間の良好なコミュニケーションを促進する手段として考えて，包括的に捉えた「会計・保証・ガバナンス」の観点から捉えていることである。そして，3つ目の特徴は，本研究のタイトルの「会計・保証・ガバナンス」にあるガバナンスは，基本的には内部統制を意味するが，リスクマネジメントおよび機関設計を加えて広義に考えていることである。

1　サステナビリティ情報

　本書では，財務諸表を中心とした財務情報の範囲はESG情報に関連したサステナビリティ関連財務情報へと拡大していったものを，図表序-2で示す通り「サステナビリティ情報」としている。次節のⅣ「サステナビリティ情報と会計」では，財務情報とサステナビリティ関連財務情報を同等に位置付けるにあたって，「サステナビリティ情報」を会計理論で一貫した説明を試みている。そうすることで，サステナビリティ情報の質的特性としてのReliability（信頼性）とCredibility（信憑性）が付与されることになる。それは同時に，保証の範囲を画定し，合理的保証なのか限定的保証なのか，それともその他の保証なのか，その理論付けを可能ならしめる。

　財務報告は，投資者を中心とした情報利用者に対して，財務諸表を主とした情報を提供している。しかし，財務諸表だけでは，企業の長期的な価値創造に寄与する事象を十分に提供することができない。なぜなら，帳簿価額は，通常，市場価値とは同じではなく，その価値は当該サステナビリティ領域に起因して著しく毀損される可能性が指摘できるからである。したがって，当該事象に係

図表序-2　サステナビリティ情報の範囲

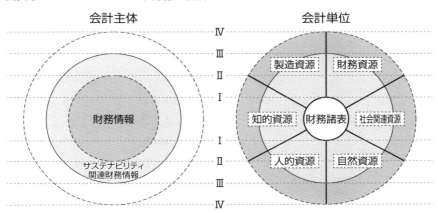

出所：小西［2022］31頁の図1を加筆修正して筆者作成。

わる重要なサステナビリティリスク（機会を含む）の評価について情報利用者に有用な会計情報が必要となるため，財務諸表を中心とした財務情報の範囲を超えて行われなければならない。

図表序-2では，Ⅱまでの範囲に該当するサステナビリティ情報は，財務諸表の本文に財務諸表を補足する注記，そして補完する「経営者による説明（MC）」（IASB［2010］）などを含めた財務情報である。Ⅱ～Ⅲの範囲に該当する情報は，ESG情報でも財務情報に関連付けることができるサステナビリティ関連財務情報であり，ここまでの範囲が会計の対象（会計主体）となるサステナビリティ情報である。サステナビリティ情報は，国際統合報告評議会（IIRC）が公表している「国際統合報告フレームワーク」によれば，中長期の価値創造を目的とするための財務，製造，知的，人的，自然および社会関連に分類される6つの資源が会計単位となる。これらの理論的裏付けは，資金主体論で行うことができる（Ⅳ節の3「資金主体論とサステナビリティ情報」）。

2　コーポレートガバナンス

　ステークホルダーは企業の存続と成功に不可欠な存在（集団）である。したがって，個々の企業経営のサステナビリティにとって必要な集団がステークホ

ルダーとなり，SDGsの17の目標に関連付けて企業経営のサステナビリティを図るサステナビリティ経営は21世紀の経営を標榜しているということができる。そう考えると，コーポレートガバナンスは，企業の方向付けと統制を行うシステムと捉えた「企業統治」の訳語は適当とは言い難くなっている。なぜなら，サステナビリティ経営の目的は，ステークホルダーのための価値創造と結び付いているため，コーポレートガバナンスは取締役会の単なる行動および対話より複雑で多面的となっているからである。係る行為は企業，株主およびその他のステークホルダーの間に存在する関係性と関連性を反映したもので，どのように企業が内外のステークホルダーと相互に対話するかを意味するため，会計，保証，ガバナンスの包括的な視点でコーポレートガバナンスを捉えた考察が肝要となる。

　つまり，サステナビリティ経営に資するコーポレートガバナンスという観点でコーポレートガバナンスを解したならば，図表序－3に示す通り，サステナビリティ情報の開示を介して，会計，保証，ガバナンスの3つの領域を包括的に捉えることがコーポレートガバナンスの本質を示しているのである。それは，英国のコーポレートガバナンス改革を考察してみることで理解することが

図表序-3　コーポレートガバナンスの観点

出所：小西［2023］。

でき（第Ⅰ部を参照），また，その実務の現状からも理解が可能である（第Ⅲ部を参照）。

　英国では，1990年代からコーポレートガバナンス改革を行ってきており，「コーポレートガバナンスコード」と「スチュワードシップコード」のソフトローと，会計，保証，ガバナンスに関する明確に規定された法律や規則などのハードローとの有機的な連携をもって，コーポレートガバナンス制度の確立が図られている。「コーポレートガバナンスコード」から「スチュワードシップコード」は分化するものの，この一連の改革では，コーポレートガバナンスについて，取締役会の適切な行動，ならびに取締役会と株主等の間の良好なコミュニケーションを促進する手段として捉えていて，取締役会の行動を企業統治という側面だけでは捉えていない。

　「コーポレートガバナンスコード」では，取締役会のリーダーシップと企業の目的についての原則の第一に，「成功する企業は，効果的で企業家的な取締役会が主導して，企業の長期に亘っての持続可能な成功を促進し，株主に価値を生み出し，より広い社会に貢献することを役割とする」ことを掲げている。

　つまり英国では，企業経営と経済社会のサステナビリティの実現に向けての連結環としてコーポレートガバナンスを位置付け，サステナビリティ情報を介した会計，保証およびガバナンスの一体的な拡充をもって，その実現を可能ならしめているのである。この考え方は，「キャドベリー委員会報告書」（Committee of Financial Aspects of Corporate Governance［1992］）の冒頭に，次のようにアカウンタビリティとコーポレートガバナンスの関係性を明記している。

　　「一国の経済は，その国の企業の方向づけと効率性に依存している。したがって，企業の取締役が自己の責任を遂行する際の有効性が英国の競争上の地位を決定する。取締役会は自己の企業を思い通りに前進させることができるが，かかる自由は有効なアカウンタビリティの枠組みの範囲内で行使されなければならない。これが，健全なコーポレート・ガバナンス・システムの本質である（para.1.1）」。

Ⅳ　サステナビリティ情報と会計

　本書では，財務情報とサステナビリティ関連財務情報を同等に位置付けるために，これらの情報を合わせてサステナビリティ情報と定義している。本節では，会計主体論の観点から，このサステナビリティ情報についての会計学上の理論付けを試みて，同等に位置付けられる根拠を明らかにしたい[1]。そうすることで，サステナビリティ情報の開示に一貫性を持たせられ，次の**Ⅴ**節で論じるサステナビリティ情報に関わる会計と保証・ガバナンスとの一体的な議論を可能ならしめる。

1　サステナビリティ情報開示の意義

　本書では，財務情報とサステナビリティ関連財務情報を合わせてサステナビリティ情報と定義付けしている。それは企業経営のサステナビリティにとって不可欠な情報と捉えているからである。将来キャッシュフローの評価に役立つ情報という同じ目的を共有する情報という見方をすれば，合わせて財務情報ということもできる。いずれにしても，当該情報の開示が促される要因について，以下の2つの意味合いで捉えることができる。

　その1つは，広範な社会的要請に応える必要性が企業の責任として浮かび上がってきたという切実な事情である。企業の将来性について関心を抱くのは資本提供者だけではない。ほかにも広範な層の人々が企業の将来の持続可能性に強い関心を持っている。企業で働く従業員は言うまでもなく，自らの生活設計や人生設計にも関わる問題である。その他，取引先の企業であるサプライヤー，ユーザー，ベンダーなど当該企業が立地する地域社会や自治体，そして日々に製品を購入する消費者などもそうである。これらのステークホルダーは，企業経営のサステナビリティから何らかの影響を受ける立場にあるので，企業の将来に関心を持たざるをえない。それと同時に，これらの人々の企業に対する評価や意思決定は当該ビジネスに対して何らかの影響を与える関係にもある。し

---

1)　ここでの資金主体論について，さらにリスク概念を用いて展開することでの理論づけは，別の機会で行うこととする（小西［2013］）。

たがって，サステナビリティ情報の開示には，ステークホルダーとの間に生まれる相互依存の関係やその役割についても意識的に取り上げ，その価値を明示的に評価することが求められている。

もう1つは，企業の将来性は社会や環境の永続性と切り離してはあり得ないということである。社会問題や環境問題が放置されたままで企業経営のサステナビリティは見込めないし，逆に企業経営を通じてそれらの課題解決が進むことが期待されている。企業経営に期待される課題解決の内容が社会性を帯び，地球規模の視野に広がったのである。

このような意味合いをもって，財務情報とサステナビリティ関連財務情報を合わせての開示制度が求められようになっているのであり，この2つの情報は財務情報であるため，会計学上で首尾一貫性した理論付けが必要となるのである。

2　サステナビリティ経営と会計主体論

21世紀の企業経営を標榜しているサステナビリティ経営の目的がステークホルダーのための価値創造と結び付いているため，長期的に考えれば，ある利用者を犠牲にして，ある利用者を優遇することは，企業価値の創造にはつながらないため，ステークホルダーのための経営が求められることになる。ここでは，サステナビリティ情報についての会計学上の理論付けを行うためには，これまで会計理論の統合的な枠組みとして役立てられていた会計主体論からの検討が必要なことを明らかにしてみる。

会計主体論は，会計の判断を誰の立場，ないしどのような立場から行うべきかに関係していて，所有主理論と企業主体論という代表的な学説はこれまで会計基準の設定に影響を与えてきている。今日の会計基準は，基本的には所有主理論に基づいていると判断できるが，例えば，連結貸借対照表で非支配株主持分を持分所有者の1つとして認めることは企業主体論と整合している。

所有主理論と企業主体論では，資産，負債および持分の関係についての理論展開を行っている。所有主論では企業の純資産は所有主に帰属し，持分は所有主の純資産に等しいと仮定する。したがって，「資産－負債＝所有者持分」という会計等式が示される。これに対して，企業主体論では，負債と所有主持分

を同一視しているため，資産と持分の関係は「資産＝持分」という会計等式が示される。

　サステナビリティ経営ではステークホルダーは企業の存続と成功に不可欠な存在であるため，企業実体そのものを人格化した立場からみることは客観性を見失うおそれがある。そこで，資金の集合体を企業とみなし，その資金の動きをもって資金活動，すなわち企業活動の説明を試みているVatterの会計理論（Vatter［1947］）を取り上げることにした。この理論では，会計が対象とする一連の企業活動を限定するための会計単位が資金であり，この資金から構成される1つの大きな資金の集合体を企業として捉えている。つまり，会計主体として資金を措定していることから，この企業観を重視して，ここでは「資金主体論」という名称を用いることにした。

　資金主体論は，公表されて80年近くが経ち会計基準や会計実務は大きく変化しているものの，会計の基本的概念の枠組みを説明しているために現代においても論じることが可能である。むしろ21世紀の経済環境と経営環境に適合した会計理論であるということができる。

3　資金主体論とサステナビリティ情報

　資金主体論では，資金には，①現金原資，②資金および積立金，③資金操作が考えられるが，ここでは，資金操作に着目してみたい[2]。そうすると，資金は，資産と持分で構成される特定の目的を持った操作単位であり，「資金（資産）＝資金（持分：資産に対する拘束）」という会計等式が示される。そこでは，①資金は一組の会計記録を持つ活動領域として定義された関心領域であって，②資産は経済的なサービスおよびその潜在性（用役潜在力）を示し，③持分は資金の管理者が指示する資産の利用に対する拘束あるいは保留であると考えられる。そして，④費用と収益は，企業活動として操作した資金の流れであって，個々の取引に係わる特定の結果として必ずしも解さない。このように，操作性（operation）の概念を用いて会計上の定義に同質性を持たせることができるよ

---

[2]　資金の単位が資金操作の例として，官公庁や非営利組織の会計における会計処理が具体的に説明されている（Vatter［1947］pp.39-43）。わが国では，公益法人会計について，資金操作の単位から説明することが可能である（小西［2018c］）。

うになり，この概念をもって，財務情報にサステナビリティ関連財務情報を合わせての解釈が可能となる。

　資金主体論では，会計主体としての資金は管理目的，企業家的目的あるいは社会的目的に分けられる機能的な目的のために集められた用役潜在力の集合体である。この考え方は，前述したように英国の「コーポレートガバナンスコード」での，「成功する企業は効果的で企業家的な取締役会が主導して，企業の長期に亘っての持続可能な成功を促進する」と説明していることに通じる。企業は，その機能的な目的のために集められた1つの大きな資金を構成したものと解すれば，資金（資金主体）は，財務報告が対象とする一連の企業活動の範囲を表すための会計単位を意味するだけではなく，企業観をも意味することになる。

　資金主体論では，会計の目的は，第一に経営者の特定の関心，第二に社会のコントロール機関からの要請，第三に信用拡大と投資を満足させることであり，利益の測定は第一義的な会計の目的ではないとする。よって企業は，種々の資源および諸関係の集合体であり，多様なステークホルダーを結合する経営管理の執行機関と解して，単なる投資者のための利潤追求機関ではないと考える。まさにサステナビリティ経営に通じる会計を通した企業の考え方（企業観）であるということができる。

　次に，資金主体論を適用してサステナビリティ情報について会計上の理論付けを試みたい。資金の単位，すなわち操作単位は，ある機能的な目的の達成を意図しており，その目的に向けた資金すなわち資源という形態をとった用役潜在力と解することができる。その用役は，当該用途を左右する経営者の意向およびそれに関連する計画，状況，期待によって決定され，これらの用役を獲得して，保有し，転換し，引き渡しすることが資金操作である。つまり，用役たる資金について，当該資金活動に関わらせることで操作内容を明らかにするのである。とくにサステナビリティ関連財務情報の開示について例えると，ガバナンス，経営戦略，リスク管理，そして目標／指標という資金活動に関わらせて，その操作内容を示すのである。

　その資金活動は，管理目的，企業家目的および社会目的といった機能的な会計の目的によって操作単位が決定されるため，IIRC「国際統合報告フレーム

図表序-4　会計主体と会計単位

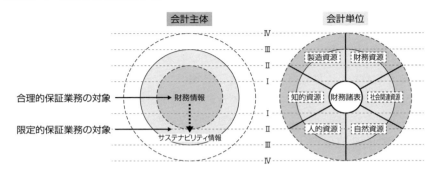

出所：小西［2022］31頁の図1を加筆修正して筆者作成。

ワーク」で示されている中長期の価値創造を目的とするための財務，製造，知的，人的，自然および社会関連に区分される6つの資源が操作単位となり得る。この6つの資源は，物的財貨や財務的現象，または法律上の権利とは別に，その用役の概念によって操作内容と範囲が画定される。

図表序-4では，資金主体と資金単位（操作単位），すなわち会計主体と会計単位を示して，サステナビリティ情報の開示の範囲とその内容を明らかにしている。Ⅱまでの範囲に該当するサステナビリティ情報は，財務諸表とこれを補足・補完する財務情報であり，例えば「経営者による説明（MC）」（IASB［2010］）を含めることができる。Ⅱ～Ⅲの範囲に該当するサステナビリティ情報は，ESG情報でも財務情報に関連付けることができるサステナビリティ関連財務情報であり，ここまでの範囲がサステナビリティ情報である。

このように，資金主体論を用いて会計上の理論付けを行ってサステナビリティ情報の開示に一貫性を持たせることによって，次節でのサステナビリティ情報が合理的保証業務になるのか限定的保証業務になるのかの議論，ならびにサステナビリティ情報の質的特性であるRreliability（信頼性）とCreditability（信憑性）の議論が可能になる。

V　サステナビリティ情報と会計・保証・ガバナンス

　財務情報とサステナビリティ関連財務情報を同等に位置付けて論じるには，直前のⅣ節で論じた通り，これらサステナビリティ情報の会計上の理論付けを行うことは不可欠であった。本節では，サステナビリティ情報について，情報利用者，保証実施者，情報作成者を合わせた三者の観点から，財務情報が有する質的特性を介しての考察を行っていくことにしたい。そうすることで，サステナビリティ情報の会計，保証，ガバナンスに一貫性を持たせた議論の展開を試みる。

1　コーポレートガバナンスの観点

　「サステナビリティ経営に資するコーポレートガバナンス」という観点でコーポレートガバナンスを捉えたならば，サステナビリティ情報の開示に向けての会計，保証，ガバナンスの3つの領域を包括的に捉えることがコーポレートガバナンスの本質の考察を可能なものとする。そこで，本書では，コーポレートガバナンスは，取締役会の適切な行動，ならびに取締役会と株主の間の良好なコミュニケーションを促進する手段として捉えて，「会計・保証・ガバナンス」の一体的な考察を試みている（図表 序−3を参照）。

　英国では，気候関連財務情報開示タスクフォース（TCFD）のフレームワークに沿った情報について，2021年1月からロンドン証券取引所プレミア市場に上場している企業に対し開示を求めており，2022年4月からは，会社法により，上場企業や金融機関，そして大手非上場企業に対して，アニュアルレポートにおける開示を求めている。英国において，このような開示を可能とする背景に，1992年のキャドベリー委員会報告書の公表を契機として実施されてきたコーポレートガバナンス改革が挙げられる。

　1990年代からはじまっている英国のコーポレートガバナンス改革の変遷とその内容から全体像を明らかにしてみると，「コーポレートガバナンスコード」と「スチュワードシップコード」を介した会計，保証，ガバナンスについて，その相互関連性に重点を置いた一体的な改革を行っていて，そこではサステナ

ビリティ情報の開示は必然的なものであった。そして，これらの改革を推進するために，基準等設定主体の改編を行っている。換言すると，英国では目的が異なる複数の開示要求事項を企業報告の拡充をもって一体化する取組みを行っているのである（第Ⅰ部を参照）。

　一方，米国では，2022年3月に米国の証券取引委員会（SEC）は気候関連情報の開示を導入する「規則案」（SEC［2022］）を公表して，その制定を目指している。この「規則案」は，アニュアルレポートに気候関連情報の開示項目を設け，気候関連情報に係わるリスクについての情報を定性的な情報（ナラティブ情報）と指標をもって開示を求めようとするものである。これに呼応するように，2023年3月にトレッドウェイ委員会支援組織委員会（COSO）は「COSOガイダンス」（COSO［2023］）を公表している。このガイダンスは，2013年にCOSOが公表した「内部統制の統合的フレームワーク」を使ってのサステナビリティ情報の開示に向けた内部統制の指針である。従来，不正防止のために導入された内部統制について，サステナビリティ関連財務情報の開示にも対応できるようにしている。

　英国では，2つのコードを介した会計，保証，ガバナンスの一体的な取組みからコーポレートガバナンス改革を行ってきた経緯があり，現在では，内部統制およびリスク管理の強化のあり方と新しい企業報告および保証のあり方との一体的な考察を介して，実効的なコーポレートガバナンスの実現を図ろうとしている。一方，米国では，連邦証券法令による情報開示改革をもって内部統制報告制度を確立してきた経緯があり，現在では，気候関連情報の開示を内部統制の拡充によって進めている。そこでは，連邦会社法が存在しない中で，連邦証券諸法上の制度が実質的な連邦会社法として機能してきている（上村［2002］）。

　両国を比較してみると，サステナビリティ情報開示の制度化のアプローチは異なるが，現状での取組みは共通している。それは，サステナビリティ情報の開示と保証の議論を進展させるには，内部統制とリスク管理の強化をもってのガバナンス拡充が有効だと考えている点である。

2　会計・保証・ガバナンスの一体的な考察

　ここでは，サステナビリティ情報の会計，保証，ガバナンスの考察を一体的

なものとするため，会計については情報利用者，保証については保証実施者，ガバナンスについては情報作成者の視点からの包括的な考察を試みている。そのためにCredibility（信憑性）の概念に着目し，Credibility，Reliability（信頼性），Confidence（確信），Trust（信用）の用語に整理して「サステナビリティ情報の会計・保証・ガバナンス」について考察している[3]。

アメリカ会計学会（AAA）は，1973年に『基礎的監査概念（ASOBAC）』を公表し，情報にはCredibilityの水準があり，このCredibilityの水準を検証する調査プロセスを意味する監査（audit）について説明している。一方，国際監査・保証業務基準審議会（IAASB）は，2021年に公表した『拡張する外部報告（EER）の保証業務にISAE3000を適用するための強制力のない指針（EER保証業務指針）』に対する『支援資料』として「EER報告に関するCredibility − Trustモデル」を公表し，情報のCredibilityの水準を高める主要な要因と方法について説明している。

IASBが公表する「財務報告に関する概念フレームワーク」では，有用な財務情報の基本的な質的特性として目的適合性（relevant）と忠実な表現（faithful representation）の2つの概念が挙げられていて，2010年に改訂する以前にはあった信頼性という概念が忠実な表現に替わっている。これは財務情報の質的特性に信頼性がなくなったことを意味しているのではなく，財務情報に足り得る大前提となる特性が信頼性となっていると解するのが一般的である。また本書での考察に通じる新しい企業報告を提案している「ジェンキンス・レポート」では，「Reliability and Credibility」として1つの単語のように用いられている（AICPA［1994］）。

これまでの考察でサステナビリティ情報に会計上の理論付けを与えたということは，この情報に財務情報が持つ質的特性を援用できるということに他ならない。そこで，Credibilityの概念に着目してサステナビリティ情報を検討するため，Credibilityの水準を表す「Credibilityシリンダー」を用いた検討を行ってみたい。

図表序-5の「Credibilityシリンダー」では，サステナビリティ情報の質的特性であるReliabilityとCredibilityについて，その評価の主体者が情報利用者で

---

[3] 第5章での検討を基に考察したものとなっている。

図表序-5 Credibility シリンダー

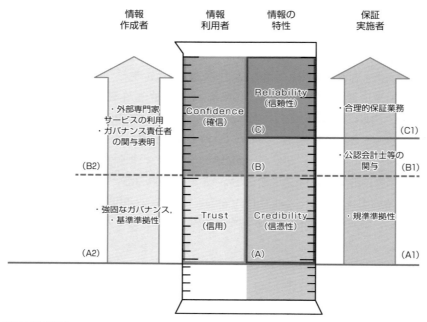

出所：筆者作成。

あることを示している。そのため「Credibilityシリンダー」では，サステナビリティ情報の質的特性であるCredibilityのメモリと，それを情報利用者が測るメモリが示されている。これに保証とガバナンスの考察を一体的に可能とするために，これらのメモリに対応させて保証実施者と情報作成者の視点を加えたものが図表序-5である。

「Credibilityシリンダー」では，情報利用者は，Credibilityの水準が（A）のメモリに達した情報に対して信用（trust）を抱くようになり，その水準が高まって（B）のメモリに達すると，その情報に確信（confidence）を持って意思決定に利用するようになる。

保証実施者の視点からすると，Credibilityの（A）のメモリに対応した（A1）のメモリは，客観的な証拠収集と評価という調査プロセスの水準にあること（規準準拠性）を示している。その水準が高まった（B1）のメモリは，当該情報に

22

関する的確な能力があって権威を持つ独立した第三者の外部専門家サービス，例えば公認会計士が限定的保証業務を実施する保証水準を示していて，その情報は信憑性を有する財務情報である。そして（C1）のメモリは，合理的保証業務を実施して得られる水準であり，その財務情報は信頼性を有していることになる。

　情報作成者の視点からすると，Credibilityの（A）のメモリに対応した（A2）のメモリは，内部監査を含んだ有効な内部統制報告制度を用いた強固なガバナンスに基づいた上で，適切な開示規準を利用して情報作成にあたって得られる水準である。（B2）のメモリに上げるには，外部専門家サービスを利用して作成することで得られる水準であり，例えば，環境情報の分野に精通した外部専門家サービスを利用することで得られる水準である。それに加えて，ガバナンス責任者からの有効な関与の表明が求められる。

　このように「Credibilityシリンダー」では，情報のReliabilityの下限のメモリ（C）と情報利用者が確信を抱くようになるConfidenceの下限のメモリ（B）にギャップ（（C）−（B））が生じていて，これにサステナビリティ関連財務情報が該当する。サステナビリティ関連財務情報は，ISSBが公表した開示基準に準拠して作成された財務情報となれば，公認会計士による限定的保証業務の対象となって，かつ当該情報に関わる外部部専門家サービスの積極的な利用かつガバナンス責任者による有効な関与の表明によっての開示ならば，情報の持つ質的特性はCredibilityであっても情報利用者はConfidenceをもって意思決定に利用できるようになる。

　このサステナビリティ関連財務情報に対して，今後，合理的保証業務の手続きが整備されるようになる可能性もあり得るが，情報のReliabilityの下限のメモリ（C）が（B）まで下がるかどうかは，財務情報の質的特性に関わる信頼性と信憑性の境界線に依拠した問題となる。国際財務報告基準（IFRS）によって過去，現在そして将来の事象に対して公正価値測定が導入されたのに伴って財務情報の信頼性が忠実な表現に替わったことを考えると，この時点ですでに信頼性と信憑性の境界線が曖昧になっていたために区別ができずに「Reliability and Credibility」という１つの単語になっていたのかもしれない。

3　ガバナンスの観点

　サステナビリティ情報を開示した報告書の1つとして統合報告書がある。2021年に改訂された「国際統合報告フレームワーク」（IIRC［2021］）では，ガバナンス責任者全員によっての統合報告書への有効な関与の要求が削除された一方で，このフレームワークへの準拠性が統合報告書のすべてに及んでいない場合でも，ガバナンス責任者による有効な関与が求められるよう改訂された。そこでは，統合報告書に，業務システム，ならびに業務の手続きと管理に対してガバナンス責任者の有効な関与があれば，誠実性（integrity）が高まるとの見解が示されている。このように，サステナビリティ情報の開示にはガバナンス責任者の有効な関与あるいは関与表明が不可欠なものとなっている。

　ここで論じるガバナンスは，図表序-6で示すように機関設計，リスクマネジメント，内部統制から説明することができる。現在，英国と米国においては，それぞれの方法で内部統制とリスク管理の拡充によるガバナンスの拡充を図っている（第Ⅰ部を参照）。

　日本では取締役会はマネジメント型になっている場合が多く，ガバナンス責任者を兼ねている。米国では最高経営責任者（CEO）は業務執行責任者であり，ガバナンス責任者は取締役会ということになる。「国際統合報告フレームワーク」の用語集での「ガバナンス責任者」には，ガバナンス責任者の関与に関しては国や地域，また組織によってガバナンスの制度や体制が異なることから，取締

図表序-6　ガバナンス

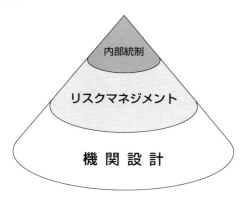

役に加えて執行役もガバナンス責任者にできる旨を2021年の改訂で追記している。

Ⅵ　おわりに

21世紀に入り，人，カネ，モノが国民国家（nation-state）の枠組みを超えて活発に移動し，各国経済の開放と，世界の産業，文化，経済市場の統合が進む現象が加速しているため，マクロ経済動向が結び付いて企業は絶えず変化する多様なグローバルリスクに直面している。サステナビリティ経営が 21 世紀の企業経営を標榜していることからもわかるように，その中でもサステナビリティリスクの評価が重要となっている。

このような環境下では，企業の内外に潜む将来の不確実性と情報の不完全性という不均衡の中にこそビジネスチャンスがあるのであって，それを新たなビジネスモデルに組み込んで，不均衡という課題の解決を図っていくことにイノベーションの意義を見出すことが求められる。

この課題解決力こそが，まさにビジネスにおける創造力の源であり，経営者には企業家的な機能が求められる。英国の「コーポレートガバナンスコード」では，取締役会のリーダーシップと企業の目的についての原則の第一に，「成功する企業は，効果的で企業家的な取締役会が主導して，企業の長期に亘っての持続可能な成功を促進し，株主に価値を生み出し，より広い社会に貢献することを役割とする」と記載している。

序章では，財務情報とサステナビリティ関連財務情報を合わせてサステナビリティ情報と捉えて，これらの情報に首尾一貫性を持たせるために会計上の理論付けを行ってサステナビリティ情報を財務情報に解する試みを行った。そうすることで，サステナビリティ情報に関わる情報利用者，保証実施者，情報作成者を合わせた三者の視点からの検討を行って，サステナビリティ情報の会計，保証，ガバナンスを一体的に捉えた実効性のあるコーポレートガバナンスの観点からの考察の必要性を明らかにした。

序章に続く各章では，この観点から経済社会のサステナビリティと企業経営のサステナビリティの連結環となるようサステナビリティ情報の開示について，

制度，理論および実務の側面から論じている。

【参考文献】

池本正純［2004］『企業家とはなにか』八千代出版。

池本正純・小西範幸［2024］「企業家論と資金主体論の接合にみる統合報告」『会計プロフェッション』第19号，23-47頁。

池本正純・稲積宏誠・宇佐美嘉弘・小西範幸［2024］「企業家機能と統合報告－トップメッセージによる統合報告書の特徴づけ－」『会計プロフェッション』第19号，49-80頁。

市村昭三［1979］『資金会計の基本問題』森山書店。

泉宏之［1990］「バッター『資金会計論』における操作主義の検討－資産の操作的内容を中心にして－」『横浜経営研究』第XI巻第3号，55-62頁。

上村達男［2002］『会社法改革－公開株式会社法の構想－』岩波書店。

柿﨑環［2023］「サステナビリティ情報開示が促すガバナンス改革」『月刊監査役』757号，94頁。

蟹江章編著［2008］『会社法におけるコーポレート・ガバナンスと監査』（日本監査研究学会リサーチ・シリーズⅥ）同文舘出版。

鎌田信夫［2015］「会計主体論と資金の流れ」『中部大学経営情報学部論集』第29巻第1・2号，73-94頁。

小西範幸［2004］『キャッシュフロー会計の枠組み－包括的業績報告システムの構築－』（岡山大学経済学研究叢書31）岡山大学経済学部。

小西範幸編著［2013］『リスク情報の開示と保証のあり方－統合報告書の公表に向けて－』（日本会計研究学会スタディ・グループ最終報告書）。

小西範幸［2014］「財務報告におけるリスク概念の開示と保証の意義」『現代監査』第24号，72-80頁。

小西範幸・神藤浩明［2014］「グローバル新時代における経営・会計のイノベーション」間宮陽介・堀内行蔵・内山勝久編著『日本経済－社会的共通資本と持続的発展－』東京大学出版。

小西範幸・神藤浩明編著［2014］「統合報告の制度と実務」『経済経営研究』（日本政策投資銀行設備投資研究所）第35巻第1号。

小西範幸編著［2016］「リスク情報の統合開示－統合報告にみる新しい財務報告の視座－」『経済経営研究』（日本政策投資銀行 設備投資研究所）第36巻第7号。

小西範幸［2018a］「サステナビリティ会計とコーポレート・ガバナンス」『会計プロフェッション－八田進二教授退職記念号－』第13号，195-214頁。

小西範幸［2018b］「KPIの開示にみる会計研究領域の拡張」『會計』第193巻第3号，35-50頁。

小西範幸［2018c］「会計主体論からの統合財務報告モデルの検討」『産業経理』第78巻第1号，42-53頁。

小西範幸［2019a］「統合報告と保証業務の課題・拡充」『現代監査』第29号，12-21頁。

小西範幸［2019b］「統合報告モデルとサステナビリティ会計」橋本尚編著『現代会計の基礎と展開』同文舘出版，2-30頁。

小西範幸［2021a］「非財務情報の開示と統合報告－ステークホルダーと企業家機能の観点から－」『會計』第198巻第7号，16-30頁。

小西範幸［2021b］「非財務情報の開示の国際的動向とその意義」『月刊監査研究』（一般社団法人日本内部監査協会）第47巻第9号，11-20頁。

小西範幸［2022］「サステナビリティ情報開示の意義と課題－コーポレートディスクロージャーの確立に向けて－」『青山アカウンティングレビュー』第11号，28-32頁。

小西範幸［2023］「サステナビリティ経営に資するコーポレートガバナンス」『Corprate Govenance』（日本取締役協会）第12巻，44-45頁。

友杉芳正・田中弘・佐藤倫正編著［2008］『財務情報の信頼性－会計と監査の挑戦－』税務経理協会。

八田進二編著［2009］『会計・監査・ガバナンスの基本課題』同文舘出版。

林隆敏編著［2021］『財務諸表監査の基礎概念に関する研究』（日本会計研究学会スタディ・グループ最終報告書）。

松本祥尚編著［2022］『開示情報に対する保証の枠組み－サステナビリティ情報の開示と保証の制度化に向けて－』同文舘出版。

水口剛［2021］「ESG投資の進化と統合報告」『會計』第198巻第7号，16-30頁。

山﨑秀彦編著［2010］『財務諸表外情報の開示と保証－ナラティブ・リポーティングの保証－』（日本監査研究学会リサーチ・シリーズⅧ）同文舘出版。

American Accounting Association（AAA）［1973］*Committee on Basic Auditing Concepts A Statement of Basic Auditing Concepts.*（鳥羽至英訳，青木茂男監訳［1982］『アメリカ会計学会基礎的監査概念』国元書房。）

American Institute of Certified Public Accountants（AICPA）［1994］Improving Business Reporting– A Customer Focus, *A Comprehensive Report of the Special Committee on Financial Reporting.*（八田進二・橋本尚共訳［2002］『アメリカ公認会計士協会・ジェンキンズ報告書　事業報告革命』，白桃書房。）

AICPA, Candian Institute of Chartered Accountants［2000］*Managing Risk in the New Economy.*

Committee of Financial Aspects of Corporate Governance〔Cadbury〕［1992］*Report of the Committee on the Financial Aspects of Corporate Governance*, Gee & Co. Ltd.（八田進二・橋本尚共訳［2000］『英国のコーポレート・ガバナンス』白桃書房。）

Committee of Sponsoring Organizations of the Treadway Commission（COSO）［2023］Achieving Effective Internal Control over Sustainability Reporting（ICSR）: Building Trust and Confidence through the COSO Internal Control-Integrated Framework.

Financial Reporting Council（FRC）［2018］*The UK Corporate Governance Code.*

Freeman, R. E. and D. L. Reed［1983］Stockholders and Stakeholders: A New Perspective on Corporate Governance, *California Management Review*, Vol.25, Issue.3, pp.88-106.

Freeman, R. E., J. S. Harrison and A. C. Wicks［2007］*Managing for Stakeholders –Survival, Reputation, and Success*, Yale University Press.

Global Sustainability Standards Board（GSSB）［2021］*The GRI Sustainability Reporting Standards.*

International Auditing and Assurance Standards Board（IAASB）［2013］*International Framework for Assurance Engagements.*（日本公認会計士協会国際委員会訳［2015］『保証業務の国際的フレームワーク』日本公認会計士協会。）

IAASB［2014］*A Framework for Audit Quality: Key Elements That Create An Environment for Audit Quality.*

IAASB［2016］*Supporting Credibility and Trust in Emerging Form of External Reporting: Ten Key Challenges for Assurance Engagements.*

IAASB［2018］*IAASB Project Proposal – Guidance on Key Challenges in Assurance Engagements Over Emerging Forms of External Reporting*（EER）.

IAASB［2021］Non-Authoritative Supporting Material: Credibility and Trust Model Relating to Extended External Reporting（EER）, *Extended External Reporting Support Material.*

Institute of Chartered Accountants in England Wales（ICAEW）［1997］*Financial Reporting of Risk: Proposals for a Statement of Business Risk.*

International Accounting Standards Board（IASB）［2010］Management Commentary, A Framework for Presentation, *IFRS Practice Statement.*

IFRS Foundation［2021］Proposed Targeted Amendments to the IFRS Foundation Constitution to Accommodate an International Sustainability Standards Board（ISSB）to Set IFRS Sustainability Standards, *Exposure Draft.*

International Integrated Reporting Council（IIRC）［2021］*International<IR>Framework.*

International Sustainability Standards Board（ISSB）［2023］*General Requirements for Disclosure of Sustainability-related Financial Information*, IFRS S1, IFRS Foundation.

ISSB［2023］*Climate-related Disclosures*, IFRS S2, IFRS Foundation.

Marshall, Alfred［1920］*Principles of Economics*, 8th.ed., London: Macmillan.（馬場啓之助訳［1965］『経済学原理Ⅰ－Ⅳ』東洋経済新報社。）

Porter, Michael and M. Kramer［2011］Creating Shared Value, *Harvard Business Review*, Vol.89, Issue,1/2, pp.62-77.

Selim, Omar［2015］*From the Stockholder to the Stakeholder －How Sustainability Can Drive Financial Outperformance－*,University of Oxford.

Smith, S. Sean［2017］*Strategic Management Accounting*, Business Expert Press.（伊藤和憲・小西範幸監訳［2018］『戦略的管理会計と統合報告』同文舘出版。）

Sustainability Accounting Standards Board（SASB）［2017］*Conceptual Framework of the Sustainability Accounting Standards Board.*

The World Intellectual Capital Initiative［2010］*Concept Paper on WICI KPI in Business Reporting Ver.1*, http://www.wici-global.com/kpis_ja.

Vatter, J. William［1947］*The Fund Theory of Accounting and Its Implication for Financial Reports*, University of Chicago Press.

World Economic Forum［2013］*Global Risks 2013*（8th.edition）.

World Commission on Environment and Development［1987］*Report of the World Commission on Environment and Development: Our Common Future.*

サステナビリティ情報とコーポレートガバナンス　**序章**

【付記】本研究は，JSPS科研費の基盤研究（C）「企業家論に立脚した統合報告モデルの研究 −統合報告書公表の企業像の国際比較−」（課題番号：19K02019，研究代表者：小西範幸（2019年〜2023年））の研究助成を受けている。

（小西　範幸）

第 I 部

英米のコーポレートガバナンスの制度

第1章

英国における
コーポレートガバナンス改革の特徴

I　はじめに

　ESG（環境，社会，ガバナンス）の諸問題に関してのサステナビリティ情報の開示に係る基準等が国際的な機関から公表されている。本章の目的は，英国のコーポレートガバナンス改革を検討することで，サステナビリティ情報の開示に向けての英国での取組みを明らかにすることである。

　英国では，気候関連財務情報開示タスクフォース（TCFD）のフレームワークに沿った情報について，2021年1月からロンドン証券取引所プレミア市場に上場している企業に対し開示を求めており，2022年4月からは，会社法により，上場企業や金融機関，大手非上場企業に対して，年次報告書における開示を求めている。英国において，このような開示を可能とする背景に，1992年の「キャドベリー委員会報告書」（Committee of Financial Aspects of Corporate Governance［1992]）の公表を契機として実施されてきているコーポレートガバナンス改革が挙げられる。

　本章では，英国におけるコーポレートガバナンス改革について，会計，保証，ガバナンス，そして内部統制の4つに分けて変遷と内容を検討することで，この改革の特徴を明らかにしてみたい。加えて，これらの4つの連携を促進するための基準等設定主体の改編についても言及することで，サステナビリティ情報の開示に向けての英国での一体的な取組みを明らかにする。

II　コーポレートガバナンス改革の変遷

　図表1-1は，英国におけるコーポレートガバナンス改革の変遷の全容を示し

たものである。横軸では，この改革の変遷について，①「キャドベリー委員会報告書」を出発点としたガバナンスコードの展開，②ナラティブレポートの充実に向けた会計の展開，③コーポレートガバナンスコードとスチュワードシップコードを介した展開に分けている。そして，縦軸では，2つのコードを介した会計，内部統制，保証の改革，そして基準等設定主体について，その変遷と関係性を明らかにしている。

　図表1-1での区分は，その変遷と関係性について，本章のⅢ節からⅤ節において説明していることを示している。

　まずⅢ節では，1項において「キャドベリー委員会報告書」からコーポレートガバナンスコード（CGC）公表にかけてのガバナンスの拡充をみたうえで，2項において，ガバナンスの拡充により，取締役会と株主とのコミュニケーションの媒体としてナラティブレポートが必要となったことを説明している。

　Ⅳ節では，1項において，ナラティブレポートの進展として，「営業および財務概況（Operating and Financial Review: OFR)」を検討している。2項においては，CGCおよびスチュワードシップコード（SSC）を介することで，ナラティブレポートの改革が強く推し進められたことを検討している。

　Ⅴ節では，1項において，ナラティブレポートの進展と合わせた保証の展開を検討していく。2項においては，CGCを介した内部統制の拡充により，株主が求めるナラティブレポートの提供を可能とするとともに，会計と保証の連携を強化していることを検討している。さらに3項において，これら一連の改革が行われる中で，基準等設定主体の改編が行われていることを検討している。

　このように，英国におけるコーポレートガバナンス改革は，コードを介して，会計，内部統制，保証の個々の改革が，それぞれ関係性を持ちながら一体的に推進しているのである。

Ⅲ　ガバナンスコードとナラティブレポート

1　コーポレートガバナンスコード公表までの経緯

　図表1-1からわかるように，ガバナンスコードについては，1992年に「キャドベリー委員会報告書」，1995年に「グリーンベリー委員会報告書」（Study

英国におけるコーポレートガバナンス改革の特徴　第1章

図表1-1　英国におけるコーポレートガバナンス改革の変遷

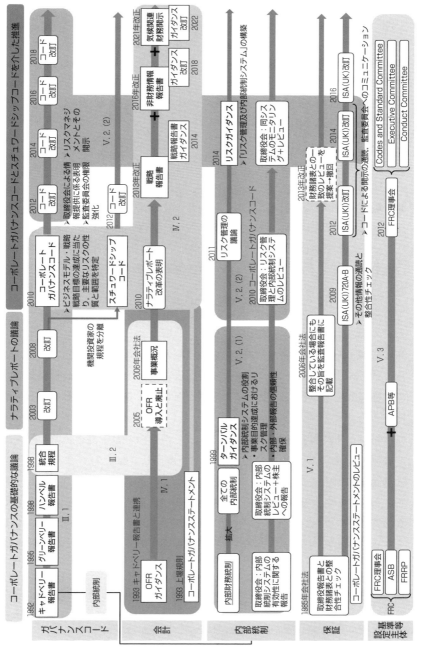

出所：筆者作成。

第Ⅰ部　英米のコーポレートガバナンスの制度

Group on Director's Remuneration［1995］），1998年に「ハンペル委員会報告書」（Committee on Corporate Governance［1998a］）が公表され，この間にガバナンスに関する基礎的な議論が展開している。そして，1998年には，これら3つの報告書において勧告された内容をまとめた「統合規程（The Combined Code）」（Committee on Corporate Governance［1998b］）が公表された（ここでは，図表1-1のⅢ，1の箇所を説明）。

　「キャドベリー委員会報告書」では，BCCI事件[1]等の企業不祥事を背景にして，財務報告とアカウンタビリティーに関連したガバナンスの側面を検討し，「最善の実務の規程」が勧告されている。「最善の実務の規程」は，取締役会，非執行取締役，執行取締役，報告と統制という構成で，取締役会の統制と報告の機能，ならびに監査人の役割に焦点を当てた勧告がなされている（par.1.2）。そこでは，企業における重要なリスクの識別，評価および管理の重要性を認識し，内部財務統制システムのすべての構成要素の側面において，リスクに関する判断を行うことが強く意図されている（小西［2018］207頁）。また，財務的側面からコーポレートガバナンスをみた場合，取締役会が財務方針を設定し，その方針の実施を監視する方法だけでなく，取締役会が株主に対して企業の活動と発展に関する報告を行うプロセスを含むものと位置付けられている（par.2.6）。

　これに続く「グリーンベリー委員会報告書」では，民営化公営企業の経営陣の高額報酬を背景に取締役報酬の検討がなされ，取締役の報酬決定とその説明に焦点を当てた「最善の実務の規程」として勧告がなされた（par.2.1）。そして「ハンペル委員会報告書」は，それまでの2つの報告書を企業の経営陣による権限の濫用の防止に専念したものだと指摘し（par.1.7），ガバナンスの重要性は企業の繁栄とアカウンタビリティー双方に貢献するところにあって，これまでの2つの報告書の議論ではアカウンタビリティーの一色であるとして，企業の繁栄とアカウンタビリティーとの均衡を志向した（par.1.1）。1998年には，「キャドベリー委員会報告書」から「ハンペル委員会報告書」までの規程を集約する形で「統合規程」が公表された。

1）　国際商業信用銀行（Bank of Credit and Commerce International: BCCI）は，ルクセンブルクを本拠として発展途上国を中心に営業していた銀行だったが，1991年にイングランド銀行から営業停止を命じられ経営破綻した。乱脈経営のほか，資金洗浄，武器密輸，麻薬取引への関与や核兵器の流出，CIAなどの諜報機関との関係など，様々な不祥事を重ねていた（宮内・八田［2022］64頁）。

「統合規程」は，「キャドベリー委員会報告書」と「グリーンベリー委員会報告書」で示された「最善の実務の規程」とは異なり，企業の置かれた環境に応じて適用する原則と最善の実務として遵守を求める規程から構成されたことによって，企業が原則に照らした自社の方針の説明に自由裁量を持つことになった（par.4）。また，「統合規程」では，企業向けの原則および規程と機関投資家向けの原則および規程に分けて，企業向けの原則および規程では，①取締役，②取締役の報酬，③株主との関係，④アカウンタビリティーと監査という構成をもって「キャドベリー委員会報告書」と「グリーンベリー委員会報告書」をとりまとめるものとなっている。一方で，機関投資家向けの原則および規程を備えることで，コーポレートガバナンスの中で企業と株主とのコミュニケーションを位置付けている。

このように，「キャドベリー委員会報告書」から「ハンペル委員会報告書」への議論を経て，「統合規程」において，コーポレートガバナンスは，企業の繁栄とアカウンタビリティーの双方への貢献を念頭に，企業の行動の統制だけでなく，企業と株主とのコミュニケーションを含むものとしてまとめられている。

「統合規程」は，2003年および2008年に財務報告評議会（Financial Reporting Council: FRC）により改訂が行われ，2010年には「統合規程」から機関投資家宛ての規程を分離してSSC（FRC［2010b］）を策定するとともに，それ以外の規程をCGC（FRC［2010a］）として策定した。2003年の改訂は，米国のエンロン社の経営破綻を契機とした改訂であり，社外取締役の役割に関する「ヒッグス報告書」（Higgs［2003］）と監査委員会の役割に関する「スミス報告書」（FRC Group on Audit Committees［2003］）の内容を踏まえたものである。2008年の改訂は，自社以外のFTSE100構成企業の取締役会議長に就くべきではないとする規定の撤廃等を内容とする改訂である。

SSCが策定された背景には，金融危機を契機として，企業のガバナンスにおける機関投資家の役割や責任の重要性が認識されたことがある。2009年11月には，金融機関のガバナンスの検証を行った「ウォーカー報告書」において，機関投資家の責任原則をコードとして策定すべきであるとの勧告がなされている（Recommendation 16）。

CGCでは、「ウォーカー報告書」の勧告は金融機関のガバナンスに関するものであり、必ずしも非金融会社にとって適切であるわけではないとしながらも、「ウォーカー報告書」の勧告のうち上場会社に適用可能なものを採用している（pars.2.21-2.24）。例えば、取締役会のリスクに対する責任の明確化が求められており（par.3.50）、FRCは内部統制の原則を見直し、取締役会には企業のリスクアペタイトおよびリスク許容度を決定して健全なリスク管理システムを維持する責任があることを明記するとともに、主要なリスクを特定、評価、管理できるよう適切なシステムが整備されていることの確認を求める規定を新たに追加することを提案し（FRC［2009a］p.27）、2010年に策定されたCGCにおいて盛り込まれた（pars.C.2, C.2.1）。

また、1998年に策定の「統合規程」に対しては、取締役会の適切な行動や取締役会と株主の間の良好なコミュニケーションを促進する手段というより、コンプライアンスのためのものと認識されることが懸念されていた（FRC［2009a］par.2.4）。FRCは、ガバナンスコードの目的は優れたガバナンスを促進し長期的な成功に貢献することにあるとし、企業や投資家によるコンプライアンスのためのものとみなされるべきではないとして（FRC［2009a］Executive Summary p.2）、CGCにおいて原則や規程の変更を試みている（par.2.5）。

2010年のCGCとSSCでは、取締役会におけるリスク管理責任の明確化および取締役会と株主の間のコミュニケーションの促進が意図されており、これまでのコーポレートガバナンスの議論が深められている。ここでは、コーポレートガバナンスの目的について、企業の長期的な成功をもたらすことができるよう、実効性が高く、企業家精神に富み、そして将来志向の経営を促進することにあるとして、このような経営に向けたリスクの評価と管理を重視している。

2　ガバナンスの拡充とナラティブレポートの必要性

英国では、1990年代のガバナンス改革の議論の中で、会計の議論が進展していった（ここでは、図表1-1のⅢ、2の箇所を説明）。「キャドベリー委員会報告書」では、コーポレートガバナンスの財務的側面について、取締役会が株主に対して企業の活動と発展に関する報告を行うプロセスを含むものと位置付け、取締役会と株主とのコミュニケーションを担う媒体として会計のあり方を提言して

いる。具体的には，アニュアルレポートに対しては企業の業績および将来性についての数字に裏付けられた整合性のある説明が求められ，また，取締役会の責務として企業の置かれている状況について公平でわかりやすい評価を行うことを求めるとともに，アニュアルレポートを理解しやすくする観点からナラティブな情報（例えば，記述的な情報）を数値情報と同様に重視していた。

「キャドベリー委員会報告書」では，企業の将来性に影響を及ぼす要因について何らかの説明を行うことは株主向けの報告書および財務諸表の利用者のためになることから，情報利用者の観点から将来志向情報の有用性を説いている。さらに，会計基準審議会（Accounting Standards Board: ASB）がその当時に公表を予定していたOFRのガイダンスの有用性にも言及している（par.4.53）。つまり，株主とのコミュニケーションの側面からガバナンスを捉えて，会計数値に裏付けられた将来志向のOFRの必要性が認識されている。

その後の「統合規程」では，取締役会は企業の現状と見通しについての公平でわかりやすい評価を提供すべきであると明記されて将来志向情報が明確に求められることとなった。「キャドベリー委員会報告書」で示された，コーポレートガバナンスを取締役会と株主とのコミュニケーションと捉えて，そのコミュニケーションの媒体としてOFRを位置付ける考え方は「統合規程」において受け継がれていた。

図表1-2は，ASBが1999年12月に公表した「財務報告原則書」において財務情報の分類が示されたものであり，OFRについては，アニュアルレポートの中にあって，財務諸表および注記に付随するナラティブな情報として位置付けられている（Introduction p.12）。つまり，「キャドベリー委員会報告書」で示された趣旨が「統合規程」を経て，アニュアルレポートの中で明確に位置付けられているのである。

当時，自発的な開示とされていたOFRについて，2001年に英国の会社法検討委員会（Company Law Review Steering Group）から作成の義務付けの勧告がなされるなど，会社法においてOFRの公表を求める動きが進むこととなる。しかし，OFRは，2005年3月にいったん会社法により作成が義務付けられたものの，作成負担を理由に産業界からの強い反発を受け，同年12月に撤廃となる。そして，2006年11月に「2006年会社法（The Companies Act 2006）」の制定

図表1-2 英国における財務情報の分類

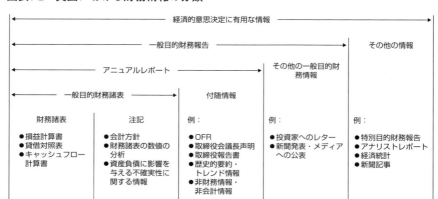

出所：ASB［1999］p.12を翻訳し，一部修正。

により，アニュアルレポートの「取締役報告書」の中で「事業概況（BR）」の作成が義務付けられた（小西・神藤［2014］6-7頁）。

英国では2010年5月に保守党と自民党の連立合意の中でナラティブレポートの再検討が行われたことを踏まえ（HM Government［2010］p.10），ビジネス，イノベーションおよびスキル省（Department for Business, Innovation and Skill: BIS）が公表したコンサルテーションを経て，2013年の会社法改正（The Companies Act 2006（Strategic Report and Director's Report）Regulation 2013（SI2013/1970））により，戦略やビジネスモデル等の記載を求める「戦略報告書（SR）」の作成が義務付けられることとなった。FRCは，2013年に公表した戦略報告書のガイダンスに関わる公開草案の中で，図表1-3に示す通りナラティブレポートを位置付けている。ここでは，資源配分の意思決定および経営者のスチュワードシップの評価に有用である情報を株主に提供するというアニュアルレポートの目的を支えるものとして，財務諸表やコーポレートガバナンスステートメントと同等にナラティブレポートが位置付けられている。

ナラティブレポートの目的の1つとしては，財務諸表に関連する背景を補完，補足および提供することが挙げられていて，さらに，企業の重要な目的および経営戦略の説明に関する情報，ならびに企業が直面する重要なリスクに関する

英国におけるコーポレートガバナンス改革の特徴　第1章

図表1-3　英国におけるアニュアルレポートの構成

書類	アニュアルレポート		
書類の目的	アニュアルレポートの目的は，資源配分の意思決定および経営者のスチュワードシップの評価に有効である関連情報を株主に提供すること		
要素	ナラティブレポート	コーポレートガバナンスステートメント	財務諸表
要素の目的	● 企業とその重要な目的・戦略の説明に関する情報，並びに企業が直面する重要なリスクに関する情報を提供すること ● 財務諸表に関連する背景を補完，補足および提供すること	● 企業が戦略を実施するための適切なガバナンスを有しているかどうかに関する評価を可能にする情報を提供すること，および，役員の報酬計画が戦略の実施に効果的なインセンティブを有しているかどうかを評価すること	● 比較可能な，一般に公正妥当と認められた会計実務に従った企業の財政状態，業績および発展を表示すること
セクション	戦略報告書	取締役報告書	コーポレートガバナンス報告書	取締役報酬報告書	財務諸表
セクションの目的	● 財務諸表に関連する背景を提供すること ● 企業の過去の業績の分析を提供すること ● 企業の主要な目的と戦略に関する見解，企業が直面する重要なリスク，そのリスクが将来の見通しにどう影響を与えるかについて提供すること ● 詳細の情報が記載されている場所の説明を提供すること	● 当該法律で求められている企業についての情報を提供すること	● 企業のガバナンス構造に関する構成とその組織が，どのように企業の目的の達成を支援するのかを説明するために必要な情報を提供すること	● 企業の役員報酬の方針とその方針の重要な決定要因に関するすべての要素を提示すること ● 役員の報酬方針がどのように実施されているのかを報告すること ● 取締役への報酬額を提示すること，および，企業の業績と役員報酬との連携に関する詳細を提供すること	● 同上記

出所：FRC［2013］p.10を翻訳し，一部修正。

情報を提供することとされている。

Ⅳ　ガバナンスと会計の展開

1　会計の展開

「キャドベリー委員会報告書」において，コーポレートガバナンスの中に取締役会と株主とのコミュニケーションを含めて捉えたことで，そのコミュニケーションの媒体が重要となる。この媒体としてのナラティブレポートの進展をもって会計の展開が図られるようになる（ここでは，図表1-1のⅣ，1の箇所を説明）。

ASBからOFRのベストプラクティスのガイダンス（ASB［1993］）は1993年に公表されており，1992年の「キャドベリー委員会報告書」で示された提言を

41

第Ⅰ部　英米のコーポレートガバナンスの制度

実行するにあたって有用であった（FRC［1993］par.5.10）。

　OFRは，2005年に会社法による法制化が検討されることとなり，取締役会と株主とのコミュニケーションの媒体として位置付けられていて，開示される内容は「統合規程」によって求められた取締役会の責務と整合したものとなっている。2005年に会社法で導入されたOFRは，報告基準に準拠しているか否かを表明することが求められており（Schedule 7ZA 8），この報告基準としてASBが2005年に「報告基準1：営業および財務概況（RS1）」を公表した。しかし，同年にOFRが会社法から廃止されたことで，ASBは2006年1月に，RS1に法的権限が取り除かれたために必要となる変更を行い，「報告ステートメント：営業および財務概況（RS)」という名称のベストプラクティスステートメントに置き換えた（Introduction par.5）。RSでは，企業の採用した戦略とその戦略の成功の可能性について株主が評価することを助けるように取締役の視点による企業の分析や将来見通しの記載を求めていた。また，OFRは，バランスが取れて中立的であり，そして良い面と悪い面の両方を平等に取り扱うべきであることが求められていた。これらは，「統合規程」が取締役会に対して企業の現状と見通しについての公平でわかりやすい評価を求めていたことをOFRにおいて実現しようとしたものである。

　2005年3月の会社法改正によりアニュアルレポートの取締役報告書において作成することが義務付けられたOFRは，取締役会の視点を重視した将来志向のものであった。OFRでの具体的な記載事項は，RS1の「開示フレームワーク」における「重要な要素」として必須の記載事項は以下の通りであり，将来志向情報が多く盛り込まれていた（par.27）。

①　事業の内容（活動する市場，競争，規制環境の記述を含む)，企業の目的，経営戦略

②　当年度および将来における事業の発展と業績

③　企業の長期的価値に影響する資源，主要なリスクと不確実性，および関係性

④　当年度と将来における事業の状況（資本構成，財務方針と目標，および流動性に関する記述を含む）

⑤　必要な場合には，環境，従業員および社会・コミュニティ課題等に対す

英国におけるコーポレートガバナンス改革の特徴　**第1章**

る方針や実施状況

OFRの廃止後，2006年11月に「2006年会社法」の制定により，取締役報告書の中に新たにBRが導入されたが，その記載事項は，以下が求められていた（S417）。

① 会社の事業の公正なレビュー（年度における事業の発展と業績，および年度末における事業の状態の分析）

② 主要なリスクと不確実性

③ 財務情報に関わるKPI（関わる場合には，環境や従業員に関するKPIを含む）

④ 上場企業の場合には，事業の将来の発展，実績および状況に影響すると思われる潮流・要因のほか，必要な場合には環境，従業員，社会・コミュニティ課題に関する事項について，企業の方針と当該方針の有効性（これらの事項を含めない場合は，その記載）

BRでは，OFRが求めていたビジネスモデルや経営戦略などの将来志向情報が少ないものとなったため，取締役会と株主との間のコミュニケーションの促進に寄与できず，コーポレートガバナンスに支障をきたすことになった。しかし，その後，2010年のCGCの策定と2013年に導入されたSRによって改善されることになる。

2　スチュワードシップコードを介したガバナンスと会計の連携

ここでは，図表1-1のⅣ，2の箇所を説明する。BRで導入されなかったビジネスモデルと経営戦略等の記載は，2010年に策定したCGCの中で，上場企業に対して取締役の遵守事項として求められた。その理由として，FRCは，銀行危機を背景として2009年5月に英国の下院財務委員会から，すべての上場企業に対して，BRの中で専門用語を使わずに，その企業がどのようにお金を稼いだ（あるいは失った）のか，また将来の主なリスクが何なのかについて説明するのにビジネスモデルの記載を求められたことを挙げている（FRC［2009a］pars.3.53-3.54）。

リスクの開示に関しては，「2006年会社法」によりすでにアニュアルレポー

43

第Ⅰ部　英米のコーポレートガバナンスの制度

トのBRにおいて求められていたが，金融危機を経て，改善の必要性が認識されていた（FRC［2009a］pars.3.51-3.54）。2009年の英国の下院財務委員会の提案を受けて，FRCは，BRのリスクの開示に関し，ビジネスモデルと経営戦略を簡潔に説明することで投資家がリスクをよりよく理解できるようになるという点で見解をともにし，このような開示を行うことによって取締役会でのビジネスモデルの健全性に関する議論が促進されることを期待していた（FRC［2009a］par. 3.54）。

2010年のCGCでは，ビジネスモデルの記載については2006年にASBから公表されたOFRのガイダンスであるRSを考慮すべきとして（C.1.2 n. 12），上場企業を対象にコンプライオアエクスプレインの形式での導入を図っている。ビジネスモデルは「会社が長期にわたって価値を創造し，維持していくための基礎」と定義され（C.1.2），経営戦略とともに将来志向の情報となっている。

また，2010年のCGCでは，取締役会に対して経営戦略目標の達成にあたり，主要なリスクの性質と範囲を特定することが求められた（C.2）。これまでは，「ターンバルガイダンス」でいうところの，リスクは事業目的の達成にあたって管理するものとして位置付けられてきたが（ICAEW Internal Control Working Party［1999］pars.11.20），CGCでは，取締役会にリスクの性質と範囲の特定を求めることで，いわゆるリスクアペタイトの方向性にリスクの意味を明確化している[2]。

このように，CGCでは，取締役会に対し，リスク情報の改善の観点からビジネスモデルと経営戦略の開示を求めるとともに，経営戦略の目標達成にあたってのリスクの特定を求めたことで，取締役会におけるリスク管理を強化して，効率性が高く，企業家精神に富み，そして将来志向の経営を促進するというコーポレートガバナンスの目的をもって経営の促進を図ろうとしている。

2010年のCGCの公表から，英国ではリスクの議論がさらに活発化していくことになる。2011年1月にはFRCは，まず「討議資料」を公表した。ここでは，

---

[2]　2009年12月にFRCから公表された「CGC（案）（Consultation on the revised UK Corporate Governance Code）」では，「取締役は，企業のリスクアペタイトとリスク許容度を決定する責任を有する」と提案されていた（C.2 Main Principles）。だが，リスクアペタイトとリスク許容度という言葉がわかりにくい等のコメントが寄せられたことを踏まえ，2010年のCGCでは修正された（FRC［2010c］par.34）。

44

金融危機の原因として企業のリスク情報の開示が不十分であったとの反省から，取締役会および監査委員会のスチュワードシップの役割の有効性を企業リポートや監査を通じて，どのように強化していくことができるかについて検討している（FRC［2011a］p.3）。その後，FRCは同年9月に，「討議資料」に対するコメントをまとめた「フィードバックペーパー」を公表し，その中で，経営戦略上のリスクに主な着眼点を置いたビジネスモデルおよび経営戦略に特有のリスクについてナラティブレポートの中で開示すべきであると指摘している（FRC［2011b］p.4）。

このようなリスク情報の議論は，アニュアルレポートの長文化や複雑化により投資家にとっての有用性が低下しているとの課題に対処するためのナラティブレポートの新しい枠組みとして，2013年の会社法改正により導入されたSRによって対応されることになる（BIS［2013］）。SRは，株主向けに企業の経営戦略，ビジネスモデルおよびリスクに関する簡潔な説明を提供しており，2014年にFRCから公表されたSRのガイダンスによって，ビジネスモデルおよび経営戦略とリスク情報とを関連付けながら記載されることとなった（FRC［2014d］pars.7.23-7.28）。

この後，SRには，2016年に，①環境（事業が環境に与える影響を含む），②従業員，③社会，④人権尊重，⑤腐敗防止・贈収賄防止について，これらに対する方針やその方針の成果，主要なリスク，KPI等の記載を求める「非財務情報ステートメント」が導入された（BEIS［2016］）。さらに2021年には，名称が「非財務情報およびサステナビリティ情報ステートメント」に変更され，2022年からTCFDのフレームワークに沿って気候関連財務開示が求められることとなった（BEIS［2021］）。「非財務情報およびサステナビリティ情報ステートメント」の導入を踏まえて，FRCはSRのガイダンスを2022年に改訂し，図表1-4にある通り，SRはアニュアルレポートの1つに位置付けられた。SRの目的は，株主に情報を提供し，取締役が会社法第172条で定められた企業の成功を促進する義務をどのように果たしたかを評価するのに役立てることであり，株主等からの情報ニーズに対応する媒体としてSRの拡充を続けている。

2010年に策定されたSSCでは，機関投資家と企業の間のエンゲージメントの質を高め，株主への長期的な利益還元とガバナンスの効率的な発揮を支援する

第Ⅰ部　英米のコーポレートガバナンスの制度

図表1-4　英国におけるアニュアルレポートの構成
－「非財務及びサステナビリティ情報ステートメント」導入後－

書類	アニュアルレポート				
書類の目的	アニュアルレポートの目的は，資源配分の意思決定および経営者のスチュワードシップの評価に有効である関連情報を株主に提供すること				
要素	戦略報告書	コーポレートガバナンス報告書	取締役報酬報告書	財務諸表	取締役報告書
要素の目的	● 株主に情報を提供し，取締役が会社法第172条（会社の成功を促進する義務）に基づく義務をどのように果たしたかを評価するのに役立てること ● 関連する財務諸表に文脈を提供すること ● 企業のビジネスモデル，主要な目的および戦略についての洞察を提供すること ● 企業が直面する主なリスクと，それらが将来の見通しにどのような影響を及ぼす可能性があるかについて説明すること ● 関連する非財務情報および持続可能性情報を提供すること ● 企業の過去の業績に関する分析を提供すること ● 補完的な情報の所在を示す道標を提供すること	● 企業のガバナンス構造に関する構成とその組織が，どのように企業の目的の達成を支援するのかを説明するために必要な情報を提供すること	● 企業の役員報酬の方針とその方針の重要な決定要因に関するすべての要素を提示すること ● 役員の報酬方針がどのように実施されているのかを報告すること ● 取締役への報酬額を提示すること，および，企業の業績と役員報酬との連携に関する詳細を提供すること	● 一般に公正妥当と認められる会計慣行に準拠した，企業の財政状態，業績および必要な場合にはキャッシュ・フローを表示すること	● 当該法律で求められている企業についての情報を提供すること

出所：FRC［2022］p.13を翻訳し，一部修正。

ことを目的とし，このエンゲージメントには経営戦略，業績，リスク管理および総会での投票の直接的な対象となる問題について目的を持った対話を行うことが含まれるとした（p.1）。つまり，SSCにより，機関投資家は，長期的な観点から企業の経営戦略やリスク管理について企業と対話を行うことが明示的に求められることとなったのである。これによって，企業には，ガバナンスコードや会社法への対応だけでなく，機関投資家からのエンゲージメントへの対応としても企業情報の充実が求められることとなった。

　SSCは2012年に改訂され，機関投資家に求められる活動には経営戦略，業績，リスク，資本構造およびコーポレートガバナンス（企業文化や報酬を含む）に関するモニタリングやエンゲージメントが含まれることとなり（Principle 1, Guidance），経営戦略やリスクに対するモニタリングも加わったことで，企業は当該情報の充実が不可欠になった。SSCの策定は，企業の長期的な成功に向

46

けて，機関投資家による企業のエンゲージメントを強化することとなり，CGC
やSRの導入と相まって，株主が求める，経営戦略やビジネスモデルと関連付
けたリスク情報の開示を強く推し進めることとなった。

V　会計，保証，ガバナンスの展開

1　保証の展開

　英国では，取締役会と株主とのコミュニケーションをコーポレートガバナン
スと捉えたことで，コミュニケーションの媒体となるアニュアルレポートがナ
ラティブレポートを含むものへと展開していく中で，必然的に保証のあり方が
課題となってくる。ここでは，図表1-1のV，1の箇所を説明したい。

　英国では，従来から財務諸表以外の情報に対する監査人の手続きが規定され
てきた。1985年会社法により，財務諸表とともに開示する取締役報告書の作成
を求められた際，監査人に対して，取締役報告書に記載されている情報と財務
諸表との整合性を検討し，整合していない場合には監査報告書にその旨の記載
を行うことが求められた（Department of Trade and Industry［1985］Section 235
（3））。また，1992年の「キャドベリー委員会報告書」により，監査人に対し，
同報告書の勧告事項の遵守状況に対するレビューが求められてきた（「最善の
実務の規程」注14）。さらに，「2006年会社法」により，取締役報告書にBRが導
入された際には，従来から求められていた取締役報告書の財務諸表との整合性
の確認について，整合している場合にもその旨を監査報告書に記載することと
された（DTI［2006］Section 496）。2010年のCGCの導入後は，コードの改訂と
連動するように監査基準が改訂されており，2012年および2014年のCGCの改
訂により取締役会に求められることとなったアニュアルレポートの情報提供に
対する表明やリスク管理に関する情報開示について，通読や監査の過程で得た
知識との相違等の確認，そして監査委員会とのコミュニケーションを義務付け
ている（FRC［2013］，［2014c］）。

　具体的には，2012年のCGCの改訂では，年次報告書が公正でバランスが取れ，
かつ理解可能であること，また，株主に対して企業の業績，ビジネスモデルお
よび戦略を評価するために必要な情報が提供されている旨を，取締役会がアニ

ュアルレポートにおいて表明することが求められることとなった（FRC［2012a］C.1.1）。2014年のCGCの改訂では，①企業が直面する主要なリスク（ビジネスリスク，将来の業績見通し，支払能力または流動性に脅威を与えるリスクを含む）に関する適切な評価を実施した旨の確認，②主要なリスクについての記載，③当該リスクをどのような方法で管理し低減しているかの説明，④企業の現状や主要なリスクを考慮したうえで企業の展望に対する評価，⑤評価対象とした期間および当該期間が適切と考える理由の説明，⑥評価対象とした期間における事業の継続および債務の履行が合理的に期待できると考えているかどうかについて，取締役会がアニュアルレポートに記載することが求められることとなった（FRC［2014a］C.2.1, C.2.2）。

　このように英国における財務諸表以外の情報に対する監査人の手続きでは，財務諸表との整合性や，監査人が監査の過程で得た知識との整合性を確認・検討するものであって，財務諸表以外の情報に対する直接的なレビューが導入されることはなかった。SRの導入にあたり，SRおよび取締役会報告書に記載された情報が財務諸表と整合しているかどうかについて，確認や検討にとどまらず監査人が意見を表明することが提案されていたが（BIS［2011a］par.6.9），賛成意見が極めて少なかったとして撤回されている（BIS［2012］p.18）。

　ガバナンスコードによって，過去情報を増やすのではなく，取締役会と株主とのコミュニケーションの媒体はナラティブレポートとして，取締役会の視点による将来志向情報を求めるようになっている。特に，リスク情報について，ビジネスモデルと経営戦略に関連付けた記載を求めることで，企業の長期的な成功に向けた取締役会の取組みを株主が評価できるようにすることが求められた。リスク情報は，ビジネスモデルや経営戦略と関連付けられることで取締役会が判断すべき事項となる中，英国では外部の監査人からの保証を強化するだけではなく，企業内部の対応によって，会計と保証の連結を図ることが進められた。

　2010年のCGC導入以降のリスク管理の議論が進展する中では，外部の監査人からの保証を強化することに否定的な意見がみられる。FRCは，リスクについて主要上場企業や投資家等との意見交換で聴取した以下の意見を紹介している（FRC［2011c］p.11, p.14）。

英国におけるコーポレートガバナンス改革の特徴　**第1章**

・リスク管理に対する外部の保証や助言の必要性はリスクの性質と企業内部の能力や専門性に依存し，外部の監査法人は，保証や助言を得るための1つの手段だが必ずしも最適な手段ではない。

・取締役会が独立したリスク委員会を設立している場合には，一般的に，必要な助言は企業の外部監査人以外から求めることが有益である。

・リスク情報に対する保証について，企業の意見としては，外部監査人にリスク報告の検証を義務付けることに積極的ではないとし，その理由として，リスクを引き受けるかどうかは戦略的・商業的な判断であり，それを保証することは適切ではないことや，財務統制に関するものを除き，監査法人は必ずしもリスク管理や内部統制を評価する専門知識を持っていないと思われることが挙げられる。

　2011年に，金融危機を踏まえてFRCは，取締役会および監査委員会のスチュワードシップの役割の有効性をコーポレートレポーティングや監査を通じて，どのように強化していけるかについて検討した（FRC［2011a］p.3）。監査が利用者や国民の期待に応えていないという課題，そして，財務諸表の作成と監査の過程で経営者や監査人が行った判断について，より高い透明性が必要であるという課題に対し，FRCは，監査人が監査報告書において情報提供するのではなく，監査委員会による報告を通して，このような情報提供を行うことを提唱していた（FRC［2011b］p.2）。このような議論を踏まえて，監査人による直接的な保証の強化ではなく，企業内部の対応によって対処しようとしていくことになる。

2　内部統制の拡充による会計，保証，ガバナンスの連携
（1）内部統制の変遷

　ここでは，図表1-1のⅤ，2，（1）の箇所を説明する。「キャドベリー委員会報告書」において，ガバナンスの要素として内部統制を位置付けて以降，順次，内部統制を拡充し，企業内外のコミュニケーションに対応してきた。「キャドベリー委員会報告書」では，内部統制を財務面にフォーカスして捉えていたが，その後，「統合規程」において，内部統制は，財務面に限らず，業務上および

49

第Ⅰ部　英米のコーポレートガバナンスの制度

遵守上の統制ならびにリスク管理を含むすべての統制を包含すべきものへと拡大していった。また，「統合規程」により拡大された内部統制についての企業向けガイダンスである「ターンバルガイダンス」では，内部統制システムの役割は，事業目的達成におけるリスク管理と，企業の内部および外部報告の信頼性の保証に役立つことが明確化されている（ICAEW Internal Control Working Party ［1999］pars.11,20）。そして，内部統制システムが対象とするリスクには，市場，信用，流動性，健康，安全および環境などが含まれることが例示されており，1999年の時点において，すでにESGに関連する事項が内部統制システムの対象となるリスクとして認識されていた（ICAEW Internal Control Working Party ［1999］Appendix 1 ）。

（2）内部統制の拡充による会計と保証の連携強化

　ここでは，図表1-1のV，2，（2）の箇所を説明する。2010年のCGCにおいて取締役会には経営戦略目標の達成にあたっての重要なリスクの性質と範囲を特定する責任があるとされた（C.2）。これ以降のリスク管理の議論が進展する中では，ナラティブレポートはオペレーショナル上のリスクよりも経営戦略上のリスクに主な着眼点を置くべきであること（FRC ［2011b］p.3），そしてリスク管理と内部統制システムは，別個のコンプライアンス活動としてではなく，企業の通常業務とガバナンスプロセスに組み込むこと（FRC ［2014b］ par.11）が強調された。2014年に改訂されたCGCと同時期に公表されたガイダンスでは，取締役会の責務として，内部統制とリスク管理を組み合わせたリスク管理および内部統制システムの構築とその継続的なモニタリングおよびレビューが求められている（FRC ［2014b］Section4）。

　内部統制は，1999年の「ターンバルガイダンス」において，事業目的達成におけるリスク管理と企業の内部報告および外部報告の信頼性の保証に役立つことと明示されていたが，2010年のCGCを介してビジネスモデルや経営戦略と関連付けたリスク情報が求められる中では，リスク管理および内部統制システムは，リスク管理が前面に出る形で内部統制が拡充したということができる。このリスク管理および内部統制システムは，ビジネスモデルや経営戦略を実現する能力に対する主要なリスクについて評価を行うため，リスクの評価，管理・

軽減，コミュニケーション，ならびにこれらの継続的なモニタリングと検証プロセスが含まれる。ここでのビジネスモデルや経営戦略は企業の長期的な成功を志向するものなので，リスクも長期的視点から捉えることとなる。

このように英国では，内部統制の拡充によりリスク管理を強化することが求められており，企業の長期的な成功に向けてリスクの識別，評価，管理を行う体制を整備しなければならない。企業が長期的な成功に向けてのビジネスモデルと経営戦略をSRでもって公表する以上，リスクも長期的視点から捉えることとなり，企業の長期的な成功の前提となるサステナビリティの問題は，リスク管理および内部統制システムの対象となり，サステナビリティに関わるリスクの識別，評価，管理を経て，サステナビリティ情報の開示が可能なものとなる。

英国では，監査委員会の機能にも注目している。監査委員会については，すでに2003年の「統合規程」の改訂により，企業の財務業績に関する情報のインテグリティ（誠実性）のモニターや内部統制システムのレビューなどが求められていた。これが，2012年と2014年のCGCの改訂によって取締役会に求められることとなった，アニュアルレポートにおける表明やリスク管理に関する情報開示について，コード改訂と連動した監査基準の改訂により，監査人はアニュアルレポートにおける当該記載の通読とともに，当該記載について監査委員会に対してコミュニケーションすることが義務化された（FRC［2012c］pp.11-12, FRC［2014c］pp.3-7）。これらは，コードで求められた取締役会による情報開示について，監査人から監査委員会への情報提供を義務付けることで，監査委員会の権限を強化し，もって，取締役会が開示した情報の信頼性および信憑性を高めようとしている。

3　財務報告評議会（FRC）の改編の意図

ここでは，図表1-1のⅤ，3の箇所を説明する。FRCは2003年からガバナンスコードの改訂を担ってきたが，歴代の政府の対応によって複数の機関が合わさった組織となっていた（BIS［2011b］par.1.7）。FRC理事会がCGCの公表・改訂を行い，会計基準設定主体であったASBがナラティブレポート改革を行い，監査基準設定主体であったAPB（Auditing Practices Board）が保証の改革を行うという体制であった（FRC［2012e］p.4）。

51

第Ⅰ部　英米のコーポレートガバナンスの制度

　このように，FRCは，ASBやAPBを含む7つの機関[3]が合わさった組織として複雑性が指摘されていた。そのほかにも，金融危機の際に，リスクの取扱いやナラティブレポーティングに対する監査の役割，企業の財務報告の将来についての課題に，FRC内のどの組織でも対処できなかったことが問題視された（BIS［2011b］pars.1.7-1.9）。そこで，2012年7月，FRCは組織改革を実施し，FRC理事会を上部機関とする体制へと改編した（FRC［2012d］p.10, p.17）。この中で，ASBやAPB等の7つの機関を廃止し，これに代わるものとして，①Codes and Standard Committee，②Executive Committee，③Conduct Committee[4]という，FRC理事会へ助言を行う委員会を設置するとともに，その上部組織であるFRC理事会がコードや各基準の発行について全体的な責任を負うことが明確化された（FRC［2012d］p.17）。これによって，FRC理事会の下，ガバナンス，会計および保証の改革を一体で行う組織体制へと整備されることとなり，今後の当該改革は，より一体的に推進されることとなった。

　2012年と2014年はCGCの改訂と監査基準の改訂が連動していたこと，そして2014年にFRCが公表したSRのガイダンスはCGCの要求事項に沿ったものであったことから（FRC［2014d］p.3（iv）（C）），このような組織変更によってガバナンス，会計，保証の一体的な改革を推し進めていたのである。

　このFRCの組織改編では，ナラティブレポーティングの向上のため，会社法を所管するBISとの連携強化にも言及されており（BIS［2011b］p.15），その後にも連携の成果がみられる。特に，FRCが2010年のCGCで導入したビジネスモデルと経営戦略の記載について，BISは2013年に会社法改正によりSRで導

---

3)　① Accounting Standards Board（ASB），② Auditing Practices Board（APB），③ Board for Actuarial Standards（BAS），④ Professional Oversight Board（POB）⑤ the Audit Inspection Unit（AIU），⑥ Financial Reporting Review Panel（FRRP），⑦ Accountancy and Actuarial Discipline Board（AADB）.

4)　Codes and Standard Committee：コーポレートガバナンス，スチュワードシップ，会計，監査，保証，保険数理の技術基準に関する英国の規範・基準の効果的な枠組みの維持について，FRC理事会に助言することを主な役割とする委員会（FRC［2013］p.6）。
　　Executive Committee：FRCの戦略的方向性をFRC理事会に提言し，FRCの業務を日常的に監督し，FRCの年間事業計画を実施し，FRCの予算について理事会に助言する責任を負う委員会（FRC［2013］p.6）。
　　Conduct Committee：企業報告書のレビューに関して委員会に委任された法的権限の行使を担当し，企業報告書のレビュー，監査品質のレビュー，公認監督機関および資格認定機関の監視，職業規律，会計および数理専門機関の規制責任の監督を担当する委員会（FRC［2013］p.6）。

52

入している。また，BISは，SRのガイダンスの作成をFRCに依頼し（FRC
［2014d］p.3（ⅲ）），2014年にはFRCがSRのガイダンスを公表している。

　また，ナラティブレポートについては，①CGCにより求められている事項，
②会社法により求められている事項，③英国の金融行為規制機構（Financial
Conduct Authority: FCA）の開示ルール（Disclosure and Transparency Rules:
DTR）により求められている事項があり，これらはアニュアルレポートの中に
収められている。CGCの中で求められる開示事項とDTRによる強制的な開示
事項は重複しており，CGCに準拠することでDTRに準拠することになるとさ
れている事項もある（FRC［2014a］Appendix）。今後は，目的が異なる複数の
開示要求事項をアニュアルレポートの中で一体化する取組みに対して，誰のた
めの会計情報なのかという点での検討が必要である。

Ⅵ　おわりに

　本章では，英国でのコーポレートガバナンス改革の全体像を明らかにした上
で，それを構成するガバナンス，会計，内部統制，保証についての改革の変遷
とその内容についての検討を行った。その結果，これらの個々の改革はコーポ
レートガバナンス改革を図るために一体的に推進していることを解明した。そ
こでは，「コーポレートガバナンスコード」と「スチュワードシップコード」
を介して，それらの一体的な推進を図り，加えて，当該基準等設定主体の改編
をもって実効性の向上を図っていることを明らかにした。

　また，英国では，コーポレートガバナンスについて，取締役会の適切な行動，
ならびに取締役会と株主の間の良好なコミュニケーションを促進する手段とし
て捉えていて，取締役会の行動を統制するコンプライアンスの側面だけでは捉
えていないことが理解できた。

　このように，英国では，会計，保証，ガバナンスを一体的に推進するコーポ
レートガバナンス改革によって，サステナビリティ情報の開示を可能とする新
しいディスクロージャー制度の構築を行っている。つまり，企業経営と経済社
会のサステナビリティの実現に向けての連結環としてディスクロージャー制度
を位置付け，そこではサステナビリティ情報の開示は必然的なものであった。

第Ⅰ部　英米のコーポレートガバナンスの制度

【参考文献】

小俣光文［2022］「第Ⅲ章　英国におけるサステナビリティ情報開示の保証の特徴」『サステ
　　ナビリティ情報と会計・保証・ガバナンスの展開』（日本監査研究学会課題別研究部会中
　　間報告書）37-75頁。

柿﨑環［2022］「第Ⅳ章　英国における内部統制とコーポレートガバナンスの特徴 – 『監査と
　　コーポレートガバナンスの信頼回復』報告（BEIS報告）を素材として」『サステナビリテ
　　ィ情報と会計・保証・ガバナンスの展開』（日本監査研究学会課題別研究部会中間報告書）
　　77-95頁。

小西範幸編著［2013］『リスク情報の開示と保証のあり方 – 統合報告書の公表に向けて』（日
　　本会計研究学会スタディ・グループ最終報告書）。

小西範幸・神藤浩明編著［2014］「統合報告の制度と実務」『経済経営研究』（日本政策投資
　　銀行設備投資研究所）第35巻第1号。

小西範幸［2018］「サステナビリティ会計とコーポレート・ガバナンス」『会計プロフェッシ
　　ョン – 八田進二教授退職記念号』第13号，195-214頁。

小西範幸［2019］「統合報告モデルとサステナビリティ会計」橋本尚編著『現代会計の基礎
　　と展開』同文舘出版，2-30頁。

小西範幸［2022］「サステナビリティ情報開示の意義と課題 – コーポレートディスクロージ
　　ャーの確立に向けて – 」『青山アカウンティングレビュー』特別号（第11号），28-32頁。

齊野純子［2014］「IFRSを基軸とするイギリス会計規制の概観」『關西大學商學論集』第59巻
　　第3号，41-55頁。

八田進二［1997］「イギリスにおける内部統制の議論」『會計』第152巻第3号，340-353頁。

八田進二編著［2009］『会計・監査・ガバナンスの基本課題』同文舘出版。

宮内義彦・八田進二［2022］『体験的ガバナンス論 – 健全なガバナンスが組織を強くする – 』
　　同文舘出版。

山﨑秀彦［2006］「イギリスにおけるコーポレート・ガバナンスに関する情報の開示と保証」『専
　　修経営学論集』第83号，59-80頁。

山﨑秀彦編著［2010］『財務諸表外情報の開示と保証 – ナラティブ・リポーティングの保証 – 』
　　同文舘出版。

Accounting Standards Board（ASB）［1993］*Statement-Operating and Financial Review*.

ASB［1999］*Statement of Principles for Financial Reporting*, ASB.

ASB［2005］*Reporting Standard 1: Operating and Financial Review*, ASB.

ASB［2006］*Reporting Statement: Operating and Financial Review*, ASB.

Committee of Financial Aspects of Corporate Governance（Cadbury）［1992］*Report of the
　　Committee on the Financial Aspects of Corporate Governance*, Gee & Co. Ltd.（八田進二・
　　橋本尚共訳［2000］『英国のコーポレート・ガバナンス』白桃書房。）

Committee on Corporate Governance（Hampel）［1998a］*Committee on Corporate
　　Governance: Final Report*, Gee & Co. Ltd.（八田進二・橋本尚共訳［2000］『英国のコーポ
　　レート・ガバナンス』白桃書房。）

Committee on Corporate Governance（Hampel）［1998b］*Committee on Corporate
　　Governance: The Combined Code*, Gee & Co. Ltd.（八田進二・橋本尚共訳［2000］『英国

のコーポレート・ガバナンス』白桃書房。)

Department of Trade and Industry (DTI) [1985] *The Companies Act 1985*, DTI.

DTI [2005] *The Companies Act 1985 (Operating and Financial Review and Director's report etc.) Regulation 2005 (SI2005/1011).*

DTI [2006] *The Companies Act 2006*, DTI.

Department for Business Innovation & Skills (BIS) [2011a] *The Future of Narrative Reporting: Consulting on a new reporting framework*, BIS.

BIS [2011b] *Proposals to Reform the Financial Reporting Council*, BIS.

BIS [2012] *The Future of Narrative Reporting: A New Structure for Narrative Reporting in the UK*, BIS.

BIS [2013] *The Companies Act 2006 (Strategic Report and Director's report) Regulation 2013 (SI2013/1970))*, BIS.

Department for Business, Energy and Industrial Strategy (BEIS) [2016] *The Companies, Partnerships and Groups (Accounts and Non-Financial Reporting) Regulations 2016*, BEIS.

BEIS [2021] *The Companies (Strategic Report) (Climaterelated Financial Disclosure) Regulations 202*, BEIS.

Financial Reporting Council (FRC) [1993] *The State of Financial Reporting*, FRC.

FRC [2009a] *Review of The Combined Code: Final Report*, FRC.

FRC [2009b] *Consultation on The Revised UK Corporate Governance Code*, FRC.

FRC [2010a] *The UK Corporate Governance Code*, FRC.

FRC [2010b] *The UK Stewardship Code*, FRC.

FRC [2010c] *Revision to the UK Corporate Governance Code (Formerly the Combined Code)*, FRC.

FRC [2011a] *Effective Company Stewardship Enhancing Corporate Reporting and Audit*, FRC.

FRC [2011b] *Effective Company Stewardship Next Steps*, FRC.

FRC [2011c] *Boards and Risk: A Summary of discussions with companies, investors and advisers*, FRC.

FRC [2012a] *The UK Corporate Governance Code (September 2012)*, FRC.

FRC [2012b] *The UK Stewardship Code (September 2012)*, FRC.

FRC [2012c] *Proposed revisions to International Standards on Auditing (UK and Ireland) to give effect to the FRC Effective Company Stewardship proposals:260 "Communication with those charged with governance", 265 "Communicating deficiencies in internal control to those charged with governance", 700 "The auditor's report on financial statements" (Revised) , 720A "The auditor's responsibilities relating to other information in documents containing audited financial statements"*, FRC.

FRC [2012d] *Proposals to reform the Financial Reporting Council: A joint BIS and FRC response*, FRC.

FRC [2012e] *Annual Report and Accounts 2011-2012*, FRC.

FRC [2013] *Annual Report and Accounts 2012/13*, FRC.

FRC [2014a] *The UK Corporate Governance Code*, FRC.

FRC [2014b] *Guidance on Risk Management Internal Control and Related Reporting*, FRC.

FRC [2014c] *Extracts from International Standards on Auditing（UK and Ireland）260, 570 and 700（Revised September 2014）*, FRC.

FRC [2014d] *Guidance on the Strategic Report*, FRC.

FRC [2016] *The UK Corporate Governance Code*, FRC.

FRC [2018] *The UK Corporate Governance Code*, FRC.

FRC [2022] *Guidance on the Strategic Report（June 2022）*, FRC.

FRC Group on Audit Committees [2003] *Audit Committees Combined Code Guidance*, FRC.

Higgs, D. [2003] *Review of the Role and Effectiveness of Non-Executive Directors*, DTI.

HM Government [2010] *The Coalition: Our programme for Government*, p.10.

Study Group on Director's Remuneration（Greenbury）[1995] *Director's Remuneration-Report of a Study Group chaired by Sir Greenbury*, Gee & Co. Ltd.（八田進二・橋本尚共訳 [2000]『英国のコーポレート・ガバナンス』白桃書房。）

The Institute of Chartered Accountants in England & Wales（ICAEW）Internal Control Working Party（Turnbull）[1999] *Internal Control: Guidance for Directors on the Combined Code*, ICAEW.（八田進二・橋本尚共訳 [2000]「ICAEW・ターンバル委員会報告書『内部統制－「統合規程」に関する取締役のためのガイダンス』1999年9月」『駿河台経済論集』第9巻第2号，153-173頁。）

Walker, D. [2009] *A Review of Corporate Governance in UK Banks and Other Financial Industry Entities*, HM Treasury.

（小西 範幸，上利 悟史）

第2章

英国における内部統制と
コーポレートガバナンスの近時の展開

I　はじめに

1　本章の問題意識と構成

　今日，SDGsやESG投資の高まりを背景に，投資家が求める企業情報には財務情報のみならず非財務情報にまで拡大し，企業に対して信頼できる開示情報の提供が幅広に求められている。そのため，その開示情報の信頼性を確保する内部統制システムのあり方を見直す機運が広がりつつある（柿﨑［2022］）。英国においても，2021年3月，ビジネス・エネルギー・産業戦略省（Department for Business, Energy and Industrial Strategy: BEIS）から「監査とコーポレートガバナンスの信頼回復（Restoring trust in audit and corporate governance）」（以下，政府白書）と題する包括的な改革案が公表された（BEIS［2021］）。その改革案の一部において，新しい企業報告制度と内部統制の強化が提案されている。また，2023年5月には，この政府白書を受けて英国コーポレートガバナンスコード（以下，CGC）の改訂案を示した「コーポレートガバナンスコード協議文書（Corporate Governance Code Consulting document）」（FRC［2023a］，以下，協議文書）が財務報告評議会（Financial Reporting Council: FRC）から公表されているが，ここでの中心論点は，内部統制とリスク管理の強化のあり方であった。そこで，本章では，英国の新しい企業報告制度とその信頼を確保する内部統制の強化の要請に対して，英国はどのようなアプローチで対応しようとしているのか，特に開示，内部統制，ガバナンスの関連性を中心に，政府白書および改訂CGC案を素材として，新たな改革のアプローチを探ってみたい。なお，本改革の監査に関する部分の詳細な検討は，第3章「英国のサステナビリティ関連財務情報に対する保証の現状」に委ねる。

第 I 部　英米のコーポレートガバナンスの制度

2　「監査とコーポレートガバナンスの信頼回復」報告の経緯と概要
（1）経緯

　英国では，英カリリオン社（2018年 1 月破産）の会計不祥事等を契機として，監査とコーポレートガバナンス改革の必要性が叫ばれ，2021年 3 月，上述の政府白書が公表された。この報告は，3 つの独立報告書（①FRCに関するキングマン・レビュー報告書（Sir John Kingman [2018]），②監査市場に関する競争・市場庁レビュー最終報告書（Competition and Market Authority [2019]），③監査の質と有効性に関するブライドン・レビュー最終報告書（Sir Donald Brydon [2019]）に基づいて，今後の英国が目指す監査とコーポレートガバナンス改革の方向性を提示している。その後，2021年 7 月までパブリックコメントが募集され，その内容の検討を経て，2022年 5 月31日には，英国政府から最終報告書（BEIS [2022]）が公表された（本章では，政府白書に対するパブリックコメントの検討を経て，2022年 5 月に公表された最終報告書を「政府見解」という）。

（2）概要

　政府白書で示された監査とコーポレートガバナンスの信頼回復のための提案概要は以下の通りである。第 1 に，取締役の説明責任の強化について，①内部統制の有効性レビュー（年次報告書にて報告）および②新しい企業報告（レジリエンス報告書，監査・保証方針）の導入等を，第 2 に，監査の範囲および監査人の役割の変更として，幅広い監査に対応する企業監査人（Corporate Auditor）の新設等を，第 3 に，株主と監査のエンゲージメントを促進する契機として，監査人の監査計画に関し，株主の意見を監査委員会が収集できる仕組みの確立等を，第 4 に，監査市場の健全性の促進として，①大手企業の監査に，管理された共同監査（Managed Shared Audit）を導入し，②監査部門と非監査部門の運営分離等を，第 5 に，規制当局の改組および権限の強化として，FRCを改組し，新たな規制当局であるARGA（Audit, Reporting and Governance Authority）の設立等を提案している。

　その後のパブリックコメントを経て，いくつかの提案内容は見送られたが，2022年 5 月の政府見解で確認された内容には，英国議会の承認が必要とされる一次法の制定，または法定文書による二次法，CGCの改訂，ARGAが発行する

58

ガイダンス，コード，基準等に基づいて実施される予定であった。FRCは当初，2023年4月までにARGAへの権限委譲の意向を完了させる予定としていたが，現在は遅延しており，一連の監査とコーポレートガバナンス改革の完全実施については2025年または2026年までかかる可能性がある。

Ⅱ 「監査とコーポレートガバナンスの信頼回復」にみる内部統制の強化

1 内部統制強化のための3つの選択肢

　政府白書では，内部統制の強化の方法について3つの選択肢が提案された。第1の選択肢であるA案は，「取締役は，毎年，内部統制の有効性のレビューを実施し，それらが有効に機能していると考えるかどうかについて，年次報告書の一部としてステートメントの作成を義務付けるものとする。ステートメントには，使用したベンチマークシステムを開示し，取締役は，ステートメントが適切であると確信した方法を説明する必要がある。」とする。CGCの内部統制規定によれば，取締役会がリスク管理および内部統制システムを監視し，少なくとも年1回の有効性の見直しと年次報告書での報告を求めているものの（2018年版CGC29条）（FRC［2018］），取締役会には内部統制システムの有効性を判断する明確な基準がなく，そのため投資家は，取締役が内部統制に対してどのような理解があるか十分に把握できていない。

　そこで，A案では，現在の英国の内部統制に関する課題に向けた取り組みは，CEOとCFO（または取締役会）に以下の点を要求することで補強することができると考えた。第1に，リスク管理および内部統制システムの年次レビュー結果を説明し，システムが効果的に運用されているかについてステートメントを出す。第2に，評価に使用したベンチマークシステムを開示する。第3に，ステートメントの適切性を取締役がどのように確信したかを説明する。第4に，統制上の不備が確認された場合，改善策とそれに必要な期間を明記する。

　第2の選択肢であるB案は，内部統制の有効性に関するより詳細な意見を監査人に報告するよう求めるアプローチである。B案によれば，監査人は，監査報告書に，監査の実施に必要な範囲で企業の内部統制システムを理解するための作業を記述し，その作業が監査において採用したアプローチに与えた影響を，

より詳細に記載することが求められるが，内部統制の有効性に関する正式な監査人の意見を求めるものではない。第3の選択肢であるC案は，内部統制システムの有効性に関する取締役会評価に対して，監査人による正式の意見表明の義務付けを要求するアプローチである。これは，米国のSOX法404条（b）が，財務報告に係る内部統制の体制および手続きに関する経営者評価に対して，監査人の認証および報告を求めていることと類似しており，監査人は，内部統制の有効性に関する取締役会の年次評価に対して，財務報告に係る主要な内部統制またはその一部に限定して，正式な監査意見を提供することを義務付けられるべきとする。2021年の政府白書の時点での政府の意向は，A案を採用する立場であり，その後のパブリックコメントを経て，2022年5月31日に英国政府が公表した政府の方針は以下の通りである。

2　2022年5月政府見解

　第1に，政府は，政府白書で示したA案を採用し，財務だけでなく，より広範な業務やコンプライアンスに対する内部統制システムの有効性について取締役会の見解とその評価の根拠について明確なステートメントを提供する内部統制規定の強化のため，FRCに対して，CGCの改訂の協議を進めるよう求めた。政府としては，内部統制の強化は必要であるとしても，その方法として，取締役会による内部統制の有効性評価報告を直ちに法制化するにはリスクが伴うと考えており，現実的なアプローチとしては，CGCの改訂によって対応するのが最善であるとして，FRCに対してCGCの改訂と取締役会がこのステートメントを作成するためのガイダンスを策定することを要請した。

　第2に，一定の規模の「社会に重要な影響を及ぼす可能性のある事業体（Public Interest Entities: PIE）」（なお，現在のPIEは，2006年会社法第494A条に定められた規制市場で譲渡可能な株式を発行する株式会社，信用機関，保険会社等を指している）に対して，新しい監査・保証方針の開示に含まれる最低限の内容として「会社の内部統制報告について外部保証を受ける予定があるか」を明記することを求めた。この点は，必ずしも取締役にそうした保証を求めることを義務付けるものではないが，少なくとも取締役会において，その是非を検討したことを確認するのに役立つものと考えられる。また株主が内部統制に対して懸念を抱い

た場合に，さらに外部保証を求める明確な機会を提供することになる。

第3に，監査報告書の内容を改善し，「財務報告に係る内部統制」について監査人が実施した作業に関する情報をより多く提供できるかどうか，またどのように改善できるかについて，FRCに投資家およびその他の利害関係者とともに協議するように要請した。この点は，政府白書でのB案の内容を加味したものとなっている。すなわち，これは監査人の法定監査の一環として実施された作業に対象が限定され，内部統制システムについて監査人が保証を与えることを意図するものではない。

第4に，今後，予定される一連の監査・ガバナンス改革が実施された後のレビューの一環として，内部統制水準の向上，CGCの変更による内部統制の有効性をレビューする。そのレビューの結果によっては，2006年英国会社法416条および468条に基づき内部統制に関する新たな法定報告要件を導入することも考えられるとする。

Ⅲ 「監査とコーポレートガバナンスの信頼回復」にみる新しい企業報告書

1 新しい企業報告書概要

このように内部統制強化の必要性が強調されるのは，今日，財務諸表以外にも非財務情報の信頼性の確保が投資家にとって重要課題となりつつあるからともいえる。政府白書では，こうした投資家の声に応える形で，新しい企業報告のあり方を提案し，その開示内容のインテグリティ（完全性）を確保するためコーポレートガバナンスの強化を図ろうとしていた。そこで，政府白書では，①レジリエンス報告書，②監査・保証指針報告書，③配当金支払実務報告書，④不正発見・防止報告書，⑤公益ステートメントの5つの新しい企業報告の提案を行っていたが，そのうち⑤については，引き続き検討するものとして，さしあたっては，英国政府は①②③④の報告書の法制化に向けた準備に入っていた。本章では，内部統制の対象範囲との関連から①③④の報告書を，また内部統制の有効性の確保の観点から②の報告書がどのように提案され，まだ英国政府として，これをいかにして実現しようとしていたのかを中心に検討する。

61

第Ⅰ部　英米のコーポレートガバナンスの制度

2　レジリエンス報告書

（1）政府白書が提案するレジリエンス報告書

　まず，上述した一定規模以上のPIEの定義に該当する企業には，短期，中期，長期のリスク管理とレジリエンス（回復力）の強化のためのアプローチを示すレジリエンス報告書を毎年作成することが提案された。その背景には，多くの企業が開示する既存のリスクおよび実行可能性報告書（CGCに基づく実行可能性報告書を含む）の内容では，具体性を欠き，企業の長期的な展望を示すのには懸念があるとして，これに応える形で提案されたものである。そこで，レジリエンス報告書には，以下の内容を含むものと提案された。

　まず，レジリエンス報告書には，既存の継続企業報告書（Going concern statement）と実行可能性報告書（Viability statement）を組み込む形で制度化されるべきであるとした。レジリエンス報告書の短期セクションには，継続企業にとっての重要な不確実性と評価されたものが，リスク軽減措置や重要な経営判断の履行により重要でなくなった場合でも，企業継続性ステートメントに含めるべきあるとする。さらに，短期・中期セクションは，少なくとも，事業継続，サプライチェーンの強靭性，サイバーセキュリティへの脅威など，特定のリスクや強靭性の問題に対して，企業の対処方法について開示を求め，また，中期セクションは，2回の逆ストレステストのシナリオを含み，5年間の見通しをカバーする必要があるとした。

（2）2022年5月の政府見解

　政府白書の提案に対して，2022年5月時点の政府見解では，概ねレジリエンス報告書の制度化を認める方向に舵を切り，以下の項目について，今後の採用方針を提示した。

　まず，レジリエンス報告書の適用対象については，従業員750人以上，年間売上高7億5,000万ポンド以上の条件を満たす新たなPIEとする。レジリエンス報告書には，短期・中期的に企業のレジリエンスにとって重要な課題と考える事項について，その重要性の判断に至った経緯の説明とともに報告させる。この報告書の提出は新たな法令で対応する予定であり，例えば，気候変動がビジネスモデルに与える影響も他の法定報告が未対応の場合には，それを含めて対

処するものとした。もっとも，レジリエンス報告書における評価期間については，各事業体の特性を踏まえ柔軟性を認める方向となった。すなわち，政府白書で提案されたレジリエンス報告書の短期と中期を合わせた5年間の評価期間の義務付けに代えて，中期セクションの評価期間については，企業が自らその長さを選択し説明することを義務付ける方針をとった。ただし，レジリエンス報告書には，短期・中期のセクションにおける事業・財務の回復力を維持・強化するために会社がとるアプローチについて，高いレベルの説明を取締役に求めるものとされていた。

政府としては，レジリエンス報告書を，リスクとレジリエンスに関する統合的かつ総合的な報告書とするためには，すでに上場会社が直面する主要リスクと不確実性を記述する既存の戦略的報告書（英国会社法414条C項では，すでに上場会社の戦略報告書に，事業戦略，会社事業の将来性，業績，および企業のポジションに影響を及ぼす可能性のある要因等の記述を義務付けている。（イギリス会社法制研究会［2017］298-299頁））に，記載には一定の柔軟性を認めるもののレジリエンス報告書を組み込むべきとした。

さらに，提案時には，評価期間に最低2回の逆ストレステストの実施を要請していたが，時間とコストの負担を考慮して，これを最低1回の義務付けに変更した。これに基づき，対象企業に対して要求されるのは，①事業計画の実行可能性を阻害する不利な状況の組合せを毎年特定すること，②その発生可能性の評価，③レジリエンス報告書に，係る評価結果および経営陣が講じた是正策の要約を記載することである。ただし，この要約には，取締役がビジネス上の利益を著しく損なうと判断した情報を含める必要はない。この間のプロセスは事業の性質，規模等に応じて文書化されるべきであるが，その裏付け資料を公表する必要はなく，規制当局の要求に応じてレビュー可能としておけば足りるとされた。

レジリエンス報告書には，継続企業の前提となる重要な不確実性のすべての開示を求めるものではない。しかし，投資家は，特定された重要な不確実性がもはや重要でないと結論付けるために経営陣が下した判断や行動の理解に大きな関心があることに鑑みて，政府は，リスク低減措置や重要な経営判断等をとる以前から存在する，継続企業としての重要な不確実性について，株主等のス

第Ⅰ部　英米のコーポレートガバナンスの制度

テートメントの利用者が理解しやすくなるために，事業状況と見通しを取締役が明らかにすることを求めている。

今後，政府は，レジリエンス報告書の適用企業に対して，プレミアム上場企業に適用されるCGC31条に基づく実行可能性報告書の規定をレジリエンス報告書に組み込む予定とした。そのため，レジリエンス報告書を規定する法令が施行された後は，政府は，FRCとCGC31条の廃止を協議するとした。ただし，リスクと実行可能性に関するFRCガイダンス（FRC［2014］）は，他のCGCの規定とも関連しているため，引き続き維持される。また，継続企業報告書を規定するCGC30条も，英国会社法および会計基準により継続企業報告書が提供されているため，CGCから削除の方向で検討するとしていた。

最後に，政府は，レジリエンス報告書が英国会社法に基づいて要求される戦略的報告書の一部を構成することを確認している。そのため，取締役がステートメントにおいて提供する情報は，2006年英国会社法第463条が定める「セーフハーバー」条項の対象となる。すなわち，取締役がレジリエンス報告において虚偽または誤解を招く情報を提供する場合に会社に対して責任を負うのは，その情報が虚偽または誤解を招くと知っていた場合（あるいはそのような情報かどうかの判断が無謀だった場合），あるいは，重要事実を不誠実に隠ぺいした場合に限られることとなる。

3　監査・保証方針報告書

（1）政府白書で提案された監査・保証方針

政府白書は，上述した新しいPIEに対して，監査・保証方針（Audit and Assurance Policy: AAP）を公表させ，財務諸表以外の報告情報の質を確保するために会社が採用するアプローチを提示するよう提案している。その期間を毎年とするか，3年ごととするかについて，また，AAPを勧告的株主総会決議の対象とするかについて，さらには，以下に示す内容をAAPに必要な最低限な項目とするかについてもパブリックコメントの対象とされた。すなわち，①レジリエンス報告書（全部または一部）あるいは，内部統制の枠組みの有効性について，会社が独立した保証を付ける予定があるか否かの説明。②会社の内部監査および保証プロセスに関する説明。これには，年次報告書に記載された

64

経営判断がどのように検討されたかを含む場合がある。③外部監査人の指定に関する会社の方針説明（監査人に被監査業務を委託する予定があるかを含む），④AAPの策定にあたって，株主および従業員の意見が考慮されたか，またその考慮方法についての説明，以上についてである。

（2）2022年5月の政府見解

その後のパブリックコメントでは概ね支持が得られ，2022年5月に公表された政府見解において，AAPは上述した新しいPIEに適用するとされた。また，企業が新しい保証制度を導入する場合には，その前に既存の保証制度を見直し，株主等の意見を聞く機会を得るために，保証制度は3年ごとに公表されるべきとする。

AAPの主たる目的は，会社の株主やステークホルダーに対して，財務諸表以外の情報の保証について，その保証の追加の必要性を含め，会社が行うその検討状況を示すことであり，その点に鑑みれば，AAPには，レジリエンス報告書や内部統制の枠組みに関する報告に対して，外部の保証を求める意向があるかどうか，また，意向があるとすればその方法を示すべきであると政府は考えていた。さらに，政府は，AAPには経営判断のプロセスを検証する内部監査とアシュアランスについても，その検討プロセスの説明をいれるよう企業に求めた。政府は，内部監査が，効果的な内部統制システムの維持を支援するなど，重要な「第3の防衛線」となり得ることを認識しており，内部でのアシュアランス・プロセスのインテグリティ（完全性）をいかに確保し，またその改善を企業が必要とするかの説明の重要性を指摘している。

同様に，AAPにおいて，監査法人への非監査業務の委託の有無を含め，外部監査サービスの入札方法に関する会社方針の説明を企業に求めるものとした。すでにプレミアム上場会社の監査委員会には，CGCにより，こうした方針策定と実施が求められていたが，今後さらに，上述した新しいPIEに対しても，同様の対応が求められる予定であった。なお，AAPに対しても，法定監査以外の独立した外部保証を実施する場合には，その保証のレベル（限定的保証または合理的保証等）を記載し，国際保証業務基準（ISAE）（英国版）3000などの基準に基づき実施された旨を記す必要があるとした。

第Ⅰ部　英米のコーポレートガバナンスの制度

　今後も政府は，引き続き財務諸表以外の年次法定開示や任意開示のインテグリティ（完全性）の確保につき，内部統制に対する一定レベルの保証の必要性について検討していくとした。監査委員会報告書の作成が義務付けられているPIEは，3年ごとにAAPの開示が必要となるとしたが，ただし，3年ごとの開示に加え，取締役が（通常は，監査委員会を通じて）AAPで示された保証活動の状況について，年次実施報告書に最新情報を提供することを求めるものとした。

4　配当金支払実務報告書
（1）政府白書で提案された内容
　会社の持続的成長のためには，適切な資本の維持が必要となり，株主に対する配当金支払いの規律もコーポレートガバナンスとの関連で，重要な課題である。政府白書では，業績の下方修正の前に，また倒産の直前に多額の配当を行うなどの事例が指摘され，現行の配当規制に対する疑問の声を受け，配当と資本維持に関連して，分配可能な準備金に関する開示とその確実性の向上を図るべく，以下の提案を行った。①新たに創設される規制機関であるARGAが，2006年英国会社法を遵守すべく，何が「実現」した利益と損失として扱われるべきかを定義する権限を認める。②会社（グループ会社の場合には親会社のみ）に配当可能な準備金の開示を義務付ける。また，親会社が複数の会社を傘下に持つ場合，親会社はグループ全体の配当能力の見積りを開示する。③取締役に対して，配当が適法であり，その支払いによっても今後2年間は事業体の支払能力が損なわれないと予想されることを確認する明確なステートメントを出す，という提案内容である。この新しい開示とステートメントに対しては，上場会社と代替的投資市場（Alternative Investment Market: AIM）会社のみに適用すべきか，すべてのPIEに拡大すべきかについてパブリックコメントを求めていた。

（2）2022年5月の政府見解
　パブリックコメントを踏まえた政府見解としては，①適格企業（英国グループ会社の場合には親会社のみ）は，配当可能準備金の開示，またはその正確な数字を決定することが不可能であるか，もしくはそのために不釣り合いな労力を伴う場合には「最高限度額」の開示を要求する。②グループ全体の配当支払能

66

力の見積りを開示することは，報告書の必須要件ではなく，奨励事項とする。③株主還元の金額とタイミング（配当，自社株買い，その他の資本分配を含む）に対する取締役会の長期的アプローチと，この分配方針が報告年度にどのように適用されたかを示す説明書を提出しなければならない。④対象会社の取締役は，提案された配当金および当期に支払われた配当金の適法性を確認するステートメントを出さなければならない，とした。

　もっとも，政府白書の提案であった，2年間にわたり配当が会社の将来の支払能力を損なうことはないとする取締役に対するステートメントの要求は，なお継続的に検討することとなった。これらの新しい開示とステートメントについても，上述した新しいPIEの定義に該当するすべての企業に適用されるものとした。

5　不正発見・防止措置報告書

　ガバナンス強化との関連でみると，政府白書では，新たにPIEの役員とその監査人の双方に「不正発見・防止措置」の報告義務を課す以下の提案を行った。①取締役は，重大な不正発見・防止の行動について報告する。②監査人は，不正発見・防止の措置に関する取締役の報告書が，事実上適正であると結論付けるための作業について報告する。③監査人は，重要な不正を発見し，関連する統制の有効性を評価するための措置について報告する，という内容である。

　これに対して，2022年5月の政府見解としては，①の提案内容である，取締役が不正を防止・発見するために講じた措置について報告することを上述した新たなPIEに義務付けることを確認した。しかし，②の提案に対しては，監査人が取締役の不正発見・防止措置報告につき事実の正確性に意見を述べるという提案には，期待ギャップのリスクがあるとの批判があり，政府は，監査基準ISA（UK）720に基づく「その他情報」に関する監査人の責任の要請に基づいて，監査人が取締役の不正報告における重要な矛盾を識別し報告するという既存の要求事項があれば，取締役の不正報告書への対応は十分と考え，この提案を採用しないこととした。また③の提案に対しても，最近の監査基準の改訂が不正行為に関する監査人の報告に与える影響を踏まえて，さらなる変更が必要か検討するとした。すなわち，監査人が，不正発見・防止措置の有効性評価のため

第Ⅰ部　英米のコーポレートガバナンスの制度

の作業を説明する際に，監査人への期待を明確にするという意味で，改訂基準ISA（UK）700（監査人の報告方法に関する要求事項を定めた基準）およびFRCによる監査基準ISA（UK）240が期待される効果を発揮するかどうかを見守る意向であるとした。

6　公益ステートメント

　政府白書では，企業に年次公益ステートメントの作成を義務付けるべきというブライドン・レビューの勧告に対して，そのような法定開示を導入する意思がないことを述べていた。この公益ステートメントは，従業員，サプライヤー，顧客，環境，地域社会等について取締役が意思決定を行う際にどのように配慮したかを報告することを求めるものであった。その後のパブリックコメントでも，概ね，その時点の政府見解に賛成の声が多かった。というのも，こうした開示文書の法定は，他の企業情報の開示文書にも公益性が含まれるにもかかわらず，それがないものとの誤解を生じかねず，また内容的な重複からも，実務上の混乱が懸念されたからである。たとえば，政府が2021年10月に公表した「持続可能な投資活動に向けたロードマップ（A Roadmap to Sustainable Investing）」（HM Treasury［2021］）において開発中の新しい持続可能性開示制度の内容と重複する可能性もある。もっとも，企業による非財務情報の質の監視は，後述する新しい規制当局であるARGAの企業報告審査権限の強化により対応されるものとした。

Ⅳ　コーポレートガバナンス強化を支える新しい規制機関ARGA

1　企業報告書に対する監督のアプローチ

　今回の政府白書が提案する大きな眼目のひとつであるARGAは，FRCから一部の権限を委譲された新しい監査規制機関であり，政府は，ARGAの企業報告審査権限の強化に関する政府白書での提案の大部分を進める意向である。その内容としては，まず，規制当局の権限を拡大し，年次報告書と決算書の全内容を対象とすることで，現在は対象外となっている分野，例えばコーポレートガバナンス報告書や取締役の報酬，監査委員会の報告書，CEOや会長の報告

英国における内部統制とコーポレートガバナンスの近時の展開 **第2章**

書などの任意要素を審査できるようにする。また，ARGAはFRCのように裁判所の命令を求めるのではなく，会社の報告書や決算書の変更を指示する権限と，レビュー審査後の結果概要を公表する権限が与えられる。さらに，規制当局の新しい権限として，専門家によるレビューを要求または委託する権限を確保し，企業報告レビュー業務を支援する予定である。

2　ARGAによる会社役員へのエンフォースメント

もとより，取締役は，会計と報告に最終的な責任を持ち，会計と報告の監査に関する義務（例えば，真実かつ公正な見解を示す場合にのみ会計を承認する義務，監査人の要求に応じて情報や説明を提供する義務）を負っているが，従来の規制当局は，これらの義務違反に対して行動する直接的な権限を有していなかった。そこで，政府は，ARGAに対して，企業報告および監査に関する取締役の法定義務違反を調査しエンフォースメントに必要な権限を付与することとした。この新しい民事執行制度は，すべてのPIEに適用され，従来の取締役に対する訴訟と並行して実施されるものとなる。

さらに，政府は，エンフォースメントの重複を避けるため，ARGAはFRCなど他の規制当局と緊密に連携して，PIEの取締役が企業報告や監査に関する義務に不誠実に対応する行為など，一定の期待を下回る行動に対して責任を追及する最善の方法を検討する予定である。その他，PIEの取締役に対するARGAの民事執行権限は，金融行為監督機構（Financial Conduct Authority: FCA），破産管理局（Insolvency Service），重大不正捜査局（Serious Fraud Office）など他の規制当局との連携が予定されている。その意味では，ARGAの権限は，最長15年間，会社の取締役としての資格を剥奪する破産管理局の既存の権限を補完する意義もある。

ガバナンス強化との関連でいえば，政府は，FTSE350企業に対して，監査人の選任および監督に関する監査委員会に求められる最低限の要件を設定する権限をARGAに付与する意向である。これらの要件は，現在のCGCによるcomply or explainアプローチとは異なり，強制力を持つ。さらに，ARGAは，監査計画や株主総会での監査に関する株主の関与を促すためのしかるべき規定を盛り込む権限も持つことが予定されている。

69

第Ⅰ部 英米のコーポレートガバナンスの制度

Ⅴ コーポレートガバナンスコード2023年改訂案の公表

1 コーポレートガバナンスコード2023年改訂案の概要

その後，2023年5月，FRCから公表された協議文書では，上述の政府見解に基づき，改訂CGC案が示された。この改訂CGC案は，2025年1月1日以降に開始する会計年度から適用予定であり，英国で法人化されたかを問わず，プレミアム上場会社のすべてに適用されるはずであった（後述するように2023年11月に同案は一度撤回されている）。

協議文書において示された現行の2018年版CGCからの主な変更点は，以下の通りである。①「リスク管理及び内部統制」に，より強固な枠組みの必要性を強調，②ESG報告拡大に対する取締役会・監査委員会のより広範な責任を反映，③取締役会から委託がある場合，監査委員会が監査・保証方針に基づく適切な保証を実施，④監査市場における多様性の拡大に対応する監査入札の重要性を強調，⑤取締役の報酬に関わるマルスとクローバック条項の透明性向上，⑥新しいPIEに対するレジリエンス報告書等の法律案の公表，⑦コーポレートガバナンス報告書においてガバナンス活動の成果を明記する等である。

改訂CGC案の構成は，「第1節　取締役会のリーダーシップと企業の目的」，「第2節　責任の分担」，「第3節　構成・サクセッション・評価」，「第4節　監査・リスク・内部統制」，「第5節　報酬」であるが，本改訂の中心は，「第4節　監査・リスク・内部統制」に関するものとなっている。

2 コーポレートガバナンスコード2023年改訂案における
具体的な変更点

(1)「第1節　取締役会のリーダーシップと会社の目的」

本節は，取締役会の包括的な役割を定めており，会社の目的，長期的かつ持続可能な成功，株主への価値提供，およびより広範な社会への貢献といった領域をカバーしており，すでに企業からの一定の適切な報告がなされているため，改訂CGC案で加えられた変更は限定的なものである。もっとも，本改訂案のメインテーマとなっているリスク管理と内部統制に関する原則の改訂に合わせて，

70

本節も若干の改訂を行っている（原則Cと原則Oをリスク管理と内部統制に関する原則Nに統合）。さらに，これまでのCGC報告に対する調査・評価に鑑みて，原則Eでは，企業のガバナンス活動を報告する際に期待される点として，ガバナンスの実践の影響とCGCの適用方法を示すために，ガバナンスの活動やその成果に，よりフォーカスを当てるものとする。また，改訂CGC案の規程においても，サステナビリティ情報に関する事項の重要性に鑑み，いくつかの修正を加えている。規程1条や規程2条において，「気候変動問題や移行計画など，環境や社会問題に関する事項にフォーカスすること」を追加し，特に「望ましい企業文化がどの程度効果的に浸透しているかを取締役会が報告すべき」とした。

（2）「第2節　責任の分担」

「第2節　責任の分担」においては，現行の原則Hが求める，「非業務執行取締役が取締役の責任を果たすために十分な時間を確保すべきである」との前提に基づき，さらに取締役が果たす職務の実効性を高めるためにいくつかの項目を変更した。

すでに現行の規程15条では，取締役の任命等に関する同意の際には，取締役がその任務に費やすことができる時間を考慮すべきとしており，また，常勤執行取締役は，FTSE100企業の社外取締役やその他の重要な役職を2つ以上引き受けるべきではないことを記載している。もっとも，本協議文書によれば，常勤執行役が引き受けることができる社外役員等の数の制約に加えて，当該企業の社外取締役等が引き受ける他社の役職数に制限を付すのは，その職務の多様性に鑑みると適切ではないとしている。

そこで，取締役会における構成員のスキルや経験の多様性を確保するために，以下の2つの提案が加えられた。第1は，現行の原則L（改訂後は原則K）を変更し，年次取締役会の業績評価において，各取締役が他の企業等への程度コミットしたか，また，取締役の役割を効果的に果たすための十分な時間の確保を検討すべきと明記した（規程3条に関連）。第2は，年次報告書の記載に，取締役会の役職だけでなく委員会の役割等を含む，取締役の他の企業等へのコミットメントとその管理方法に関する情報をより多く集めるべきとするものである。こうした変更によって，取締役が自らの役割に十分な時間を使えると判断

する方法に好影響を及ぼす可能性があると考えられる。したがって，CGC改訂案の規程15条には「重要な取締役の任命はすべて年次報告書に記載し，各取締役が，他の組織へのコミットメントに照らして，その役割を効果的に遂行するために十分な時間を有していることを説明すべきである。また，この評価の結果として取られた措置についても記載する。」とした一文が追加された。

（3）「第3節　構成，サクセッションおよび評価」

　次に，第3節において変更された主要な点は，①多様性と包摂性，②取締役会のパフォーマンスのレビューに関するものである。第1の多様性と包摂性に関しては，原則I（現行の原則J）において，取締役会の任命や後継者計画において考慮すべき事項として，従前のCGCでも指摘されている多様性および包摂性の重要性を一歩進めて，「機会均等，保護された特性である多様性や包摂性に加え，個人の強みや認識能力を含む保護されていない特性も併せて考慮するべき」ことを追加した。さらに，規程24条（現行の24条）では，指名委員会の活動に関する年次報告書での開示において，①会社の経営戦略の実現に向けた取締役および上級管理職の後継者計画（後継者のため多様なパイプラインの開発を監督した方法の説明を含む），②取締役および上級管理職の任命（そのサーチ・指名手続きと多様性の推進を含む），③サクセッションのための構成員の多様性と包摂性の促進（会社の目標に対する進捗状況や確立された戦略に従っているかを含む）が追加された。協議文書によれば，この改訂の趣旨は，取締役会および経営幹部の多様性と包摂性をより拡大すべく企業が選択した目標やイニシアティブの役割を理解するための透明性の向上にあるとされる。

　第2の取締役会のパフォーマンス・レビューについては，原則K（現行の原則L）において，「取締役会の年次のパフォーマンス・レビューにおいて，各取締役が，他の組織へのコミットメントと，取締役が効果的に責任を果たす能力を考慮すべき」旨が明記された。この点に関しては，2021年のチャータード・ガバナンス協会（Chartered Governance Institute: CGI）が公表した「英国の上場企業における独立取締役会評価の有効性に関するレビュー（Review of the effectiveness of independent board evaluation in the UK listed sector）」（CGI [2021]）が，「取締役会評価（evaluation of the board）」の代わりに「パフォー

マンス・レビュー（performance review）」という用語の採用を改訂CGCにおいて検討すべきとの提案を受け入れている。というのも，上述のCGIのレビューによれば，「評価（evaluation）」という用語を使用すると，過去事象の保証機能を意図するという誤った認識を助長しているとされ，一方で，こうしたレビューの価値とは，取締役会の自己改革の継続的プロセスを知らしめるところにあるからであると説明されている。

（4）「第4節　監査，リスク及び内部統制」

　改訂CGC案において最も変更が加えられた節は第4節であり，その改訂のポイントは大きく3点ある。

　第1のポイントは，監査委員会における主な役割と責任に関する点である。リスクマネジメントと内部統制について，上述の政府白書では，取締役会の説明責任と報告を強化する規程の改訂を行うように要請しており，本改訂案では，まずは監査委員会の役割として，サステナビリティ情報を含むナラティブレポーティングの一貫性のモニタリングと重要な報告の判断のレビューが規程26条に付け加えられた。もとより，現在では，ESG要素と持続可能性については，世界中の企業にとって経営上の不可欠な考慮事由となっているが，それらに関連したグリーンウォッシュや不十分な透明性に関する問題は，投資家を含むステークホルダーには重大な懸念事項である。本協議文書には，企業がサステナビリティに関連する開示に対して一定の外部保証を求めていることが示されている。しかし，その外部保証のマーケットは，相対的に未成熟な段階であり，むしろ現時点では，改訂CGC案には，これらの事項の重要性を反映させるべく，サステナビリティ情報に関するリスク，機会，影響を評価し，戦略目標を設定し，適切な内部統制を利用して，必要に応じて保証を委託する際には，優れたガバナンスが不可欠な役割を果たすことを認識する必要があるとした。また，本協議文書では，CGC適用企業によるサステナビリティ委員会の設置推奨を検討したが，企業によっては，リスク委員会，人材委員会等，多様なアプローチも考えられるため推奨はしないが，それらが連携して取締役会をサポートすることが重要であるとする。なお，上述の政府見解において，監査委員会報告書の作成が義務付けられているPIEについては，3年ごとのAAPとAAPに関

第Ⅰ部　英米のコーポレートガバナンスの制度

する年次実施報告書を年次報告書に含めるべきであるとされていたが，本改訂案では，すべてのCGC適用会社に対しても，AAPの作成を「comply or explain」の手法に基づき適用することが妥当であると考え，「監査・保証方針の策定・実施・維持」を新たに監査委員会の役割として規程26条に追加している。さらに，上述の政府白書において，投資家が財務諸表以外の企業報告の信頼性を一層重視していることを受け，監査委員会の役割，外部監査人の業務範囲，およびAAPのアプローチに関して，今後も株主その他のステークホルダーに働きかけることが規程26条に明記された。もっとも，これまで監査委員会が行ってきた職務の一部については，プレミアム上場市場のFTSE350企業における監査委員会に対しては，ミニマムスタンダートとして「監査委員会及び外部監査；最低基準（Audit Committees and the External Audit: Minimum Standard）」（FRC［2023b］）に定められて，引き続き監査委員会の責任の一部として要請される。これはCGCによる「comply or explain」手法とは異なり法定の義務となるため，ARGAによる法執行の対象となる。また，外部監査に関して，監査市場の多様性を支援するため，監査委員会には，外部監査人の入札における効果的な競争を促すことも同様に規程26条に追加された。

　第2のポイントは，増加する監査委員会の職務に対応して年次報告書に記載すべき事項が追加された点である。すなわち，①上述した「監査委員会及び外部監査；最低基準」に定められた事項，②監査委員会が，非財務情報に関し検討した重要な問題，およびその対処について，③取締役会から委託された場合，環境，社会，ガバナンスの指標およびその他のサステナビリティに関する事項の保証について，④3年ごとのAAPおよび年次実施報告書を作成するためのアプローチ，以上の記載が，新たに規程27条に加えられた。改訂CGC案では，監査委員会には，サステナビリティ報告を含む記述報告の一貫性を監視し，年次報告書にこの分野の監査委員会の作業を記載するという新しい責任を付与することとなった。

　第3のポイントは，取締役会が年次報告書で説明すべき事項が追加された点である。上述したように，改訂CGC案では，監査委員会が，非財務情報を含む企業情報のリスク管理および内部統制に関して重要な役割を担うこととなるが，それを前提として，取締役会がリスク管理と内部統制システムの構築のみ

74

ならず，その有効性の維持責任を果たすべきとする提案となっている。その内容も，財務報告に係る内部統制だけでなく，より広範な業務リスクおよびコンプライアンスリスクとその評価の根拠も対象とされた。改訂CGC案の規程29条では，取締役会が取り組むべき「新興リスク」について脚注を付け「現時点では，影響や確率の評価や定量化が困難であるが，より長期の時間軸で会社に影響を及ぼす合理的な可能性があるものを指す」と説明し，この新興リスクを主要なリスクとともに，特定，管理する手続きや，それらリスクの年次報告書での説明を求めている。さらに，改訂CGC案の規程30条では，「取締役会が，会社のリスク管理および内部統制が報告期間中および年次報告書の日付まで有効であったと合理的に結論づけられるかの意見の表明」が求められる。また，同時に，「リスク管理および内部統制システムの有効性をどのように監視・検証したかを含む意見の根拠についての説明」も必要となり，「重要な脆弱性または欠陥が特定された場合には，その説明と，これに対する改善の内容と期間」の記載も求められることとなる。単にリスク管理と内部統制システムが有効であることを記載するだけでなく，その合理的な根拠やシステムに不備がある場合には，その内容と是正措置までも開示することとなった。

(5)「第5節　報酬」

　第5節の報酬については，①企業のパフォーマンスとの関連性強化，②マルス・クローバック条項に関する透明性の向上，③年次報告書に開示される報酬委員会の活動を追加したことが主要な改訂点である。

　第1に，改訂CGC案では，企業の報酬方針とESG目標と含む広い意味での企業のパフォーマンスとの関連性を強化した。改訂CGC案の新原則P（現行のQ原則）では，役員報酬の方針として，会社の業績，目的，価値観，および環境，社会，ガバナンスの目標を含む会社の長期戦略の成功に明確に整合させることを盛り込み，また，規程34条において，報酬方針は，報酬に関するリスクを明らかにして，特定・軽減し，成果が報酬に比例していること，業績不振に報いないようにすべき旨を追加している。

　第2に，英国政府は，FRCに対して，不正行為，虚偽記載，その他重大な失敗に対して，取締役の報酬支払を保留したり，回収することができるように

第Ⅰ部　英米のコーポレートガバナンスの制度

するためマルス・クローバック条項に関する透明性の向上の確保を求めた。そこで，改訂CGC案では，年次報告書に以下の点に関する説明を追加した（規程40条）。①マルス・クローバック条項が使用可能な最低限の状況，②マルスの最低期間とクローバックの期間，およびその期間が組織に最適と考える理由，③直近の報告期間における条項の適用状況，適用時の明確な理由説明，である。なお，企業は過去5年間のマルス条項およびクローバック条項の利用状況を明らかにしなければならないとした。

　第3に，報酬委員会の活動に関して年次報告書において，以下の事項を規程43条（現行の41条）の開示事項に追加した。①役員報酬の方針，構造，業績評価基準の戦略的根拠が，会社の戦略，および環境，社会，ガバナンスの目標をいかにサポートしたかの説明，②株主と従業員間のエンゲージメントの状況，それが役員報酬および会社全体の給与方針との整合性を含め，報酬方針および結果に及ぼした影響の説明についてである。

　これらの変更について，本協議文書は，業務執行取締役の報酬とは，会社の長期的かつ持続可能な成功を促進することを目的とし，会社の目的および価値観と一致させるべきと考えており，この節は，給与体系そのものに関わるものではなく，あくまで報酬委員会の役割と給与体系を巡るガバナンスに関するものであるとする。

　なお，改訂CGC案では，開示の質の向上を図るべく，しばしば年次報告書でテンプレート的に報酬指針の要素として利用される規程40条を削除し，代わりに報酬委員会の任務を規程34条に列挙し，各企業が，それらの要素を個々の企業に特化した方法で報告することを期待している。

Ⅵ　直近の展開

　以上のように進展してきた英国のコーポレートガバナンス改革であったが，2023年11月になって急ブレーキがかかった。当初，一次法による法定化予定であった新しい企業報告である，レジリエンス報告書，監査・保証指針報告書，配当金支払実務報告書，不正発見・防止阻止報告書の導入に対して，企業における開示負担の増加や英国市場の競争力低下を懸念する経済界からの見直しの

76

英国における内部統制とコーポレートガバナンスの近時の展開　第2章

要請を受けて議案は撤回されることとなり，今後は，これらの報告書に求められる要件を見直し，よりシンプルな形での報告書のあり方を模索することになるという。それを受けて，2025年改訂予定のCGC案についても見直しが決まり，改訂の目玉である「監査，リスク及び内部統制」の箇所を除く，環境・社会・ガバナンスに関する監査委員会の役割，多様性，オーバーボード（取締役兼務に伴う業務影響についての開示）などが見送られることとなった。その後，2024年1月22日に，FRCから新たなCGC案が公表され，2024年改訂ガバナンスコードは，基本的に2025年1月以降に開始される事業年度から適用される。但し，内部統制に関する規程29については，2026年1月以降に開始される事業年度からの適用となる。今回の2024年CGC改訂は，結局，内部統制に関する規程29以外は撤回され，全体として小さな見直しに留まっている（FRC［2023c］）。

Ⅶ　おわりに

　以上，みてきたように，英国における「監査とコーポレートガバナンスの信頼回復」改革は，最終盤になって思わぬ展開となっており，加えて，2024年7月には，14年ぶりの政権交代が起こったため今後の展開は容易には予測できない。しかし，今回，改革提案された新しい企業報告の必要性とその保証のあり方こそが，英国の内部統制システムの強化を必然的に要請するものであり，これを支えるコーポレートガバナンスを巡る新しい規制機関であるARGAの役割を踏まえて，コーポレートガバナンスと開示の結節点としての内部統制が，その信頼回復の実効性を確保しようとしている点には変わりはない。

　現在，世界的にみても企業の持続可能な企業価値を評価するために投資家が必要とする企業情報は大きく様変わりしており，財務情報から非財務情報へと重要性のフォーカスが移りつつある。今回の改革提案で，新たに法定化される予定であったレジリエンス報告書は，短期・中期にわたる企業の継続性に重大な影響を及ぼす可能性のあるリスクに対する管理のあり方について，投資家および利害関係人に，より理解しやすい説明を求めたものとなっていた。これまでも英国では，英国会社法414条C項に基づく取締役会の承認を要する戦略報告書には，事業戦略，事業の将来性，企業のポジションに影響を及ぼす可能性

77

第Ⅰ部　英米のコーポレートガバナンスの制度

のある要因等の記述が義務付けられているが，その記述に具体性が欠けるなどの批判があり，たとえ取締役会において，長期の経営目標を見据えた戦略があったとしても，短期・中期の企業リスクの把握や取組みが投資家に対して十分には伝わってこなかった憾みがある。

　しかし，VUCA時代の到来といわれる今日，加速度的に企業環境が変化する現状にあって，投資家が投資判断の前提として把握すべき企業情報には，現在の財務情報に重要な影響を与える可能性のあるリスク情報とその管理状況に関する具体的な情報が必須のものとなりつつある。企業が，現在のリスク情報の分析に基づき，将来の重大な不確実性に対して取り得る経営戦略やその実現可能性をどのように把握しているか，また企業の持続可能性を確保するリスク管理体制を定期的に点検しているか，これらを開示させることにより，企業の中長期的な企業価値の向上を促す効果が期待できると考えられる。今回の「監査とコーポレートガバナンスの信頼回復」を巡る改革では，これまでの戦略報告書の中に，単なる経営戦略ではなく，その短中期の実現可能性の指標を用いて説明するレジリエンス報告書に加え，過去の不正のみならず将来の不正防止への取組を説明する不正発見・防止措置報告書，さらには企業の持続的成長のための資本維持に向けた配当規律の透明性を確保する配当支払実務報告書を新しい企業開示文書として加えようとしていたものであり，その歴史的な意義は十分に評価されるべきである。

　これらの新しい企業報告も含めた開示の信頼性を確保するためにも，その開示に至るプロセスを検証する内部統制の強化が必然的に求められるはずであった。その内部統制強化の方法として，米国のSOX法に基づく財務報告に係る内部統制の有効性評価に対して外部監査を法定するようなアプローチも検討されたが，財務情報以外の情報の重要性の向上に鑑みれば，なんらかの形でより広範な企業情報の信頼性を確保する内部統制の構築・運用に対する保証が必要となる。そこで今回，英国が採用しようとしたのは，AAPの導入という間接的な内部統制強化のアプローチであった。AAPの主たる目的は，会社の株主やステークホルダーに対して，財務諸表以外の情報の信頼性の確保について，その保証の追加の必要性を含め，会社がどのように検討しているかを示すことである。新しいPIEは，その開示を通じて，3年に一度，レジリエンス報告書

78

や内部統制の枠組みに関する報告の有効性に対して外部保証を求める意向があるかどうか，また，意向があるとすればその方法を示させるものであった。このAAPについても，企業開示の負担の重さを懸念して，要件の見直しがなされることとなったのは，こうしたガバナンス改革実現の難しさを物語るものともいえる。

　もっとも，コーポレートガバナンス向上の観点からは，一定規模以上のPIEに課される企業報告書の信頼性を高めるために，新たな規制機関であるARGA自身による審査・文書修正・審査結果の公表権限が与えられ，そこに重大な虚偽記載がある場合には，取締役に対する法執行権限も付与される予定である。その対象には，例えば，AAPの記載事項で自ら内部統制に対する外部保証を採用するとしながら，その対応を取締役が怠った場合など，企業報告の開示に対する不誠実な対応がみられた場合には，取締役に対するエンフォースメントがなされる可能性がある。

　一方，2023年改訂CGC案では，特にリスク管理と内部統制システムの強化に重点が置かれた。もっとも英国が当初採用しようとした内部統制の強化はAAPの導入という間接手法に基づくものであったため，2023年改訂CGC案では，直接，外部監査を強制することによる内部統制の信頼性の確保ではなく，まずは，企業のコーポレートガバナンスを支える取締役会と監査委員会による内部統制とリスク管理体制の構築・維持の充実をCGCに基づく開示を通じて実施するアプローチを採用していた。政府見解では，特にサステナビリティ情報の重要性の高まりを受け，監査委員会が対処するリスクには，財務リスクのみならず業務リスクおよびコンプライアンスリスクとその範囲が拡大しており，非財務情報の信頼性を確保する基盤を整備することの重要性を指摘している。今後，レジリエンス報告書，AAP報告書，配当金支払実務報告書，および不正発見・防止措置報告書の要件の見直しがなされた場合には，これら新しい企業報告の信頼性を確保するためにも2023年改訂CGC案が示したリスク管理および内部統制に対する監査委員会の役割と取締役会と監査委員会との連携が重要になる。

　そのほかにも2023年改訂CGC案では，今回は，見送られたものの，取締役の役割を実効的に果たす時間の確保の考慮や，取締役会メンバーの構成に今以

第Ⅰ部　英米のコーポレートガバナンスの制度

上の多様性と包摂性を促進させる開示などが予定されていた。しかし，上述したように2024年1月に公表された2024年CGC改訂は，内部統制に関する規程29の改訂だけを残してほとんど撤回される結果となったが，当初の英国ガバナンス改革の契機となったリスク管理と内部統制システムの強化の趣旨だけは，最低限，生き残ったことになる。

　このように，英国の今回のコーポレートガバナンス改革については，当初の予定では，年次報告書に含まれる新しい企業報告書についてはハードローで法定し，その内容の信頼性を確保すべく法執行権限を強化した新しいARGAという規制主体を創設しつつ，企業に対しては，新しい企業報告の信頼性を確保するためのリスク管理と内部統制の構築・維持をソフトローであるCGCの手法を駆使することで，現在進行形で発展しつつある非財務情報の質の向上にも貢献するコーポレートガバナンスの変化に柔軟に対処できるアプローチを採用しようとしていたものと考えられる。こうしたソフトローとハードローの絶妙な連携により，英国では長期的かつ持続可能性を重視する経営戦略的視点を見据えて，足元のリスク管理と内部統制を日々実践することで，変化の時代のガバナンス改革を推進させようとしていた。しかし，当然に重くなる企業の開示負担に鑑みて英国の経済成長，国際競争力への配慮から，法案や改訂CGC案の見直しなどが行われ英国のガバナンス改革の推進は遅延せざるを得ない状況にある。しかし英国が，一連のガバナンス改革の歩みを止めたわけではなく，政権交代がなされた今，新たな展開が期待される。

【参考文献】

イギリス会社法研究会［2017］『イギリス会社法－解説と条文』成文堂，298-299頁。

柿﨑環［2022］「アカデミック・フォーサイト—サステナビリティ課題に立ち向かう内部統制の構築に向けて」『会計・監査ジャーナル』第802号，74-80頁。

CGI［2021］*Review of the effectiveness of independent board evaluation in the UK listed sector*（https://www.cgi.org.uk/knowledge/board-evaluation-report）.

The Competition and Market Authority［2019］*Statutory Audit Services Market Study*（https://assets.publishing.service.gov.uk/media/5cb7855d40f0b649e47f2972/CMA_final_audit_market_report.pdf）.

Deperment for Business Energy and Industrial Strategy（BEIS）［2021］*Restoring trust in audit and corporate governance, Consultation on the government's proposals*（www.gov.

英国における内部統制とコーポレートガバナンスの近時の展開　**第2章**

uk/government/publications/restoring-trust-in-audit-and-corporate-governance）.

BEIS［2022］*Restoring trust in audit and corporate governance Government response to the consultation on strengthening the UK's audit, corporate reporting and corporate governance systems.*（https://assets.publishing.service.gov.uk/ government/uploads/ system/uploads/attachment_data/file/1079594/restoring-trust-in-audit-and-corporate-governance-govt-response.pdf）.

Financial Reporting Council（FRC）［2014］*Guidance on Risk Management, Internal Control and Related Financial and Business Reporting*（https://www.frc.org.uk/ getattachment/d672c107-b1fb-4051-84b0-f5b83a1b93f6/Guidance-on-Risk-Management-Internal-Control-and-Related-Reporting.pdf）.

FRC［2018］*The UK Corporate Governance Code*, Provision 29.

FRC［2019］*International Standard on Auditing（UK）260*: Communication with those charged with governance.

FRC［2022］*Position Paper Restoring Trust in Audit and Corporate Governance*（https:// www.frc.org.uk/getattachment/aafabbc3-81a3-4db3-9199-8aaebb070c7f/FRC-Position-Paper-July_2022_.pdf）.

FRC［2023a］*UK Corporate Governance Code Consultation document*（https://www.frc.org. uk/getattachment/a92c8f2d-d119-4c4b-b45f-660696af7a6c/Corporate-Governance-Code-consultation-document.pdf）.

FRC［2023b］*Audit Committees and the External Audit: Minimum Standard*（https:// www.frc.org.uk/getattachment/4e00c100-24fd-44b7-84ed-289879051d4e/Audit-Committee-Minimum_-2023.pdf）.

FRC［2023c］UK Corporate Governance Code 2024（https://www.frc.org.uk/library/ standards-codes-policy/corporate-governance/uk-corporate-governance-code/#uk-corporate-governance-code-2024-effective-2025-16c7508e）.

HM Treasury［2021］*Greening Finance: A Roadmap to Sustainable Investing*（https:// www.gov.uk/government/ publications/greening-finance-a-roadmap-to-sustainable-investing）.

Sir Donald Brydon［2019］*Assess, Assure and Inform, Improving Audit Quality and Effectiveness, Report of the Independent Review into the Quality and Effectiveness of Audit*（https://assets.publishing.service.gov.uk/government/uploads/ system/uploads/ attachment_data/file/794244/brydon-review-call-for-views.pdf）.

Sir John Kingman［2018］*Independent Review of the Financial Reporting Council*（https:// assets.publishing.service.gov.uk/ government/uploads/system/uploads/attachment_data/file/767387/frc-independent-review-final-report.pdf）.

（柿﨑　環）

第3章

英国のサステナビリティ関連財務情報に対する保証の現状

I　はじめに

　英国においては，2006年会社法（Companies Act 2006: CA）172条に取締役の義務が規定されている。CA172条において，取締役は「会社の成功を促進すべき義務」[1]を負う旨が規定されており，一定の範囲でステークホルダーの利益を考慮して経営を行うことが求められる。

　そのため，英国では取締役がCA172条（1）で課されている責任を果たしているかどうかをステークホルダーが判断できるように，財務諸表以外に様々な情報を開示することが求められる。CA172条は企業が株主や従業員，取引先のみならず社会との関係において長期的な影響を考慮して企業を成長させていくことを求めており，CA172条の規定に基づいて開示される情報は今日ではいわゆるサステナビリティ関連財務情報とされるものが中心となっている。

　英国政府は2022年5月31日に「監査とコーポレートガバナンスの信頼回復」（BEIS［2022］，以下，政府見解）を公表した。この政府見解を受けて，財務報告評議会（Financial Reporting Council: FRC）が英国コーポレートガバナンスコード（Corporate Governance Code: CGC）改訂の協議文書を公表した（FRC［2023a］）。

　CGCの改訂案は多岐にわたっているが，本章では法定開示書類を中心に，財務諸表以外のサステナビリティ関連財務情報に焦点を当て，英国においてサステナビリティ関連財務情報に対してどのような保証が付されているかを概観する。

---

1)　本章の英国2006年会社法の条文はすべてイギリス会社法制研究会［2017］に依っている。

第Ⅰ部　英米のコーポレートガバナンスの制度

Ⅱ　サステナビリティ関連財務情報の保証に関連するCGC改訂案

　今般のCGC改訂案では，すでに確立している外部監査人の選定に係る入札と外部監査人の監査の有効性の評価については，「監査委員会の最低限の義務」（FRC［2023b］）という形で，CGCの本体から外されている。企業がサステナビリティ関連財務情報の開示を求められ，これらの情報の重要性が高まるにつれ，サステナビリティに関連するリスク，機会，影響の評価，目標の設定，適切な内部統制の活用，必要な場合にサステナビリティ関連財務情報に対する保証を委託することについて，ガバナンスが不可欠な役割を果たすことを認識するような形でCGC本体の改訂を行うことが示されている（FRC［2023a］p.16）。

　改訂CGC案において，サステナビリティ関連財務情報に対する保証に関して最も影響の大きい改訂は監査保証方針（Audit Assurance Policy：AAP）の開示である。今後策定される予定のAAPに関する法律はPIE にのみ適用されるが，CGCに照らして報告することが求められるすべての会社は，法令を指針として「Comply or Explain」ベースでAAPを作成することを検討すべきであるとFRCは考えている（FRC［2023a］p.14）。

　これらの状況から，FRCは適正なサステナビリティ関連財務情報を開示することが，今後の英国のガバナンスにおいて重要であると考えていると思われる。そのためには，リスク管理および内部統制システムを有効に機能させることが必須であり，リスク管理および内部統制システムの有効性に関して信頼性のある情報を開示させることによって，企業のリスク管理および内部統制システムを有効に機能させることを企図している（FRC［2023a］p.17）[2]。

　改訂CGC案は，取締役会が会社のリスク管理および内部統制システムの枠組みの有効性について外部保証を得る意向があるかどうかについての報告を求めるものではないことを明示している（FRC［2023a］p.19）。これは，AAPを策定する際に企業が決定する事項であり，AAPによって企業が外部に報告する情報について，どのようにしてその信頼性を確保しているかを開示させるこ

---

2)　リスク管理および内部統制システムについて詳しくは本書の第 1 章および第 4 章を参照されたい。

とによって，利害関係者が企業の開示情報の信頼性について判断できるように
させることを企図していると思われる。

　しかしながら，英国政府は2023年10月16日にプレスリリースを公表し，企業
との協議の結果，追加的な報告義務を課すことへの懸念が示されたとして，幾
度となく議論を重ねてきた一連のコーポレートガバナンス改革の規制案を撤回
した[3]。政府の規制案撤回を受けて，FRCも2023年11月7日に，コンサルテー
ションで提示した当初の18の提案のうち少数の提案のみを実施し，残りの提案
については撤回するとのプレスリリースを公表し[4]，CGCの改訂も小規模にと
どまる見通しであることが示されることとなった。

Ⅲ　サステナビリティ関連財務情報に対する保証の現状

　2023年7月10日時点におけるFTSE市場の時価総額上位30社のサステナビリ
ティ関連財務情報に対する保証の状況について，各社のAnnual Report,
Sustainability Report等からサステナビリティ関連財務情報に対する保証の付
与状況について調査した[5]。調査した30社中1社（BRITISH AMERICAN
TOBACCO PLC）のみが統合報告書という形でサステナビリティ関連財務情報
を開示しており，残りの29社はアニュアルレポートとは別に独立のサステナビ
リティ報告書も開示しており，調査対象のすべての企業がサステナビリティ関
連財務情報を開示している。

　サステナビリティ関連財務情報に対して何らかの保証を付しているのは27社
（90％）であり，1社は外部の保証は受けていないことが明示され，2社につ
いては外部の保証に関する記述が確認できなかった。サステナビリティ関連財

---

3)　撤回の経緯等について詳しくはBEIS［2023］を参照されたい。

4)　今後のCGC改訂の方向性について詳しくはFRC［2023b］を参照されたい。

5)　調査したのはASTRAZENECA, Shell, HSBC HLDGS, UNILEVER, BP, DIAGEO, RIO TINTO,
BRITISH AMERICAN TOBACCO, GSK, GLENCORE, RELX, RECKITT BENCKISER
GROUP, LONDON STOCK EXCHANGE GROUP, NATIONAL GRID, COMPASS GROUP,
CRH, PRUDENTIAL, ANGLO AMERICAN, HALEON, LLOYDS BANKING GROUP, BAE
SYSTEMS, FLUTTER ENTERTAINMENT, EXPERIAN, ASHTEAD GROUP, BARCLAYS,
NATWEST GROUP, SSE, VODAFONE GROUP, STANDARD CHARTERED, 3I GROUP の
30社である。

第Ⅰ部　英米のコーポレートガバナンスの制度

務情報に何らかの保証を付与している企業数は，林［2022］の調査結果（75%）よりも多くなっている[6]。

　何らかの保証を付している27社のうち，独立の保証報告書を公表している企業は19社（保証を付与している企業の70.4%），検証報告書という名称で公表しているのが2社（保証を付与している企業の7.4%），サステナビリティ報告書あるいはアニュアルレポートの中で保証について言及しているのが6社（保証を付与している企業の22.2%）であった。

　保証水準については，図表3-1の通りであり，合理的保証を付している企業が1社，限定的保証を付している企業が22社，高程度保証を付している企業が1社，中程度保証を付している企業が1社，保証程度が不明な企業が3社であった。なお，1社で複数の保証を付している企業もあるため，合計数は27以上になっている。

　合理的保証を付与しているのは，NatWest Group PLCの保証報告書であり，保証提供者はEYであった。

図表3-1　サステナビリティ関連財務情報に対する保証水準

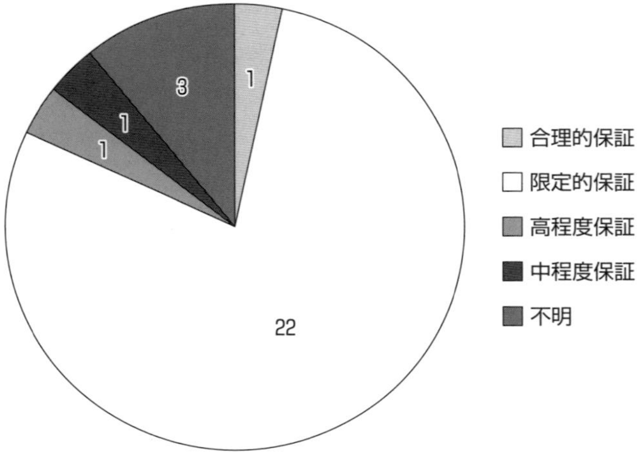

凡例：
- □ 合理的保証
- □ 限定的保証
- ■ 高程度保証
- ■ 中程度保証
- ■ 不明

出所：筆者作成。

---

[6]　2022年よりも企業が保証を付す傾向が強まった，あるいは，時価総額の大きい企業ほどステークホルダーがサステナビリティ関連財務情報に対する保証の要求が大きい可能性を示唆していると思われる。

86

英国のサステナビリティ関連財務情報に対する保証の現状　**第3章**

　NatWest社においては，保証報告書において保証の付与対象をA表，B表，C表の3つにわけ，A表に掲げる項目に関しては合理的保証を，B表およびC表に掲げる項目に対しては限定的保証が付与されている（図表3-2）。

図表3-2　NatWest Group PLCの保証報告書A表

表A：合理的保証対象項目	
気候	事業活動結果：スコープ1および2（市場ベースおよび所在地ベース）のCO_2換算排出量（トンCO_2）
同僚	英国における最高経営責任者（CEO）4以上の役職に占めるエスニック・マイノリティ従業員の割合（%）
	上級管理職トップ3層の男女比（%）

出所：NatWest Group［2023］p.1

　合理的保証の報告形式は以下の通りであった。

> われわれは，2022年12月31日に終了した事業年度の上記表Aに記載された対象事項が，すべての重要な点において，報告基準に基づいて適正に記載されているものと認める。（NatWest Group［2023］p.4）

図表3-3　NatWest Group PLCの保証報告書B・C表

表B：限定的保証対象項目	
気候	事業活動結果：スコープ3CO_2換算排出量（融資に関連する排出量を除く）（トンCO_2）
	事業活動結果：エネルギーおよびコスト削減効果（GWhおよびポンド）
	2021年12月31日時点で評価されたローン（10億ポンド，貸借対照表上のローン総額に占める割合）および以下のセクターのデータ品質スコアに基づくスコープ3（カテゴリー15）の投資に関連する排出量： - 住宅ローン（総CO_2排出量 および1平方メートルあたりCO_2排出量（kg）） - 商業用不動産（総CO_2排出量 および1平方メートルあたりCO_2排出量（kg）） - 石油・ガス（総CO_2排出量） - 農業－ 一次農業（CO_2排出量（百万トン）百万ポンドあたり および CO_2排出量（トン）））
	2021年7月1日以降の気候変動および持続可能な資金調達と融資（ポンド）
	気候関連リスクの高いセクター（百万ポンドおよび%）
	有害な活動（信頼できる移行計画）：石油・ガスメジャーおよび対象範囲内の石炭エクスポージャー（百万ポンドおよび%）

87

第Ⅰ部　英米のコーポレートガバナンスの制度

表B：限定的保証対象項目	
気候	エネルギー性能証明書（EPC）別にみた英国リテールおよびプライベート・バンキング住宅ローンの割合についてのA-Cランク（EPC格付けがある場合）
	リテール・バンキング部門 グリーン・モーゲージ商品成約額（ポンド）（2020年第4四半期発売以降）
	英国の住宅ローンポートフォリオの洪水リスクプロファイル（ポンド）
企業	事業を立ち上げ，運営し，成長させるために実施された（またはプログラムを通じて支援された）実行施策の件数
	企業プログラムを通じて支援された個人および企業の数
	青少年に対する施策：企業および起業家支援プログラムに従事する若年成人の数
学び	金融能力に関する意見交換の実施件数（2023年の目標に向けて毎年実施）
	貯蓄開始を支援した追加顧客数
顧客	オンライン，モバイル，リテールおよびビジネス・バンキングのデジタル・アクティブ顧客数
	デジタル・チャネルのみを利用する顧客の割合（%）
	ビデオバンキング予約件数
	人工知能（Cora）との対話数 - 小売業
	人手による入力を必要としなかった人工知能（Cora）との対話の割合（%）
レスポンシブル・ビジネス	コミュニティへの直接投資（DCI）支出（ポンド）

表C：国連 PRB テンプレート内の限定的保証対象項目
国連環境計画（UNEP）の金融イニシアティブ（FI）の「責任ある銀行業務のための原則（PRB）」の報告および自己評価テンプレート（「国連PRBテンプレート」）のうち，以下の4項目について限定的な保証を行う。
・セクション2.1－ 影響分析 ・セクション2.2－ 目標設定 ・セクション2.3「目標の実施とモニタリングの計画 ・セクション5.3「原則実施のためのガバナンス体制

出所：NatWest Group［2023］pp.1-2

　限定的保証の報告形式は以下の通りであった。

実施した手続および入手した証拠に基づき，われわれが，2022年12月31日をもって終了した事業年度の上記BおよびCの表で特定された対象事項が，すべての重要な点において，報告基準に基づき公正に記載されていないと信じるに足る証拠はない。（NatWest Group［2023］p.4）

やはり，合理的保証が付与される項目は検証可能性が高い項目であり，検証可能性が低いものについて限定的保証が付されている。

また，Anglo American PLCの保証報告書では，高程度保証意見および中程度保証意見が表明されていた。保証提供者はIBIS ESG Consulting Africa（Pty）Ltd（IBIS）である。

保証結論

高程度保証意見

われわれは，前述の高程度保証のために実施された業務に基づき，高程度保証の対象範囲に含まれる対象事項が，定められた報告基準に準拠して作成されており，かつ，重要な虚偽表示がないと結論付けた。

中程度保証意見

われわれは，上記の中程度保証のために実施された業務に基づき，中程度保証の範囲に含まれる対象事項は入手した証拠により裏付けられると認める。
（Anglo American PLC［2022］p.94）

また，独立の保証報告書を公表していない企業では以下のような形でサステナビリティ関連財務情報に対する保証が行われていた。

AstraZeneca PLC　保証提供者：Bureau Veritas

ビューローベリタスは 以下のサステナビリティ関連財務情報について，限定的な外部保証を提供しています。（AstraZeneca PLC［2022］p.218）

Shell PLC　保証提供者：LRQA（Lloyd's Register quality assurance）

私たちは毎年，正味炭素原単位の外部検証を実施しており，2016年から2022年までの正味炭素原単位について，LRQAによる第三者限定保証を受けている。
限定的保証とは，正味炭素原単位表明書に記載された正味炭素原単位データおよび情報が重要な意味で正しくないことを示すような検証者の指摘がなかったことを意味する。（Shell PLC［2022］p.98）

第Ⅰ部　英米のコーポレートガバナンスの制度

3I Group PLC　保証提供者：Carbon Intelligence
ページ64に記載されているサステナビリティ実績データにおいて開示されているスコープ1，スコープ2，スコープ3全体の非出量はISO14064-3基準に基づき外部の第三者の限定的保証を受けている。(3I Group Plc [2023b] p.2)

　独立の保証報告書を公表している企業については，Big4が保証提供者の場合はEYの限定的保証に準じて消極的意見形式で結論が述べられるが，Big4以外の保証提供者においても以下のように消極的意見形式で結論が述べられている。

Reckitt Benckiser Group PLC 保証提供者：ERM Certification and Verification Services
われわれは，以下に記載するわれわれの活動に基づき，上記の「対象範囲」に記載されている開示の2022年データが，すべての重要な点において，報告基準に準拠して報告書に公正に表示されていないことを示す証拠はないと判断した。(Reckitt Benckiser Group PLC [2022] p.10)

Compass Group PLC 保証提供者：ECOACT
実施されたプロセスと手順に基づくと，サステナビリティデータシステムのサステナビリティKPI データおよび関連して報告された指標が公正に記載されておらず，検証基準に従った重大な誤りや欠落があることを示す証拠はなかった。 Compass Group 2022 Sustainability Report で報告されている KPI には，推定データも含まれている。データは，持続可能性データ システムで提供されていない場合，Compass によって推定されている。推定データが重要な考慮事項である場合においては，推定方法も検証している。(Compass Group PLC [2022] p.2)

　また，保証報告書ではなく，検証報告書という名称の場合は，基本的には消極的形式であるが，一部積極的形式の結論もみられた。

Standard Chartered PLC　保証提供者：Global Documentation Ltd
検出された問題は調査期間中に対処されたため，このレポートには不適切な事項は記載されていない。 われわれは，報告されたエネルギーデータと炭素計算は正しいと結論づけた。(Standard Chartered PLC [2022] p.9)

　保証業務に適用される基準もBig4はほとんどがISAE3000，ISAE3410であることを明示しているが，Big4以外の保証提供者は適用する基準を明示していなかったり，ISAE3000，ISAE3410以外にもAA1000AS v3が使用されていること

が示されていた。検証報告書の名称で保証を開示している 2 社はともに，ISO14064を使用していることが明示されていた。

サステナビリティ関連財務情報に対する保証の提供者は17社（保証を付与している企業の63%）がBig4，10社（保証を付与している企業の37%）がBig4以外であった。

Big4以外の保証提供者は，IBIS ESG Consulting Africa（Pty）Ltd（IBIS）（1社），Bureau Veritas（1社），Lloyd's Register quality assurance（LRQA）（1社），Carbon Intelligence（1社），DNV（Det Norske Veritas）Business Assurance Services（3社），ERM Certification and Verification Services（1社），ECOACT（1社），Global Documentation Ltd（1社）であり，これらの保証提供者は林［2022］で挙げられている保証提供者と同じであり，調査した範囲内ではここ一年で新規の保証提供者が現れているわけではなかった。

ちなみに，調査した30社の財務諸表監査を担当しているのはすべてBig4であり，その内訳はKPMG（10社），Delloite（9社），EY（7社），PwC（4社）である。

財務諸表監査の担当者別に，保証の提供者をみると図表3-4の通りである。

まず，KPMGは10社の財務諸表監査を担当しているが，10社のうちサステナビリティ関連財務情報に保証を付しているのが10社，保証提供者はEY 2 社，PwC 2 社，KPMG 3 社，Big4以外 3 社であった。

Delloiteは 9 社の財務諸表監査を担当しているが，9 社のうちサステナビリ

図表3-4　Big4が財務諸表監査を担当している企業の保証提供者の状況

財務諸表監査担当		Big4による保証					その他	なし
		KPMG	Delloite	EY	PwC	合計		
KPMG	10	3	0	2	2	7	3	0
Delloite	9	0	4	0	1	5	3	1
EY	7	1	0	1	1	3	2	2
PwC	4	0	0	0	2	2	2	0
合計	30	4	4	3	6	17	10	3

出所：筆者作成。

ティ関連財務情報に保証を付しているのが8社，保証提供者は，PwC1社，Delloite4社，Big4以外3社であった。

EYは7社の財務諸表監査を担当しているが，7社のうちサステナビリティ関連財務情報に保証を付しているのが5社，保証提供者は，EY1社，PwC1社，KPMG1社，Big4以外2社であった。

PwCは4社の財務諸表監査を担当しているが，4社のうちサステナビリティ関連財務情報に保証を付しているのが4社，保証提供者は，PwC2社，Big4以外2社であった。

DelloiteとPwCが財務諸表監査を担当している企業については，サステナビリティ関連財務情報に対してBig4で保証を付す場合は，財務諸表監査の担当者で保証を付す傾向が強く，KPMGとEYが財務諸表監査を担当している企業はその傾向が弱いといえる。

Ⅳ　AAP[7]

「監査とコーポレートガバナンスの信頼回復」政府見解においては，取締役が株主に対して3年ごとにAAPを報告することが提案された。また，政府見解では，取締役は主要なリスクと不確実性に関する文書を毎年の監査の範囲を決定する前に公表し，株主等が重要視している点に関して主体的に意見を求めなければならないとされていた。

AAPは，内部および外部の両方の保証源をカバーし，企業が年次報告書の監査で必要とされる法定監査を超える保証を包含することを目的としている。企業が法令によって開示することが求められる以上の報告について，企業が保証を取得しているかどうか，また取得している場合はその方法を説明するための，柔軟な手段を提供することを目的としている。また，AAPを諮問決議の対象とすることにより，取締役は株主から監査と保証に対する会社のアプローチについて賛成を得ることができるとされた。

政府見解においては，AAPは3年ごとに公表し，年次実施報告書によって補完すること，株主総会の決議対象として義務付けないものの，決議対象とし

---

7)　本節の記述はBEIS［2022］に拠っている。

ない場合はどのように株主の意見を考慮したかを開示することを義務付けるものとされた。

AAPの公表により、企業の開示情報について、どのように保証を付しているかが開示されることとなる。また、法定監査以外の独立した保証が、保証業務に関する国際基準（ISAE）（UK）3000などの認められた専門的基準に従って実施されるかどうかをAAPで開示することが必要とされた。

AAPにおいては以下についての開示が求められる。
- 内部監査および保証の取り決め
- 監査人の職務を超えた外部保証がある場合、会社はどのような外部保証を求める予定か
- 外部監査サービスの入札に関する方針の説明
- 提案された外部保証が「限定的」保証か「合理的」保証か
- 法定監査以外の外部保証が、専門的基準に従って実施されるかどうか
- AAPが株主やその他のステークホルダーの意見をどのように考慮したか
- レジリエンス・ステートメントの一部または財務報告に関する内部統制の報告について、会社が外部保証を求める意向があるかどうか、またその方法。

政府見解では、監査委員会がAAPを策定する責任を負うべきとは明記していない。しかしながら、監査委員会は外部監査事項の監視の経験を有し、保証に関するより幅広い理解を有しているため、改訂後のコードでは監査委員会がAAPを策定する責任を有することを規定する方向で改訂案が示されている。また、監査委員会は、取締役会や、会社にリスク委員会がある場合にはリスク委員会などの他の取締役会委員会と協働することが期待されている。

今回調査した30社で唯一AAP報告書を公表していたのが3I Group PLC（以下、3I社）である。3I社の財務諸表監査担当者はKPMGである。3I社は2021年度よりAAPを開示している。ただし、2021年度は先行的に監査委員会報告の中の一部分として開示、2022年度より監査委員会報告とは別にAAPとして開示している。3I社の3年間のAAPの開示項目は図表3-5の通りである。3Iグループの担当監査人はKPMGであるため、3Iグループが公表したAAPも2021年にKPMGの提唱したAAPの構成に準じているといえる。また、BEIS［2022］で

第Ⅰ部　英米のコーポレートガバナンスの制度

図表3-5　3I社の3年間のAAPの項目

2021年	2022年	2023年
(1)　はじめに	(1)　はじめに	(1)　はじめに
(2)　目的と範囲	(2)　目的と範囲	(2)　目的と範囲
(3)　策定	(3)　策定	(3)　策定
(4)　リスクと保証	(4)　リスクと保証	(4)　リスクと保証
(5)　持続可能性と継続企業の前提	(5)　持続可能性と継続企業の前提	(5)　持続可能性と継続企業の前提
(6)　主な内部統制と保証	(6)　主な内部統制と保証	(6)　主な内部統制と保証
(7)　主な管理フレームワークの概要	(7)　主な管理フレームワークの概要	(7)　主な管理フレームワークの概要
(8)　管理上の発見事項の報告	(8)　管理上の発見事項の報告	(8)　管理上の発見事項の報告
(9)　会社報告に対する保証	(9)　会社報告に対する保証	(9)　会社報告に対する保証
(10)　投資先企業へのアプローチ	(10)　監査と保証のアプローチ	(10)　監査と保証のアプローチ
(11)　保証ケーススタディ	(11)　投資先企業へのアプローチ	(11)　投資先企業へのアプローチ
(12)　不正リスクへのアプローチ	(12)　不正リスクへのアプローチ	(12)　不正リスクへのアプローチ
(13)　監査人の独立性と有効性	(13)　監査人の独立性と有効性	(13)　監査人の独立性と有効性
(14)　保証活動のリソース	(14)　保証活動のリソース	(14)　保証活動のリソース

出所：3I Group plcのAAPより筆者作成。

　3年ごとの公表が提唱されていたことから，公表後の3年間は当初の開示内容が踏襲されていることがわかる。

　3年間において開示された3I社のAAPをみると，ほとんどの項目で最初に開示されたものとほぼ同じ開示がなされていることがわかる。3年間でその年独自の記述がみられたのが，（9）会社報告に対する保証である。3I社の例では，当該年度にどのようなリスクに関してどのような対応をとり，それに対してどのような保証を行っているかの説明がなされている。2021年は保証ケーススタディとのタイトルとなっている。この項目は，2021年にはCOVID-19対応でリモートワークが主となっていたことと，2021年にKPMGが新たに外部監査人として選任されたため，監査と保証のアプローチに多くの調整が必要であったことが述べられているが，2022，2023年について当該記述は削除されている。

　また，2022年にEYのサステナビリティ・プラクティスに3Iの気候変動開示と関連プロセスに関するアドバイザリーを依頼したことが述べられ，2023年も

英国のサステナビリティ関連財務情報に対する保証の現状　**第3章**

同様の記述がなされている。

　2022年には，パンデミックの経験から学んだ教訓と，より広範な「深刻だがもっともらしい」事業中断シナリオの検討について，内部監査の意見を取り入れながらレビューを行うといった記述がなされているが，2023年には当該記述はみられない。当該記述を除けば，2022年と2023年の記述内容はほぼ同じである[8]。

　参考までに，3I社の2023年のAAP報告書は以下の通りとなっている。

監査・保証方針

　投資会社としての当社のビジネスモデルは，リスク資本の配分，投資，管理である。私たちは，良質で責任ある価値観，地に足のついたチーム文化，慎重な財務アプローチ，そして確立されたオフィス・ネットワークを通じた幅広い国際的に広がり多様性を備えたプラットフォームから，これを実践している。当社の投資担当役員は，より広範なポートフォリオの経験と学習の力を活用し，特定の投資案件を成長させ，改善することができる。これは，厳格なプロセス，強固な中央管理，投資ポートフォリオの回復力に対する妥協を許さない姿勢があってはじめて機能するものであり，これらはすべて投資委員会によって管理されている。

　包括的かつ一貫したプロセスを通じて，我々は，定期的に報告される財務実績を下支えし，財務諸表において最も重要な判断領域である投資評価の設定において，高度な判断を適用している。評価委員会は方針を定め，この評価プロセスの完全性を監督する。取締役会に代わって，監査・コンプライアンス委員会は，重要な前提条件，評価の不確実性，財務諸表における開示に重点を置き，評価委員会委員長および外部監査人から四半期ごとに報告を受ける。FTSE100企業として，投資結果と評価に関する報告の透明性と完全性を確保することは基本である。

目的および適用範囲

　この監査・保証方針（「方針」）は，取締役会が投資，評価，報告プロセスおよび統制（広義の意味での）が遵守されていること，ならびに従業員文化が当社の戦略的遂行と整合しており，当社のビジネスモデルに内在するリスクと判断を適切に軽減していることを確認するための枠組みと要件を定めるものである。本方針は，外部監査および内部監査活動，ならびに取締役会が利用可能なその他の保証のリソースを対象としている。

　当グループの監査・保証活動の範囲と性質は，当グループの法律，規制，ガバナンス，事業構造の影響を受ける。上場企業である当グループは，英国上場機構の上場規則および英国コーポレートガバナンスコードの規定に従う。従業員数でみると，3I は比較的小規模な組織であり，非階層的な運営構造となっている。

　当グループは，規制当局の認可が必要な投資運用およびその他のサービスを提供している。ただし，リテール顧客との取引許可は得ていない。3Iは多くの法域で規制を受けており，主に英国では金融行為監督機構（Financial Conduct Authority）の規制を受けている。3Iの投資サービスに関する契約およびその他の規制上の認可には，グループのシステムおよび統制に組み込まれ，全スタッフに適用される広範な義務が伴う。これらの要件

---

8)　記述内容は，すべて 3I 社の各年度の AAP 報告に依っている。

第Ⅰ部　英米のコーポレートガバナンスの制度

には，最低レベルの規制資本を維持する
必要性が含まれ，内部資本およびリスク
評価によってモニターされる。これには，
ストレステスト・シナリオの利用が含ま
れ，これは当グループの実行可能性評価
業務にもリンクしている。

本方針の策定

　本方針は取締役会によって承認され，
執行委員会および保証提供者の意見，新
たなグッドプラクティスに対するベンチ
マーキングを含む様々なインプットに基
づいて策定される。本方針は少なくとも
年1回見直され，その運用は監査・コン
プライアンス委員会が監督する。

リスクと保証

　グループ・リスク委員会，執行委員会，
および上級管理職は，監査・コンプライ
アンス委員会がグループの主要リスク，
リスク軽減計画，および重要な新しいリ
スク，テーマ，開発に関して計画された
保証業務の妥当性について見解を形成で
きるように，様々なトピックに関する定
期的な最新情報を監査・コンプライアン
ス委員会に提供することが求められる。
　外部監査人および内部監査人はともに，
事業のリスクプロファイルと戦略，およ
びグループ・リスク委員会が実施した評
価を考慮に入れて，主要リスクとそれを
軽減するためのコントロールについて独
立した見解を形成することが期待されて
いる。これは，保証業務の範囲と焦点に
関して，情報に基づいたリスクベースの
決定を行うための基礎となる。監査人は，
それぞれのリスク評価，重点分野，監査
手法の詳細を監査・コンプライアンス委
員会に提示し，その検討と意見を求める
ことが義務付けられている。
　監査・コンプライアンス委員会は，財
務，グループ・コンプライアンス，IT，
税務部門からの定期的な最新情報に加え
て，内部情報源または外部委託業務から，
その他の分野の保証業務に関する情報を
随時徴求することができる。他の取締役
会委員会（特に評価委員会と報酬委員会）

の監督作業も考慮される。

存続可能性と継続企業の前提

　グループ財務部によって調整された，
グループの存続可能性計算書の作成プロ
セスが確立されている。これには，3I の
グループ戦略チーム，プライベート・エ
クイティおよびインフラストラクチャー
ビジネスラインとの関与が含まれ，グル
ープの主要リスクとも関連した，妥当で
関連性のあるストレステスト・シナリオ
の範囲を策定する。
　テストシナリオ，結果，開示案につい
てグループ・リスク委員会の意見が求め
られる。これはその後，監査・コンプラ
イアンス委員会に提示され，検討と意見
を求める。外部監査人はまた，持続可能
性および継続企業の前提に関する業務に
関連して，インプット，主要な仮定，お
よびストレステストのシナリオ分析の合
理性について独立した保証を提供する。

主要な内部統制と保証

　当グループの主要な内部統制の枠組み
は，当グループのリスク軽減計画と直接
的に関連しており，その概要は下表の通
りである。
　監査・コンプライアンス委員会は，内
部統制フレームワークの設計と有効性に
焦点を当てた保証業務を要請する。保証
範囲の妥当性は，上述の外部監査および
内部監査それぞれの保証計画の提示の一
部として検討される。特定の分野におけ
る追加的な保証を提供するために，外部
のベンチマークやフレームワークも利用
される。例えば，米国国立標準技術研究
所（NIST）のサイバーセキュリティ・フ
レームワークは，3Iのサイバー攻撃防止，
検知，対応能力を評価・改善するために
導入されている。保証業務は，121ページ
の「監査・保証アプローチ」セクション
の例で示されるように，当グループのリ
スクと事業プロフィールの変化に適応す
ることが期待される。

　3Iは，特にITと会計サポートサービス

の分野で，多くの主要な第三者サプライヤーに依存している。経営の監督の目的で，これらのサプライヤーは，特注のサプライヤー関係管理ツールキットを使用し，3Iの規制投資活動への影響を考慮したうえで，ビジネス上の重要性に基づいて階層に分類されている。このツールは，データ・セキュリティやビジネス回復力などの分野を含む，サプライヤーのパフォーマンスを評価するための構造化された一貫したリスクベースのアプローチを提供する。3Iはまた，サプライヤー管理と調達サポートを提供するために，調達専門家のサービスを利用している。保証の観点から，3Iは独立サービス監査人の報告書が入手可能な場合はその写しを入手し，内部監査は周期的な業務プログラムの一環として，主要なサプライヤー関係管理プロセスのレビューを実施している。

3Iの事業にとって人材が重要であることから，取締役会は後継者育成計画やその他の主要な人材関連事項の詳細なレビューを毎年実施し，事業全体から定期的に最新情報を受け取っている。報酬委員会は3Iの報酬体系を監督し，従業員の業績，行動，言動と，グループの戦略目標，リスク選好度，内部統制フレームワークとの間に適切な整合性があることを確認するよう設計されている。

取締役会およびその委員会の直接的な業務に加え，グループ・コンプライアンス部門と内部監査は，モニタリングおよびレビュー業務の不可欠な部分として，行動，文化，振る舞い，およびその他の人材関連事項について独立した見解を提供することが求められている。内部監査はまた，3Iの主要な報酬ポリシーの実施に関する年次レビューも実施する。

内部システムおよび統制の有効性の年次レビューを支援するため，監査・コンプライアンス委員会は，内部監査によるリスクおよび統制の有効性の年次レビューと，外部監査人による監査終了報告書も要求している。さらに，執行委員会は，直属の部下のサポートを受けながら，グループ・コンプライアンス部門によって調整され，内部監査が監査・コンプライ

アンス委員会に対して独自にレビューおよび報告する年次統制証明書に署名することが求められる。

統制上の発見事項の報告

モニタリングおよび報告の目的上，重要な統制の不備または弱点とは，財務諸表に重要な虚偽記載をもたらすか，または事業に損失をもたらす可能性のあるもの，あるいは重大な評判の失墜，罰則または制裁をもたらす可能性のあるものと定義される。

外部監査人と内部監査人はともに，監査・コンプライアンス委員会に対し，重要性基準値，リスク評価，報告しきい値など，それぞれの報告フレームワークの詳細を提供することが義務付けられている。これは，適用される定義の一貫性と理解を確保するためである。さらに，報告された統制上の発見事項の性質と重大性，提案された是正措置の適切性，期限と所有権，開示の必要性を理解するうえでも役立つ。

取締役会および執行委員会は，オペレーショナル・リスクの事象やエラーに対する許容範囲が極めて限定的である。したがって，グループ・コンプライアンスと内部監査は，発見事項に関して比較的低い報告閾値を適用している。これには，定性的および定量的な影響評価が含まれる。グループのリスク・ログ報告プロセスにも同様に低いしきい値が設定されており，2万ポンドを超える財務上の損失または検出事項は報告されなければならない。

企業報告に対する保証

企業報告に対する保証に対する当グループのアプローチは，透明性と開放性の文化に根ざしている。例えば，外部監査人は，報告時点だけでなく，年間を通じて，事業全体のシニア・マネジャー，監査・コンプライアンス委員会委員長，内部監査と定期的にキャッチアップ・ミーティングを行っている。

当グループは，報告要件の変更や，技

第Ⅰ部　英米のコーポレートガバナンスの制度

術的，会計上または開示上の潜在的な問題を早い段階で特定し，適宜，外部監査人，監査・コンプライアンス委員会，社外アドバイザーと十分に連携することを目指している。より複雑な分野や判断が必要な分野については，プロセス全体を円滑に進めるために文書化し，監査・コンプライアンス委員会に定期的な最新情報を提供する。気候変動に関する報告など，社内の専門的知識が限られている専門的な分野では，当グループは，分析を支援し，適切な場合には，関連する報告について一定の保証を提供するために，外部の専門家を採用するよう努めている。

　年次報告書および会計帳簿の外部監査人報告書には，監査上の主要な検討事項，監査範囲，重要性の包括的な概要が記載されている。これには，主な監査リスクの詳細と，年次報告書の監査済財務諸表以外の情報に対するアプローチが含まれる。年次報告書のその他の情報には，透

明性と理解のために，IFRS連結基準を用いて作成された監査済財務諸表と調整された，別個の非GAAP投資基準による財務業績の表示が含まれる。当グループの半期財務報告書は，中間財務書類のレビューに関する関連監査基準に従ってレビューされる。詳細は通期および半期報告書の外部監査報告書に記載されている。3Iの外部報告書の作成は，年次報告書の財務諸表およびその他の情報，半期報告書，および会社によるその他の報告書を対象とする，確立されたインプット，レビューおよび検証プロセスの対象となる。このプロセスには，3Iの投資チーム，専門サービスチーム，および内部監査との緊密な連携が含まれ，報告が公正，バランスがとれ，理解可能であり，完全かつ正確であることを保証する。監査・コンプライアンス委員会は，プロセスの各段階で説明を受け，相談を受ける。

主要な管理フレームワークの概要

投資プロセス	投資先企業	投資ポートフォリオ管理
・デューデリジェンス・プロセス ・投資手続き ・投資委員会のレビューと承認 ・ESGおよび持続可能性評価 ・責任投資方針	・3Iが任命した取締役 ・最低限必要なガバナンス基準 ・投資先の投資手続きと投資先企業の管理	・投資先企業の月次情報および業績のモニタリング ・6ヶ月毎の投資および投資先企業のレビュー ・3I取締役会の代表と積極的な上級管理職人事の管理 ・ESGおよびサステナビリティ要件の設定とモニタリング
存続可能性と継続企業の前提	評価プロセス	財務報告
・ストレステストの方法論とモデル化 ・資産と負債の分析 ・自己資本比率の検討プロセス ・グループ戦略および流動性予測モデル	・承認された評価方針 ・投資および投資先企業のレビュープロセス ・評価チーム，投資委員会，評価委員会による中央監視	・主要財務統制の枠組みおよび照合 ・ポートフォリオ，ファンド，パートナーシップの会計処理プロセス ・複雑な取引や会計要件の変更の分析の文書化

人材と文化	アドバイザリー関係	第三者サービスサプライヤー
・価値観の枠組みと人事方針 ・業績管理の枠組み ・報酬方針 ・行動・コンプライアンス方針モニタリング ・後継者育成計画プロセス	・投資デューデリジェンス・サービス提供者の事前承認 ・その他のアドバイザー（法務，税務等）の入札および承認プロセス ・パフォーマンスおよび顧客のモニタリング ・守秘義務と紛争管理	・3Iのサプライヤー・リレーションシップ・マネジメント・ツールの使用 ・データ・セキュリティ，事業継続性など必要な契約上の保護 ・重要なサプライヤーのための監視とガバナンスの枠組み ・独立したサービス組織の報告書
バランスシート管理	変更管理	ITシステムとセキュリティ
・財務方針と管理の枠組み ・流動性モニタリングの枠組み ・資金移動と放出の管理 ・ポートフォリオの集中および収益・コントロールのモニタリングの枠組み ・外国為替ヘッジ・プログラム	・企業組織や新商品・新事業領域の変更の承認プロセス ・法規制の変更を継続的監視 ・政府，規制当局，業界団体への積極的な参加と関与	・ITポリシーと手順 ・アクセスとデータ・セキュリティ管理 ・バックアップと災害復旧手順テスト ・ITおよびサイバーセキュリティのモニタリングと管理フレームワーク，定期的な侵入テスト

監査と保証のアプローチ

当グループの監査と保証のアプローチは，状況の変化を反映して適応されている。当年度の具体的な例は以下の通りである：

・新たなサイバー・セキュリティ・リスクに継続的に焦点を当て，経営陣による以下の事項に関する更新と保証作業を実施する：(i)保護的および検出的なサイバー・コントロール，ⅱ侵入テストおよびその他のテストの結果，ⅲサイバーセキュリティおよびITセキュリティ・スタッフのトレーニングと意識向上；

・制裁を含む市場および地政学的不確実性の増大が投資先企業のパフォーマンスおよび評価に与える影響を評価するために導入された追加プロセス（および必要に応じて追加保証作業の対象となる）：

・報告義務，データ取得，関連する内部プロセスや統制を網羅するサステナビリティ報告の見直しに重点を置き，更新をより頻繁に行う。EYのサステナビリティ・プラクティスに，3Iの気候変動開示と関連プロセスに関する助言を依頼する

・事業継続の取り決めを含む，主要サービス・プロバイダーの監督とパフォーマンスに関する継続的な保証

・グループ・コンプライアンスと内部監査から，人材関連事項（例えば，3Iのハイブリッド・ワーキング・モデルの有効性，スタッフの士気，行動，文化，振る舞いなど）に関する独立した見解を求める。

第Ⅰ部　英米のコーポレートガバナンスの制度

投資先企業へのアプローチ

3Iの自己資本およびマネージド・インベストメント・ポートフォリオに含まれる会社は，3Iから独立して運営されており，独自の取締役会を有している。

3Iの監督は，3Iの投資担当役員を取締役会の取締役に任命することで監督している。取締役会は，外部監査人および必要に応じて内部監査人の任命を含む，独自の監査および保証体制に対して責任を負う。

3Iは，3Iが任命した取締役が監督する投資先企業に対して，最低限のガバナンス基準を設定する。その基準は，全体的なガバナンス構造，独立した財務レビュー，内部統制，ITシステムとサイバーセキュリティ，法律と規制の遵守，重大インシデント管理，財務報告などである。

これらのガバナンス基準は，3Iが各投資ポートフォリオ企業に適用する広範なESGおよび持続可能性対策の一部を形成し，関連セクターの業界基準と比較してベンチマークされる。これらの基準に照らした報告と具体的な行動計画の策定は，3Iの半年ごとの投資ポートフォリオ企業レビュープロセスの不可欠な部分である。

3Iの内部監査人は，3Iの投資事業部門での業務の一環として，投資ポートフォリオ企業レビューレポートの完全性と正確性について独立した評価を提供する。

不正リスクへのアプローチ

不正リスクの評価は，監査およびコンプライアンス委員会に提出される保証計画の一部を形成する。例えば，内部監査は詳細な不正リスク評価を実施し，不正防止保証作業の周期的なプログラムを実行し，その結果は監査およびコンプライアンス委員会に報告される。3Iの投資担当役員は，投資ポートフォリオ会社レベルで発生した重大な詐欺事件を報告する必要がある。これには，根本原因と是正措置の詳細が含まれる。この報告により，グループ・リスク委員会と監査・コンプライアンス委員会の両方が，3Iに対する潜在的な評判リスクと，起こり得る

報告または通知の要件を評価できるようになる。

監査人の独立性と有効性

監査・コンプライアンス委員会は，外部監査人および内部監査人の独立性と有効性を少なくとも年1回関連する専門基準およびFRCのガイダンスに従って評価する。さらに，委員会委員長は外部監査チームおよび内部監査部長と定期的に会合を持つ。

内部監査はまた，少数の合意された主要業績指標に照らして報告され，外部監査の対象となる。

保証のリソース

保証活動には様々なカテゴリーがある。監査・コンプライアンス委員会は，保証予算とリソースのレビューに関与するが，これは保証活動のプロファイル，リスク，性質に基づいている。全体的な目的は，業務的に効率的で，関連する外部の動向を反映した方法で，取締役会の保証ニーズを満たすのに十分なリソースを確保することである。

外部監査人の監査範囲と監査報酬は，監査・コンプライアンス委員会により年1回詳細が検討され，承認される。委員会はまた，社外監査人の客観性と独立性を評価する一環として，非監査サービスに対する報酬と3Iの投資先企業から支払われる報酬をレビューする。

内部監査の人員は，業務委託の必要性を含め，毎年見直され，合意された保証計画の要件をサポートするのに十分であることを確認するため，内部監査部長と定期的に直接会って確認する。内部監査責任者は，関連する予算編成とコスト管理に責任を負う。また，重要な保証の源泉となる様々な「セカンドライン」の機能と役割もある。例えば，グループ・コンプライアンス，最高情報・セキュリティ責任者，安全衛生責任者などである。

また，温室効果ガス排出量の測定などの専門分野や，特定事項に関する専門家の助言の形で，外部プロバイダーに保証

業務を依頼することもある。このような分野への人員配置の見直しは，当グループの予算編成プロセスの 不可欠な部分を形成し，関連する執行委員会メンバーの責任となる。当グループの営業費用予算は取締役会の承認が必要である。

より詳細な情報	監査・コンプライアンス委員会報告書	会計方針	独立監査人の監査報告書
投資の根拠 73頁 投資の根拠となる財務諸表の背景 主なリスクと低減策 78 ～ 86 頁 リスクガバナンスと監督の取り決め 87 ～ 91頁 主要なリスクとリスク軽減の概要 124 ～ 125頁 継続企業と存続可能性	116～117頁 会計判断と焦点を当てた統制の領域 118頁 内部監査 118頁 外部監査人の独立性 118頁 監査および非監査費用 119～122頁 監査・保証方針報告書 123～125頁 レジリエンス報告書	116頁 作成の基礎 - 継続企業の前提 財務諸表の注記 176頁 監査報酬および非監査報酬の詳細	209～212頁 監査の概要 213頁 継続企業のリスクと対応 215頁 主要な監査リスクと対応 222頁 重要性 223頁 監査範囲 224頁 その他の情報に関する監査作業

出所：3I Group plc［2023］pp.119-122

　3I社のAAP報告書にみられるように，企業は，サステナビリティに関連する開示の一部またはすべてについて，外部保証を求めはじめている。現状ではこの分野の基準も保証も比較的未成熟な段階にあるが，中期的にはさらに発展し続けるものと思われる。

　監査委員会は，ESG指標に適応可能な方針やフレームワークを設定した経験があり，ESG開示，統制，プロセス，保証を監督するうえで最適な立場にある。監査委員会は財務報告に関する専門知識を有しているため，ESG指標やその他のESG開示の策定に使用している方法論や方針の健全性を理解し，評価することができる。レジリエンス・ステートメントとAAPの両方が導入されることとなれば，監査委員会は，より広範なサステナビリティ関連事項を検討する新たな責任を負うことになったであろう。

第Ⅰ部 英米のコーポレートガバナンスの制度

Ⅴ おわりに

　英国では，取締役会が課された責任を果たしているかどうかを利害関係者が判断できるように，様々なサステナビリティ関連財務情報を開示する責任が課されている。情報についてはただ開示すればよいわけではなく，当然利害関係者の意思決定に資する信頼できる情報である必要がある。しかしながら，サステナビリティ関連財務情報に対する保証について，現状ではまだ企業は様々な形でサステナビリティ関連財務情報に対する保証を開示しており，保証提供者も様々な形式で保証を提供している。FRCはまず企業が適切な情報を作成する体制を確立し，企業が開示する情報の信頼性を確保するために，どのような体制を確立しどのように運用しているかを開示させることによって，サステナビリティ関連財務情報の信頼性を確保しようとしている。

　その際の肝は，リスク管理および内部統制システムの整備と運用にあるとFRCは考えているように思われるが，英国は今般の改正案でも内部統制監査の導入は見送った。しかしながら，企業がどのようなリスク管理および内部統制システムを構築しており，それが有効に機能しているかをどのように確認しているかを開示させ，利害関係者がその開示を通して，企業のリスク管理および内部統制システムひいては，それを経て作成されるサステナビリティ関連財務情報の信頼性を判断するという枠組みを構築することを企図していた。利害関係者がこれらの判断を行うための基礎となるものがAAPであった。AAPが導入された際には，内部統制監査についても外部監査の予定があるかどうかを開示することが求められるはずであった。そうなると有効な内部統制を有する企業が外部監査を導入しそれを開示するようになれば，シグナリング効果によって他企業でも内部統制監査を導入する動きが出てきて，実質的に内部統制監査導入と同じ効果が得られる可能性もあった。しかしながら，前述したようにBrexit後の経済の低迷によって，今般の政府見解にみられる様々な提案が撤回され，2025年1月以降に法定化される予定であったAAPの開示についても現時点では撤回されてしまった。

　英国は開示の強化を通したコーポレートガバナンスの向上に実績を上げてき

英国のサステナビリティ関連財務情報に対する保証の現状　**第3章**

た。英国政府は企業と投資家の双方にとって，「より的を絞った・よりシンプルで効果的な枠組み」を持つ新たな改革パッケージを実現することを表明し，国会の時間が許す限り法案を提出することを表明したこと（FRC［2023b］）から，今回の政府見解をベースとして，企業に追加負担が生じないような新たな開示規定が策定されると思われる。

　また，林［2022］の調査時点よりもサステナビリティ関連財務情報に保証を付している企業の割合が上昇していることからもわかるように，サステナビリティ関連財務情報に対する保証実務も進展していくことも想定される。一方で，英国において法定開示が求められるサステナビリティ関連財務情報が多岐にわたり，多様な報告様式が存在している。こうした状況から，利用者が保証水準にどのような差があるのかを理解するのは難しくなっていると思われる。今後ますますサステナビリティ関連財務情報の開示が拡充されることを鑑みれば，サステナビリティ関連財務情報とひとくくりにせずに，保証業務との関係も含め，それぞれの保障水準が明確な形での整理が必要となってくるであろう。

【参考文献】

イギリス会社法制研究会［2017］『イギリス会社法－解説と条文』誠文堂。

井上敬介［2023］「日本企業のサステナビリティ報告の取組状況および今後の課題」（日本監査研究学会第46回西日本部会資料）。

井上善弘［2023］「サステナビリティ報告－開示と保証の今後の潮流」（日本監査研究学会第46回西日本部会資料）。

上田亮子［2018］「英国コーポレートガバナンス・コード改訂と日本への示唆」『月刊資本市場』第395巻，24-34頁。

小俣光文［2017a］「英国における監査制度改革の動向」『会計監査ジャーナル』5月号，151-158頁。

小俣光文［2017b］「監査報告書改革に関する特集　第1回監査報告書改革の論点　その他の記載内容に対する監査」『月刊監査役』10月号。

小俣光文［2020］「英国におけるコーポレートガバナンス・コードと監査制度」『会計監査ジャーナル』6月号，92-101頁。

甲斐幸子　吉村航平［2022］「サステナビリティ情報に対する保証業務」『Aoyama Accounting Review』第11巻，65-68頁。

川島いづみ［2015］「統合報告に関する法制度化の試み－英国会社法における戦略報告書」『統合報告制度をめぐる理論的展開と実務上の対応・課題』早稲田大学産業経営研究所，35-53頁。

103

第Ⅰ部　英米のコーポレートガバナンスの制度

金融審議会［2022］「ディスクロージャーワーキング・グループ報告－中長期的な企業価値
　　向上につながる資本市場の構築に向けて」。
金融庁［2022］「サステナビリティ開示に関する関係府省会議（第1回）説明資料」。
経済産業省［2022］令和3年度産業経済研究所委託調査事業『コーポレート・ガバナンス改
　　革に係る内外実態調査』。
KPMG AZSA Sustainability co. Ltd.［2014］Guide to Sustainability Report Assurance.
上妻京子［2022］「第1章 欧州における非財務報告の保証実態とサステナビリティ報告の保
　　証義務化」『日本会計研究学会開示情報に対する保証の枠組みに関する研究－最終報告書』3-17
　　頁。
上妻京子［2023］「合理的保証に向かうサステナビリティ報告の保証」（日本監査研究学会第
　　46回西日本部会資料）。
小西範幸［2021］「非財務情報の開示と統合報告」『會計』第199巻第1号，15-29頁。
財団法人企業活力研究所［2012］「企業における非財務情報の開示のあり方に関する調査研
　　究報告書」。
鈴木裕［2023］「英国ガバナンス改革の曲がり角」大和総研（https://www.dir.co.jp/report/
　　research/capital-mkt/esg/20231121_024097.pdf〔閲覧日：2023年12月16日〕）。
TCFDコンソーシアム［2020］「気候関連財務情報開示に関するガイダンス2.0」。
日本公認会計士協会［2022］「保証業務実務指針3000 研究文書第2号 サステナビリティ情報
　　保証業務に関する論点整理（研究文書）」。
日本貿易振興機構（ジェトロ）［2022］「英国事業拠点設立ガイドブック」。
長谷川貴彦［2017］『イギリス現代史』岩波新書。
濱田善彦［2023］「サステナビリティ報告－開示と保証の今後の潮流－ サステナビリティ情
　　報の保証の課題と公認会計士に対する能力開発の動向」（日本監査研究学会第46回西日本
　　部会資料）。
林隆敏［2021］「統一論題開題－非財務情報の保証問題」（日本監査研究学会第44回西日本部
　　会資料）。
林隆敏［2022］「第2章 イギリス上場会社における非財務情報保証の実態」『日本会計研究学
　　会開示情報に対する保証の枠組みに関する研究 －最終報告書』18-34頁。
林孝宗［2019］「イギリスにおける会社の非財務情報に関する開示と社会的責任（1）－労
　　働者に関する情報開示と情報開示による行為規制」『平成法政研究』第23巻第2号，1-34頁。
牟禮恵美子［2021］「非財務情報の保証に関する将来の可能性」『Aoyama Accounting
　　Review』第10巻，53-58頁。
山﨑秀彦［2010］「第3章 英国における財務諸表外情報の開示と保証」『財務諸表街情報の開
　　示と監査－ナラティブ・リポーティングの保証』同文舘出版，45-66頁。
Arnold Schilder・James Gunn・山崎彰三・関根愛子・高橋秀法・住田清芽［2013］「国際監
　　査・保証基準審議会 Arnold Schilder議長に訊く－国際監査・保証基準審議会の最新動向」『会
　　計監査ジャーナル』第690号，9-18頁。
Mark Gabowski［2017］「監査，及び監査とガバナンスの関係－監査報告書と監査委員会に
　　よる報告」『会計・監査ジャーナル』第749号，28-33頁。
3I Group plc［2021］Annual report and accounts 2021（https://www.3i.com/investor-

relations/report-library/2021/〔閲覧日：2023年7月4日〕).

3I Group plc［2022］*Annual report and accounts 2022*（https://www.3i.com/investor-relations/report-library/2022/〔閲覧日：2023年7月4日〕).

3I Group plc［2023a］*Annual report and accounts 2023*（https://www.3i.com/investor-relations/report-library/2023/〔閲覧日：2023年7月4日〕).

3I Group plc［2023b］Sustainability report 2023（https://www.3i.com/investor-relations/report-library/2023/〔閲覧日：2023年7月4日〕).

Anglo American PLC［2022］Sustainability Report 2022（https://www.angloamerican.com/~/media/Files/A/Anglo-American-Group-v5/PLC/investors/annual-reporting/2022/Sustainability-Report-2022.pdf〔閲覧日：2023年7月23日〕).

AstraZeneca PLC［2022］AstraZeneca Annual Report and Form 20-F Information（https://www.astrazeneca.com/content/dam/az/Investor_Relations/annual-report-2022/pdf/AstraZeneca_AR_2022.pdf〔閲覧日：2023年7月4日〕).

Compass Group PLC［2022］*VERIFICATION STATEMENT*（https://www.compass-group.com/content/dam/compass-group/corporate/sustainability-updates-2022/documents/Compass-Group-plc-2020-21-Carbon-Footprint-Verification-statement.pdf.〔閲覧日：2023年7月4日〕).

Deloitte Academy［2020］*Developing your company's Audit and Assurance Policy.*

Deloitte Academy［2021］*Developing your company's Audit & Assurance Policy Updated for the BEIS White Paper proposals.*

Department for Business, Energy & Industrial Strategy（BEIS）［2019］*ASSESS, ASSURE AND INFORM IMPROVING AUDIT QUALITY AND EFFECTIVENESS*（*Brydon Review*）.

BEIS［2021］*Restoring trust in audit and corporate governance.*

BEIS［2022］*Restoring trust in audit and corporate governance: Government response to the consultation on strengthening the UK's audit, corporate reporting and corporate governance systems.*

BEIS［2023］*Burdensome legislation withdrawn in latest move to cut red tape for businesses*（Press release）（https://www.gov.uk/government/news/burdensome-legislation-withdrawn-in-latest-move-to-cut-red-tape-for-businesses〔閲覧日：2023年12月16日〕).

KPMG［2002］*KPMG International Survey of Corporate Sustainability Reporting 2002.*

KPMG［2011］*KPMG International Survey of Corporate Responsibility Reporting 2011.*

KPMG［2013］*The KPMG Survey of Corporate Responsibility Reporting 2013.*

KPMG［2015］*Currents of change: The KPMG Survey of Corporate Responsibility Reporting 2015.*

KPMG［2017］*The road ahead: The KPMG Survey of Corporate Responsibility Reporting 2017.*

KPMG［2020a］*Towards net zero-How the world's largest companies report on climate risk and net zero transition.*

KPMG［2020b］*Brydon's proposals for a new Resilience Statement.*

第Ⅰ部 英米のコーポレートガバナンスの制度

KPMG［2022］*The Audit and Assurance Policies: A guide for audit committees.*

Financial Conduct Authority（FCA）［2023］*Primary Markets Effectiveness Review: Feedback to DP22/2 and proposed equity listing rule reforms.*

Financial Reporting Council（FRC）［2021a］*Thematic Review: Viability and Going Concern.*

FRC［2021b］*Reporting on risks, uncertainties, opportunities and scenarios: Closing the gap.*

FRC［2021c］*Restoring trust in audit and corporate governance: Corporate reporting and governance.*

FRC［2022a］*FRC Staff Guidance: Auditor responsibilities under ISA（UK）720 in respect of climate-related reporting by companies required by the Financial Conduct Authority.*

FRC［2022b］*Position Paper: Restoring Trust in Audit and Corporate Governance.*

FRC［2023a］*UK Corporate Governance Code – Consultation document.*

FRC［2023b］*Statement: FRC policy update*（https://www.frc.org.uk/news-and-events/news/2023/11/statement-frc-policy-update/〔閲覧日：2023年12月16日〕）.

FRC［2023c］*Audit Committees and the External Audit: Minimum Standard.*

Institute of Chartered Accountants in England and Wales（ICAEW）［2021］*Developing a meaningful Audit and Assurance Policy-A POLICY FOR PROGRESS.*

NatWest Group［2023］*EY Sustainability Assurance Statement*（https://investors.natwestgroup.com/~/media/Files/R/RBS-IR-V2/results-center/17022023/nwg-ey-sustainability-assurance-statement.pdf〔閲覧日：2023年8月15日〕）.

PwC［2021］*Restoring trust through the Resilience Statement – A PwC point of View and full illustrative example.*

Reckitt Benckiser Group PLC［2022］*SUSTAINABILITY INSIGHTS 2022*（https://reckitt.com/media/mojal0zt/sustainability-insights-2022.pdf〔閲覧日：2023年7月4日〕）.

Shell PLC［2022］*Annual Report and Accounts 2022*（https://www.shell.com/about-us/annual-publications/annual-reports-download-centre.html〔閲覧日：2023年7月4日〕）.

Standard Chartered PLC［2022］*Verification Report for Standard Chartered Bank*（https://av.sc.com/corp-en/content/docs/environmental-assurance-report.pdf〔閲覧日：2023年7月4日〕）.

（小俣 光文）

第4章

米国における気候関連情報の開示と内部統制の展開

I　はじめに

　ESG情報等のサステナビリティ関連財務情報の開示に関する国際的な基準の設定が進んでいる中，米国においても，2022年3月に証券取引委員会（SEC）が気候関連情報の開示を導入する「規則案」（SEC［2022］）を公表した。この「規則案」は，年次報告書に気候関連情報の開示項目を設け，気候関連のリスクについて，ナラティブ情報と指標から構成される情報の開示を求めるものである。

　2023年3月にトレッドウェイ委員会支援組織委員会（COSO）は，サステナビリティ関連財務情報の開示に関する内部統制の構築に向けた補足的ガイダンスとして「COSOガイダンス」（COSO［2023］）を公表した。この「COSOガイダンス」は，2013年にCOSOが公表した「内部統制の統合的フレームワーク」（「ICIF-2013」）を使ってサステナビリティ関連財務情報の開示に関する内部統制の指針を示している。

　「規則案」に引き続いて「COSOガイダンス」が公表されたことを踏まえ，本章では，米国における気候関連情報の開示と内部統制の展開を検討する。このため，「規則案」の公表までの米国における財務報告と内部統制の関係を検討したうえで，「規則案」と「COSOガイダンス」を比較し，米国における気候関連情報の開示と内部統制の特徴を検討する。これらの検討によって，米国では気候関連情報の開示のために内部統制を拡充させていることを明らかにするとともに，この展開からみえてくる米国のコーポレートガバナンスの特徴についても探る。

第Ⅰ部　英米のコーポレートガバナンスの制度

Ⅱ　米国における財務報告と内部統制

1　MD&Aと財務報告

「規則案」で提案している気候関連情報について，SECは，財政状態および経営成績に関する経営者による討議と分析（Management's Discussion and Analysis：MD&A）と同様の機能を提供するものとしている（SEC［2022］p.52）。このことから，本節ではMD&Aについて概観する。

米国では，1980年に年次報告書（Form 10-K）において，経営者による経営成績等の分析について開示を求めるMD&Aを採用した後，2003年にSECは「MD&Aガイダンス」（SEC［2003］）を公表した。「MD&Aガイダンス」はMD&Aの目的として，①投資家が経営者の目を通して会社をみることができるように会社の財務諸表について記述的な説明を提供すること，②全体的な財務情報の開示を強化し，財務情報が分析される文脈を提供すること，③過去の業績が将来を示唆する可能性を投資家が確かめられるよう，企業の収益とキャッシュフローについて，その質と潜在的な変動性に関する情報を提供することを明確化し（Ⅰ.B.），情報開示の指針を示した。MD&Aにおける開示事項について，SEC規則（Regulation S-K）では，①流動性，②資本の源泉，③経営成績，④オフバランス取引，⑤契約上の義務に関する表形式の開示等について，会社の財務状態やその変化，経営成績を理解するために必要であると会社が考える情報であると規定されている（Item 303）。

さらに「MD&Aガイダンス」は，経営者の視点からの情報を求める観点から，単に財務諸表の情報を記述形式で再度記載するのではなく，財務諸表の情報を元に，将来の情報につながるような重要な傾向，事象，需要，コミットメント，不確実性等について，その根底にある理由や示唆，相互関係，これらの事項の相対的な重要性とともに説明することを求めており（Ⅲ.B.4.），これによって，経営者が短期および長期で重点を置いている機会，課題，リスクについての洞察を提供することを期待していた（Ⅲ.A.）。経営者が短期および長期で重点を置いている機会，課題，リスクとは，総体としていわゆる経営戦略につながる情報のことを指すと考えられ，米国の年次報告書では経営戦略の開示は明示的

108

には求められていない中，MD&Aが経営戦略の開示の役割を果たすことが期待されたと考えられる。MD&Aは，財務諸表に付属する説明文というよりも，財務諸表と連携して，必ずしも財務諸表には表れない，経営者の視点からの情報を提供することが求められており，財務諸表と一体となって財務報告を展開したと考えられる。

また，「MD&Aガイダンス」は，MD&Aが経営者の目線による短期・長期の事業の分析を提供できるよう，企業に対し定性的・定量的な指標の識別を求めている。この指標には財務指標だけでなく，経営者が経営管理に使用する非財務指標（例えば製造プラントの能力・稼働状況，プロジェクトの進捗状況，予約動向，離職率等）も含まれるとしており，情報技術の発展により企業が入手可能な情報が増加し，財務と非財務の両方を含む大規模な情報の領域（universe of information）が存在している中で，経営者は，どの情報を開示する必要があるかどうかを判断することが求められるとしている（Ⅰ. C., Ⅲ. B. 1.）。この経営者の判断には，当該情報が，将来の見通しにつながるような重要な傾向や不確実性等を示しているかどうかを分析・評価することが必要になる。「MD&Aガイダンス」によって，経営者が，外部への情報開示を念頭に，財務情報だけでなく非財務情報も含めて情報を分析・評価できるよう，広く企業の情報に対する統制の必要性を認識することにつながったと考えられる。

2　内部統制と財務報告

米国における企業の内部統制については，多くの企業が外国の政府高官に対して賄賂を含む疑わしい支出を行っていたとされるウォーターゲート事件を踏まえて注目され，1977年の「海外不正支払防止法（Foreign Corrupt Practices Act of 1977: FCPA）」により，経営者に対して内部会計統制システムの設計・維持が義務付けられた（八田［2009］206-207頁）。その後，1988年のFCPA改正により内部会計統制システムを設計・維持していなかった場合に対する刑事罰の要件が明確化され，さらに1991年に制定された量刑ガイドライン（1991 Federal Sentencing Guidelines）により内部会計統制システムが整備されている場合には一定の刑の軽減を認めることとされた（柿﨑［2005］pp.100-102, 153-154）。併せて，1987年に会計不正への対応策をまとめた「トレッドウェイ委員

第Ⅰ部　英米のコーポレートガバナンスの制度

会」による勧告（『不正な財務報告』）において内部統制に関する指針の策定が盛り込まれたことを受けて，COSOが設立され，1992年にCOSOが『内部統制の統合的枠組み』（「ICIF-1992」）を策定した。その後，エンロン社による会計不正事件を受けて，2002年に「企業改革法（Sarbanes and Oxley Act of 2002）」により，経営者による財務報告に関する内部統制の評価と監査が義務化されるに至っている。FCPAや「トレッドウェイ委員会」による勧告を踏まえた議論，企業改革法により内部統制が法制度に導入された経緯を踏まえると，内部統制は不正防止のために導入されたといえる。

　米国の連邦証券法令に取り込まれた内部統制制度では，経営者と監査人により，財務諸表作成のための帳簿や記録を対象として財務諸表に至るまでのプロセスや統制が有効であるかどうかの評価が行われるが，財務諸表と連携した情報を提供するMD&Aも，帳簿や記録の情報を元としている。そのため，内部統制制度はMD&Aにも及んでいるといえ[1]，内部統制は，財務諸表やMD&Aから成る財務報告の信頼性の確保を図っているということができる。

　また，Ⅱ節，1項で述べた通り，MD&Aは，経営者が経営管理に使用する財務・非財務の指標や，将来志向情報として，既知の傾向，事象，需要，コミットメントおよび不確実性等の開示を求めている。これに対応するには，財務・非財務を含めた情報の管理のほか，情報の評価・分析，情報開示の要否の判断が必要となると考えられる。これに対して「ICIF-1992」は，構成要素である「情報と伝達」において，財務・非財務を含め，適切な情報を識別・補足・処理・報告するための情報システムの整備や情報の質の考慮，経営管理者に対する情報の伝達等を説明している（Chapter 5）ほか，「統制活動」において情報システムに対する統制の必要性を説明している（Chapter 4）。「ICIF-1992」は内部統制制度に組み込まれているだけでなく[2]，2003年の「MD&Aガイダンス」に

---

1)　SECの「規則案」の中でも，MD&Aにおける開示事項は財務報告に対する内部統制の対象であり，企業の監査済財務諸表と注記の作成に使用されるものと同じ帳簿および記録から作成されている，としている（SEC［2022］p.221, n.578）。

2)　企業改革法404条が求める経営者による内部統制の有効性の評価とこれに対する監査において，2003年に制定されたSEC規則（Management's Report on Internal Control Over Financial Reporting and Certification of Disclosure in Exchange Act Periodic Reports（Release No. 34-47986））は，経営者による評価で利用したフレームワークの開示を求め（Ⅱ. B. 3），内部統制の監査の手続を定める公開会社会計監査委員会（Public Company Accounting Oversight Board; PCAOB）の監査基準第5号（Auditing Standard No.5; an Audit of Internal Control

よる情報開示に対応するための枠組みを企業に提供していると捉えることができ，この点，内部統制はMD&Aを支える関係にあると考えられる。

また，COSOが2004年に公表した『全社的リスクマネジメント－統合的フレームワーク』（「ERMIF-2004」）では，全社的リスクマネジメント（Enterprise Risk Management: ERM）を，内部統制よりも広範な領域をカバーし事業体の価値の創造や保持に影響するリスクや事業機会に対処するものとして位置付け，事業体の目的達成に影響する事業体の内外の事象について，リスクか機会かに識別することを求めている。この識別の手法は，過去の事象や傾向のほか，将来起こり得る事象にも焦点を当てて，当該事象を引き起こす要因を識別することも求めており（COSO［2004］p.43（訳書59-60頁）），これは，MD&Aが既知の重要な傾向や不確実性等の情報のほか，これらの要因に関する分析の開示を求めていることに対応すると考えられる。また，MD&Aでは経営者が認識している機会，課題，リスクについての洞察を提供することが望まれる中，ERMは，事業体の内外の事象から機会とリスクを識別してリスクの評価・対応につなげる枠組みを示しており，ERMにより，MD&Aが期待する情報開示のための体制整備につながると考えられる。2003年の「MD&Aガイダンス」により経営者が認識している機会やリスクにつながる情報の提供が求められることとなったことに対して，2004年の「ERMIF-2004」が企業による機会およびリスクの識別とリスクへの対応に関するフレームワークを示していることからも，MD&Aにおける情報開示の充実と内部統制の拡充は，両者併せて進んでいるとみることができる。

Ⅲ　気候関連情報開示

1　SEC「規則案」までの経緯

SECは「規則案」を公表するより前から，気候関連の情報開示を求めてきた。

---

over Financial Reporting Performed in Conjunction With an Audit of Financial Statements。2007年までは監査基準第2号）は，監査人は経営者の評価に使用されたフレームワークと同じフレームワークを使用することを求めるとともに，当該フレームワークの例示としてCOSOの内部統制のフレームワークを示している。これによりCOSOの内部統制のフレームワークが，証券取引法の内部統制報告制度に組み込まれている。

第Ⅰ部　英米のコーポレートガバナンスの制度

SECは，1971年に企業がSECに提出する書類の作成において環境法令への遵守に関する財務上の影響を検討すべきという解釈（Release No. 33-5170（July 19, 1971））を公表した後，1982年には環境保護に関する法令に係る訴訟やビジネスコストに関する情報開示を義務付けるようSEC規則を改正した（Release No. 33-6383（Mar. 3, 1982））。そして2010年には，気候変動に関する開示のガイダンス（SEC［2010］）を公表し，SEC提出書類の既存の開示項目（事業内容，訴訟手続，リスク要因，MD＆A等）において気候関連の情報開示が求められる可能性があることや，企業が開示の際に考慮する必要があり得る特定の気候関連の課題（気候関連の法規制や国際合意による直接的または間接的な影響等）を明確化している（SEC［2022］pp.15-17）。

　他方，SECは1975年に，環境や社会に関する開示事項について投資家の議決権行使や投資判断において重要でない限り，すべての企業に対して開示を求めるべきではないと決定している（Environmental and Social Disclosure, Release No. 33-5627（Oct. 14, 1975））。2016年にSECが公表した，年次報告書の非財務情報に関するSEC規則の見直しに関する「コンセプトリリース」（SEC［2016］p.205, p.210）においても，SECは，現在の法的枠組みは1975年の決定と整合しているとしつつ，投資家がESG問題にますます関与するようになり，投資家の議決権行使や投資判断においてESG情報の役割が進化している可能性があるとして，このような情報開示が重要かどうかのインプットを求めるに留まっていた。このように，過去，SECは，気候関連の情報を，投資家一般の投資判断において重要な情報として位置付けてはこなかった。

　2010年のガイダンス公表以降，気候変動に関連する開示は全般的に増加しているが，SECは，2021年３月に実施した意見募集等を踏まえ，その内容や詳細さ，開示場所にはかなりのばらつきがあると指摘した（SEC［2022］p.21）。SECは，既存の気候関連リスクの開示が投資家を十分保護しておらず，気候関連の開示の一貫性，比較可能性，信頼性の向上が必要であるとして（SEC［2022］p.8），2022年３月に「規則案」を公表した。SECは，「規則案」により気候関連リスクの開示を求めることで，資本市場に対する信頼を高め，有価証券の効率的な評価と資本形成（capital formation）の促進に役立つとしている（p.23）。SECは「規則案」の公表を機に，気候関連の情報について，投資家保護を図る

112

必要がある重要な情報であるとの位置付けに変更したといえる。

2　SEC「規則案」の内容

　SECの「規則案」は，企業の年次報告書や届出書類において，気候関連の財務リスクに関する情報や，財務諸表における気候関連の指標の開示を求めるものである。具体的には，年次報告書等に「気候関連開示」のセクションを設け，企業の事業や連結財務諸表に対して重要な影響を及ぼす可能性が合理的に高い気候関連リスクに関する情報や，投資家が気候関連リスクを評価するのに役立つGHG排出量の指標（一部の企業には，GHG排出量に対する証明も要求）を求めている。加えて，財務諸表注記において，気候関連の指標の開示を求めている。この指標は，企業の財務諸表の一部として監査の対象となるほか，企業の内部統制の範囲に含まれるとされる（SEC［2022］pp.40-41）。また，提案された気候関連情報の開示のフレームワークは，気候関連財務情報開示タスクフォース（Task Force on Climate-related Financial Disclosures；TCFD）が2017年に公表した「TCFD提言」（TCFD［2017］）で示されたフレームワークを部分的にモデルとしている（SEC［2022］p.41）。

　「規則案」で求めている情報開示の全体像は，次頁の図表4-1の通りである[3]。

3）　SEC は，2024 年 3 月 6 日に気候関連開示を義務化する最終規則を公表した。最終規則では，Scope3 の開示を求めないこととしたほか，適用時期の延期（大規模早期提出会社は 2025 会計年度から開示を求めるなど）や開示事項の削減（例えば，連結財務諸表の各科目に異常気象等が及ぼした影響額など）が行われたが，主な構成は変更されていない（Securities and Exchange Commission（SEC）［2024］Release Nos. 33-11275; 34-99678; File No. S7-10-22, Final rules, The Enhancement and Standardization of Climate-Related Disclosures for Investors.）。なお，最終規則の公表後に異議を唱える訴訟が相次ぎ，同年 4 月 4 日，SEC は司法判断が確定するまで同規則の一時停止を発表した。

第Ⅰ部　英米のコーポレートガバナンスの制度

図表4-1　SECの「規則案」の概要

対象企業	▶全てのSEC登録企業（内国および外国を含む）
開示媒体	▶年次報告書（内国企業（Form 10-Kや外国公開企業（Form 20-F）），証券登録届出書（Form S-1） ・「気候関連開示」のセクションを新設
開示内容の概要	▶財務諸表以外の「気候関連開示」セクションにおいて，以下の開示を要求 ・取締役会と経営者による「気候関連リスク」の監視とガバナンス ・企業が識別した「気候関連リスク」（物理リスク，移行リスク）が，企業の事業及び連結財務諸表，戦略，ビジネスモデル及び見通しに与えた影響，および，短期，中期，長期にわたり与えうる影響 ・内部炭素価格（企業内で使用される炭素排出のコスト）を利用している場合には，その単価，総額，測定の境界，価格算定の理論的根拠 ・気候関連リスクの将来の変化に照らした事業戦略の弾力性。シナリオ分析を行っている場合は，使用したシナリオ，前提，予想される主要な財務的影響 ・気候関連リスクを識別，評価，管理するプロセス，及び企業の総合的リスク管理システム（overall risk management system）に統合されているかどうか ・リスク管理の一部として移行計画を採用している場合は，当該計画の説明（物理・移行リスクを特定，管理するための指標と目標を含む） ・GHG排出量のScope1・2。Scope3 [注1] は重要な場合又は目標を設定している場合等 ※将来予測情報及びScope3 の開示については，いわゆるセーフハーバールール [注2] を適用 ▶財務諸表の注記において，気候変動（物理リスク，移行リスク）に関する財務影響指標，支出指標，財務的な見積りと仮定の開示を要求 ▶気候関連の「機会」に関する情報の開示を容認
証明	▶一部企業に対し，GHG排出量のScope1・2に関し段階的に証明（attestation）を求める（Scope3は対象外） ・大規模早期提出会社 [注3]：2024会計年度から限定的保証，2026会計年度から合理的保証 ・早期提出会社 [注4]：2025会計年度から限定的保証，2027会計年度から合理的保証 ▶証明提供者には独立性ルール（財務諸表監査のルールと類似），及び保証基準の適用を求める

適用開始時期	▶企業の規模に応じて段階的に適用予定（ただし，下記は2022年3月の公開草案時の予定）			
	登録企業のタイプ	全ての開示要件（Scope1・2含む）	Scope3の開示	Scope1・2の証明
	大規模早期提出会社	2023会計年度	2024会計年度	限定的保証：2024会計年度 合理的保証：2026会計年度
	早期提出会社 非早期提出会社 [注5]	2024会計年度	2025会計年度	（早期提出会社） 限定的保証：2025会計年度 合理的保証：2027会計年度
	小規模報告会社 [注6]	2025会計年度	―	―

（注1）Scope1：事業者自らによる温室効果ガスの直接排出，Scope2：他社から供給された電気，熱・蒸気の使用に伴う間接排出，Scope3：Scope1，Scope2以外の間接排出（事業者の活動に関連する他社の排出）
（注2）発行体が誤解を生じさせることを知って記載したことなどを原告が立証できない場合，発行体の民事責任が免除されるという証券法上のルール
（注3）大規模早期提出会社：時価総額700百万ドル以上等の要件を満たす会社
（注4）早期提出会社：時価総額75百万ドル以上700百万ドル未満等の要件を満たす会社
（注5）非早期提出会社：大規模早期提出会社及び早期提出会社の要件を満たさない企業
（注6）小規模報告会社：時価総額が250百万ドル未満等の企業
出所：金融庁ディスクロージャーワーキング・グループ（2022年11月2日）参考資料6-7頁を一部修正。

3 「TCFD提言」との比較

TCFDは，G20の要請を受けた金融安定理事会（Financial Stability Board）が2015年に設置した，企業による気候関連の情報開示について検討する民間主導のタスクフォースであり，2017年6月に，気候関連の情報について企業による自主的な開示を促すための「TCFD提言」を公表した。「TCFD提言」では，情報開示のフレームワークとして4つの柱（「ガバナンス」,「戦略」,「リスク管理」,「指標と目標」）に分けて，推奨される開示内容を示している（図表4-2）。

図表4-2 「TCFD提言」の概要

ガバナンス	戦略	リスク管理	指標と目標
気候関連のリスクと機会に係る当該組織のガバナンスを開示する	気候関連のリスクと機会がもたらす当該組織の事業，戦略，財務計画への現在及び潜在的な影響を開示する	気候関連リスクについて，当該組織がどのように識別，評価，及び管理しているかについて開示する	気候関連のリスクと機会を評価及び管理する際に用いる指標と目標について開示する
推奨される開示内容	推奨される開示内容	推奨される開示内容	推奨される開示内容
a）気候関連のリスクについての，当該組織取締役会による監視体制を説明する	a）当該組織が識別した，短期・中期・長期の気候関連のリスクと機会を説明する	a）当該組織が気候関連リスクを識別及び評価するプロセスを説明する	a）当該組織が，自らの戦略とリスク管理プロセスに即して，気候関連のリスク及び機会を評価する際に用いる指標を開示する
b）気候関連のリスクと機会を評価・管理する上での経営の役割を説明する	b）気候関連のリスクと機会が当該組織のビジネス・戦略及び財務計画に及ぼす影響を説明する	b）当該組織が気候関連リスクを管理するプロセスを説明する	b）Scope1，Scope2及び，当該組織に当てはまる場合はScope3の温室効果ガス（GHG）排出量と関連リスクについて説明する^(注)
	c）2℃或いはそれを下回る将来の異なる気候シナリオを考慮し，当該組織の戦略のレジリエンスを説明する	c）当該組織が気候関連リスクを識別・評価・管理するプロセスが，当該組織の総合的リスク管理にどのように統合されているかについて説明する	c）当該組織が気候関連リスクと機会を管理するために用いる目標，及び目標に対する実績を開示する

出所：金融庁ディスクロージャーワーキング・グループ（2021年10月1日）事務局説明資料（2）12頁

115

第Ⅰ部　英米のコーポレートガバナンスの制度

　SECの「規則案」は「TCFD提言」のフレームワークをモデルとしていることから，「規則案」の開示事項と「TCFD提言」の開示事項とを比較して，差異を検討してみる。その結果，「規則案」は「TCFD提言」のフレームワークの構成要素とほぼ同様であるが，主な相違点として，「規則案」は機会やシナリオ分析の開示を一律には求めていないこと，気候関連指標（climate related financial statement metrics）を財務諸表注記として求めていること，GHG排出量について外部の第三者による証明を求めることが挙げられる。具体的には，図表4-3のように整理することができる。

図表4-3　「規則案」と「TCFD提言」との比較

「規則案」が求める開示事項	TCFD提言（及びガイダンス）における開示事項	差異
【ガバナンス】 ・企業の取締役会および経営陣による，気候関連<u>リスク</u>の監視およびガバナンス	【ガバナンス】 　気候関連の<u>リスクと機会</u>に関する当該組織のガバナンスを開示 a．気候関連の<u>リスクと機会</u>についての，取締役会による監視体制 b．気候関連の<u>リスクと機会</u>を評価する上での，経営の役割	・「規則案」は「リスク」に対するガバナンスだが，TCFD提言は「リスク」と「機会」に関するガバナンス
【戦略,ビジネスモデル及び見通し】 ・企業によって特定された気候関連リスクが，事業および連結財務諸表に重大な影響を及ぼした，または及ぼす可能性が高く，短期，中期または長期にわたって顕在化する可能性がある状況	【戦略】 　気候関連の<u>リスクと機会</u>が当該組織の事業，戦略，財務計画に及ぼす実際の影響と潜在的な影響を開示（重要な場合） a．当該組織が特定した，短期・中期・長期の気候関連の<u>リスクと機会</u>を説明	・「規則案」は「リスク」による影響だが，TCFD提言は「リスク」と「機会」による影響
【戦略,ビジネスモデル及び見通し】 ・特定された気候関連リスクが，企業の戦略，ビジネスモデルおよび見通しにどのように影響を与えたか，または影響を与える可能性が高いか ・<u>シナリオ分析</u>を行っている場合は，使用したシナリオ，前提，予想される主要な財務的影響	【戦略】 　気候関連の<u>リスクと機会</u>が当該組織の事業，戦略，財務計画に及ぼす実際の影響と潜在的な影響を開示（重要な場合） b．気候関連のリスクと機会が，組織のビジネス・戦略・財務計画に及ぼす影響を説明 c．2℃或いはそれを下回る将来の異なる気候シナリオを考慮し，当該組織の戦略のレジリエンスを説明	・同上 ・「規則案」は，シナリオ分析は行っている場合に記載を求めているが，TCFD提言はそのような限定はない。
【リスク管理】 ・気候関連<u>リスク</u>を特定，評価，管理するための企業のプロセス，及びそのようなプロセスが，企業の全体的なリスク管理システムまたはプロセスに統合されているかどうか	【リスク管理】 　気候関連のリスクについて，当該組織がどのように識別，評価，及び管理しているかについて開示 a．当該組織が気候関連リスクを識別及び評価するプロセスを説明 b．当該組織が気候関連リスクを管理するプロセスを説明	―

116

米国における気候関連情報の開示と内部統制の展開　第4章

	ｃ．当該組織が気候関連リスクを識別・評価・管理するプロセスが，当該組織の総合的リスク管理にどのように統合されているかを説明	
【気候関連指標】※財務諸表注記 ・気候関連事象（深刻な気象事象や物理的リスク等）及び移行活動（移行リスク等）が，企業の連結財務諸表及び関連する支出項目に及ぼす影響，並びにそのような気候関連事象および移行活動によって影響を受ける財務上の見積り及び仮定の開示	【戦略】 　気候関連のリスクと機会が当該組織の事業，戦略，財務計画に及ぼす実際の影響と潜在的な影響を開示（重要な場合） ｂ．気候関連のリスクと機会が，組織のビジネス・戦略・財務計画に及ぼす影響を説明 ※　全セクターのためのガイダンス 　気候関連事項が自らのパフォーマンス（例：収益，費用）や財務ポジション（例：資産，負債）に与える影響を記述すべき	・「規則案」は「リスク」による影響だが，TCFD提言は「リスク」と「機会」による影響 ・「規則案」は，財務諸表注記での記載を求めるが，TCFD提言はそのような指定なし
【GHG排出指標】 ・Scope1及び2のGHG排出量について，構成要素（二酸化炭素，メタン，一酸化炭素等）ごとの内訳及び合算による，総量及び原単位 ・Scope3のGHG排出量の総量及び原単位（Scope3の排出量が重要である場合，又は登録者がGHG排出削減目標若しくはScope3の排出量を含む目標を設定している場合）	【指標と目標】 　気候関連のリスクと機会を評価及び管理する際に用いる指標と目標を開示（重要な場合） ａ．当該組織が，自らの戦略とリスク管理プロセスに即して，気候関連のリスク及び機会を評価する際に用いる指標を開示 ｂ．Scope1，2及び，当該組織に当てはまる場合は，Scope3のGHG排出量と関連リスクについて説明 ｃ．当該組織が気候関連リスクと機会を管理するために用いる，目標及び目標に対する実績を開示	・「規則案」は，Scope1及び2のGHG排出量について，外部の証明を求めている
【ターゲットと目標】 ・該当する場合には，企業の気候関連のターゲット又は目標，及び移行計画	【指標と目標】 　気候関連のリスクと機会を評価及び管理する際に用いる指標と目標を開示（重要な場合） （推奨開示項目） ｃ．当該組織が気候関連リスクと機会を管理するために用いる，目標及び目標に対する実績を開示	―

出所：「規則案」と「TCFD提言」を基に筆者作成。

　まず，「規則案」は，気候関連リスクを，企業の連結財務諸表，事業活動またはバリューチェーン全体に対する，気候関連の状況・事象（物理的リスクと移行リスクを含む）による，実際のまたは潜在的な負の影響として定義し（SEC［2022］p.56），各構成要素（「ガバナンス」,「戦略，ビジネスモデル及び見通し」,「リスク管理」,「気候関連指標」）において開示を求めている。しかし，プラスの影響を意味する気候関連機会については企業の任意としており，TCFD提言がリスクだけでなく機会の開示も求めていることと異なっている。「規則案」は，

117

第Ⅰ部　英米のコーポレートガバナンスの制度

機会の開示を企業の任意とした理由について，機会の開示を求めることによる反競争的効果（anti-competitive effect）への懸念を緩和するためとしており（p.63），機会の開示がビジネスの機微情報の開示につながることへの懸念に配慮している。機微情報の開示への懸念は，これまでも年次報告書の開示事項である「リスク要因（Risk Factors）」において，リスクマネジメントやリスク低減に関する情報開示を，機微情報の開示につながることを理由に求めてきていないこと（SEC［2016］p.168）と整合する。他方で，「規則案」は気候関連機会の定義を規定して企業が任意に開示する場合の情報の一貫性を促進する姿勢も示しており（SEC［2022］p.63），これまでのスタンスとは異なると考えられる。加えて「規則案」は，シナリオ分析について，事業戦略の弾力性に対する投資家の評価に役立つとして，使用したシナリオやその前提，主要な財務的影響の開示を求めている（pp.86-87）。「規則案」は，気候関連に限ってはいるが，戦略の開示を求めているといえ，米国の年次報告書がこれまで戦略の記載を求めてこなかったことと異なる。このような開示は，米国の年次報告書について，マイナスの情報だけではなくプラスの情報の開示も含むものへ拡大しようとする試みであると捉えることができる。

　また，「規則案」は，企業の連結財務諸表に対する気候関連リスクの影響に関する記述を補完するため（p.117），気候関連の状況・事象ならびに移行活動による影響について，連結財務諸表の注記による開示を求めている。具体的には，①異常気象および他の自然状況（例：洪水，干ばつ，山火事，極端な気温，海面上昇），物理的リスク，移行リスクや移行活動が，連結財務諸表の各勘定科目の計上額に及ぼした影響額（ネガティブ・ポジティブそれぞれの影響），②異常気象および他の自然状況や物理的リスク，移行リスクや移行活動による影響を緩和するために支払われた当期の支出額（費用化されたもの，資産計上されたもの），③会計上の見積りや仮定が，異常気象および他の自然状況や物理的リスク，移行活動によって受けた影響，の開示が求められる。また，「規則案」が求める「戦略，ビジネスモデル及び見通し」の開示では，企業の事業戦略や財務計画，資本配分における気候関連リスクの影響の検討や，連結財務諸表に対する気候関連リスクの過去および将来の影響についての議論を記載することが求められる中で，上記①〜③の指標との関係性を記載する必要がある（p.73）。

118

このことは，上記①～③の気候関連指標が，企業の連結財務諸表や経営戦略等に対する気候関連リスクの影響に関するナラティブな説明に対し，実際に生じた財務的な影響額を示すことで，既知の傾向を意味することになると考えられる。また，上記①～③の指標はGHG排出量とともに開示されることで，GHG排出量に関する目標の達成に向けた行動の有効性や効率性を評価することを可能とするとしている（p.168）。上記①～③の指標は財務諸表注記として開示するため，監査と内部統制の対象となり（p.144），一定の信頼性が確保される指標となる。このような気候関連指標によって，「規則案」は，企業の経営戦略等に対する気候関連リスクの影響に関する記述やGHG排出量の情報と，財務情報との連携を図ろうとしたと考えられる。

　さらに，「規則案」は，GHG排出量のScope1とScope2について，証明報告書（attestation report）の提出と，証明サービスを提供した者に関する情報の開示を求めている（p.215）。「規則案」は，GHG排出量の情報が投資意思決定において重要であるとしており，この理由について，企業における気候関連リスクのエクスポージャーや低炭素経済への移行能力を投資家が評価するのに役立つとしている（pp.153-154）。また，GHG排出量は資産の陳腐化や不良化の可能性が高い企業を特定することを可能とし，座礁資産（stranded asset）に対する減損処理が適切に行われているかを評価できるなど，将来のキャッシュフローの予測に影響する情報であるとしている（p.352）。しかしながら，現在のGHG排出量の情報は一貫性，比較可能性，信頼性が欠如しているとして（p.154），これへの対応のためGHG排出量に対する証明を求めている。SECは，GHG排出量は一般的に，財務報告に係る内部統制の対象となる企業の帳簿や記録から作成されず，監査手続の対象とはならないことから，信頼性を高めるために，GHG排出量の情報に対する証明を求めることは適切であるとしている（pp.220-221）。

　上記の証明に加えて，SECは，GHG排出量の情報の信頼性をヨリ高める観点から，財務報告に係る内部統制制度と同様に，経営陣がGHG排出量の開示に関する統制を設計してその有効性を評価し年次報告書において表明するとともに，当該統制の有効性に対して証明提供者の証明を求めることを検討したが，「規則案」では提案されなかった（pp.221-222）。米国では，財務報告に係る内

第Ⅰ部　英米のコーポレートガバナンスの制度

部統制と同様に，GHG排出量の作成に至るプロセスについても，信頼性を高めることを検討していたことがうかがえる。

「規則案」が求める情報開示により，企業では，気候関連のリスク（物理的リスク，移行リスク）と機会を識別し，当該リスクが，短期，中期，長期的な視点で経営戦略やビジネスモデルに与える影響を分析して開示することや，気候関連指標とGHG排出量といった新たな指標の集計と開示，さらにこれらの指標に対する外部からの証明への対応が必要となる。このことは，企業において，一連の要求に対応する体制整備の必要性を認識することにつながっていくと考えられる。

Ⅳ　内部統制の拡充

1　「COSOガイダンス」までの経緯

「COSOガイダンス」は，2017年に公表された，当時の米・サステナビリティ会計基準委員会財団（Sustainability Accounting Standards Board Foundation）のボードメンバーであったRobert H. Herz氏らによる報告書（Robert et al. [2017]，以下，「2017年報告書」）を更新・拡大したものとされる（COSO [2023] p.6）。「2017年報告書」は，「ICIF-2013」が内部統制の目的カテゴリーを「財務報告」から「報告」に拡大した点にサステナビリティ関連財務情報が含まれるとして，当該情報の元となるサステナビリティ業績データ（sustainability performance data）の信頼性を向上させるために，「ICIF-2013」のフレームワークがどのように使用できるかについての見解を示している（Robert et al. [2017] pp.6-7）。そこではサステナビリティ関連財務情報について，市場のニーズは高まりつつあるが，組織内外のステークホルダーは従来の財務データと同程度の信頼を寄せておらず，情報の質に対するニーズが高まっていること（p.8, p.13），サステナビリティ課題が企業の戦略や業績に与える影響に着目されながら経理等の企業の中核的機能とは別に管理されており，内外への報告のために統合された内部統制が必要であること（p.14）などを背景にしている。「2017年報告書」は，サステナビリティ業績データに対する内部統制のデザインにあたっては財務報告に対する内部統制と同じアプローチに拠るべきであるとして，

120

このアプローチを「目標（objectives）の設定→リスクの特定と評価→統制活動の特定→有効性の評価」と整理した。併せて，サステナビリティ業績データの質の向上のため，効果的な内部統制の構築における重要なポイントとして，以下をまとめている（pp.46-47, 48-50）。これらは，その後の「COSOガイダンス」の中に織り込まれている。

・説明責任の文化の醸成
・部門横断的なチームの確立
・既存の専門知識の活用
・既存の統制の活用
・有効なテクノロジーとプラットフォームの活用
・重要性の重視
・早期に取組みを開始すること

2 「COSOガイダンス」の内容

　2023年3月の「COSOガイダンス」は，2013年にCOSOが公表した「ICIF-2013」の5つの構成要素（「統制環境」,「リスク評価」,「統制活動」,「情報とコミュニケーション」,「モニタリング活動」）と17の原則が事業体のサステナビリティ活動（sustainable business activities）とサステナビリティ関連財務情報（sustainable business information）にどのように適用されるかを説明している。

　「COSOガイダンス」は「2017年報告書」を更新・拡大したものとして（COSO［2023］p.6），従来型の財務報告とサステナビリティ関連財務情報との違いや，サステナビリティ関連財務情報を取り巻く課題を整理している。まず，従来型の財務報告とサステナビリティ関連財務情報との違いとして，報告対象の境界（boundary）を支配の概念で捉えるか影響の概念で捉えるか，定量的か定性的か，過去情報か将来情報かの点で異なるとしている。また，サステナビリティ関連財務情報を取り巻く課題としては，複数の基準の存在，規制への対応の迅速化，新しいデータの流れ（収集・要約・分析）の必要性，人材の確保と能力，未成熟な情報システムと構造化されていないデータ，報告プラットフォームやソフトウェアサービスの急増，第三者のデータへの依存，外部保証の要求を指摘している。これらを背景に，企業がデータ戦略（data strategy）とデータガバナ

第Ⅰ部　英米のコーポレートガバナンスの制度

ンス（data governance）を考慮する必要があることを強調している（pp.28-31）。「COSOガイダンス」においても，「2017年報告書」が課題としたサステナビリティ関連財務情報に係るデータに焦点を置いていることがわかる。

　「COSOガイダンス」は，サステナビリティ関連財務情報に関するデータの統制について説明している。具体的には，構成要素である「統制活動」の「原則11」において，サステナビリティ関連財務情報の収集，処理，レポート作成およびセキュリティに対する既存のITシステムの活用を示し（pp.72-73），構成要素である「情報とコミュニケーション」の「原則13」では，既存の財務，ITおよび内部監査のコンピテンスの活用やデジタルテクノロジー（データの集約・分析を行う視覚化ツール）の使用を示している（pp.82-85）。また，「COSOガイダンス」は，サステナビリティ報告の境界が従来の財務報告の境界よりも広がることを踏まえ，必要となる統制を説明している。例えば，GHG排出量のScope3には企業のバリューチェーン上の他社のGHG排出量が含まれ，連結財務諸表の対象範囲を超えるため，財務報告のようにしっかりした統制ではないプロセスを経てデータを収集する必要がある。これに対して，構成要素の「統制環境」の「原則３」では組織構造や報告経路の検討において関係先や投資先を含めて検討すること（pp.42-43），「リスク評価」の「原則７」では，関係先や投資先等からの情報の利用可能性や情報の質を考慮すること（pp.56-60），「統制活動」の「原則11」では統制活動に関する方針と手続の設定にあたり関係先等に対するコントロールを考慮すること等を掲げている（pp. 72-77）。このように「COSOガイダンス」は，財務報告に対する既存の統制やテクノロジーを利活用することや，財務報告に対するリスク評価や統制活動を拡大することを示しており，財務報告の作成プロセスを拡充してサステナビリティ関連財務情報の作成のプロセスを強化する指針を示しているといえる。

3　「ICIF-2013」との比較

　「COSOガイダンス」は，「ICIF-2013」の５つの構成要素と17の原則について，これまでの財務報告とサステナビリティ関連財務情報との違いを踏まえた調整を行いながら，「ICIF-2013」の適用の指針を示している。

　まず，全体的なアプローチについて，「COSOガイダンス」は，「ICIF-2013」

122

が示したエコシステムである「目標（objectives）の設定→リスクの特定と評価→統制活動の特定→有効性の評価」のフローをベースとしながら，そのフローの前提として「インテグリティと目的に対する組織的なコミットメント（organizational commitment to integrity and purpose）」を追加している（COSO［2023］p.11）。これに関連して，構成要素である「統制環境」では，米国のビジネスラウンドテーブル（Business Roundtable）が2019年に企業の目的（purpose）とは「全ての利害関係者の利益のために企業を導くことである」と再定義したことを紹介しながら，企業の目的を表明することは企業が具体的なサステナブル目標（sustainable business objectives）を設定するのに役立つとしている（pp.34-35）。目的とは，「COSOガイダンス」の中でミッション（mission）やバリュー（values）とともに言及さているが（p.50），これらはCOSOが公表したERMのフレームワークの前提として位置付けられているものであって（COSO［2004］p.35），内部統制のフレームワークの中では位置付けられていない。「COSOガイダンス」は，ERMの中で位置付けられている目的を取り上げ，サステナビリティ関連財務情報に対する「ICIF-2013」の適用では，企業の経営層が目的にコミットすることが重要であるとしている。

　「COSOガイダンス」は，「ICIF-2013」と同様に負の影響を意味するリスクの低減に焦点を当てながら，機会にも焦点を当てている。例えば，TCFDのようなサステナブルイニシアティブの適用はリスクを戦略的な機会に変える手段となること（p.12）や，サステナビリティ課題の評価が機会の識別につながることを示している（p.65, p.67）。また，企業の内部監査部門の役割については，国際内部監査人協会（The Institute of Internal Auditors）が2020年に公表した「3ラインモデル（Three lines model）」を参照して説明している（pp.39-40）。「3ラインモデル」は，2017年にCOSOが公表した「全社的リスクマネジメント」（COSO［2017］）の観点を採り入れ，リスクの顕在化防止や早期発見等に限らず，組織目標の達成やステークホルダーの期待に応えることを目的とする考え方に基づいている（町田［2023］67頁）。他方で「ICIF-2013」は，リスクの識別・評価のプロセスにおいて機会を識別・評価する場合はあるものの，これは内部統制の一環ではないとしていることや，「3つのディフェンスライン（Three lines of defense）」を示していたことから，もっぱらリスクに焦点を当てている。

第Ⅰ部　英米のコーポレートガバナンスの制度

「COSOガイダンス」は「ICIF-2013」とはスタンスが異なり，機会の識別や組織目標の達成に向けたポジティブな意味合いも有しており，リスクマネジメントの考え方を含むものであると考えられる。

　また，「COSOガイダンス」は，構成要素の「リスク評価」において，企業の目的，ミッションおよび社会的責任の目標を企業の戦略と結び付ける手段としてサステナブル目標を位置付け（COSO［2023］p.50），サステナブル目標の達成を阻害するリスクの識別・評価・対応を示している。「ICIF-2013」において目標（objectives）を設定し，当該目標の達成を阻害するリスクを識別・評価・対応する枠組みを示していたところ，「COSOガイダンス」はこの目標をサステナビリティに関する目標に置き換え，サステナビリティを企業の目的と戦略とをつなぐものとして位置付けている。つまり「COSOガイダンス」は，サステナビリティ課題への対応を企業経営の中で積極的に捉えることを示している。

　このほか，「COSOガイダンス」は，SECの「規則案」がGHG排出量に対する外部からの証明を求めていることを挙げて，サステナビリティ関連財務情報に対する外部保証を受けるために必要となる企業内部の統制を示している。具体的には，構成要素の「統制環境」において，監査委員会が報告プロセスの評価や外部監査人の選任を行うとともに，内部監査部門が，サステナビリティ事業のリスク管理や報告，関連規制への遵守について，独立した客観的な保証を提供する役割を担うとしている（p.39）。また，構成要素の「モニタリング活動」では，有効な内部監査部門はサステナビリティ関連財務情報の統制に関する保証を提供でき，外部の保証プロバイダーの作業を促進することができるとしている（p.74）。「情報とコミュニケーション」では，外部保証を念頭に，効果的な統制システムによって追跡可能な監査証跡を作成することを示している（p.83）。さらに，外部からの保証の前提には，会社内部の保証と信頼が存在している必要があることを明示している（p.105）。このように「COSOガイダンス」が，今後，外部保証が求められることに備える観点から指針を示していることは，「ICIF-2013」がすでに財務諸表に対する監査が行われていた状況の中で内部統制のフレームワークを示したこととは異なっている。

124

米国における気候関連情報の開示と内部統制の展開　**第4章**

V　気候関連情報の開示と内部統制

1　情報開示のための内部統制の拡充

　SECの「規則案」は，気候関連リスクに関するナラティブな説明と指標の開示を求めている。具体的には，前述（Ⅲ節，3項）の通り，気候関連リスクの影響や当該リスクへの対応について，気候関連指標を使うことで，財務情報と連携させながら開示することを求めている。また，GHG排出量についても，気候関連指標によって財務情報と連携させるとともに，外部からの証明も求めることで信頼性を確保しようとしている。「COSOガイダンス」は，企業がこれらの情報開示に対応できるよう「ICIF-2013」で示された構成要素と原則を拡充した指針を示しており，以下において対応関係を検討する。

　まず，「規則案」が求める情報開示により，企業において，気候関連リスクの識別や，識別した気候関連リスクの戦略などへの影響の分析，対応の検討が必要となることに対し，「COSOガイダンス」は，リスクの識別・評価・対応の枠組みと，これらの前提として，企業の目的や戦略と整合したサステナブル目標を設定することを示している。これにより，企業が自社の目的や戦略に合った気候関連リスクを識別・評価・対応することにつながると考えられる。

　次に，「規則案」が気候関連指標やGHG排出量という新しい指標の集計や分析を求めることに対して，「COSOガイダンス」は，既存の財務情報に対する統制やテクノロジーの活用により，サステナビリティ関連財務情報のデータ作成のプロセスを財務情報と同等に強化することや，サステナビリティ関連財務情報が従来の財務報告の境界とは異なることを踏まえた「統制環境」，「リスク評価」，「統制活動」のあり方を示している。

　さらに，「規則案」がGHG排出量のScope1およびScope2に外部の証明を求めることに対して，「COSOガイダンス」は，サステナビリティ関連財務情報に対する外部の証明を念頭に，監査委員会や内部監査部門の活用，効果的な統制システムによる追跡可能な監査証跡の作成を示している。

　このように「COSOガイダンス」は，「規則案」で求められている情報開示に対応できるよう，「ICIF-2013」で示された内部統制の枠組みを拡充させてい

125

第Ⅰ部 英米のコーポレートガバナンスの制度

る。これは，元来，不正防止のために導入された内部統制を，「COSOガイダンス」により，サステナビリティ関連財務情報の開示のための体制整備を図るものとして，その意義を拡大させているといえる。この体制整備とは，取締役会や経営層の下，ESGといったサステナビリティ事象について企業の目的や戦略と整合した目標を設定し，その目標達成を阻害するリスクの識別・評価・対応と情報開示を行う体制を整備することであり，企業経営にサステナビリティ事象への対応を取り込み，持続可能な経営に向かうためのものであると考えられる。

　また「COSOガイダンス」は，企業の目的に経営層や取締役会がコミットすることが重要であるとしたうえで，リスクの識別や評価が戦略的な機会の認識につながることや，サステナビリティ事象を「達成すべき目標」として取り込むというポジティブな面を有しており，内部統制を単にリスク低減のためのものとはみていない。むしろ「COSOガイダンス」は内部統制を，持続可能な企業経営へ向かうための体制整備を図るものとして，戦略遂行のためのリスクマネジメントの考え方を含むものとなっている[4]。ここで，「規則案」と「COSOガイダンス」を合わせて考えれば，米国の情報開示は，これまでリスクというマイナスの情報を特に重視していたものが，「規則案」により，気候関連に限り，戦略や機会といったプラスの情報の開示を含む枠組みへと変化しようとする中で，内部統制についても，リスクだけでなく戦略や機会も対象とするリスクマネジメントの考え方を含むものへと変化していると捉えることができる。

2　米国のコーポレートガバナンスの特徴

　SECの「規則案」は，気候関連情報を投資家の投資判断における重要な情報として位置付けて情報開示を求めている。「規則案」のように連邦証券法令によるアプローチは，従来は投資家一般にとって重要な情報として位置付けられてこなかったものについても，投資家の情報ニーズの変化を踏まえ，情報開示を拡大するものであるといえる。

---

[4]　他方で，「COSO ガイダンス」はリスクの低減や回避を目的とした「ICIF-2013」をベースとしているため，「COSO ガイダンス」を単独でリスクマネジメントの指針として利用するには課題があると考えられる（上利［2024］）。

しかし，単に法令で情報開示を義務付ければそれが実現すると考えられたのではなく，前述（**V**節，1項）の通り，企業が法令による情報開示に対応できるよう，内部統制の拡充が行われている。この拡充とは，サステナビリティ関連財務情報と従来の財務報告との違いを踏まえながら，従来の財務報告に対する統制を拡充するものであり，その中で，サステナビリティ事象への対応を企業経営に取り込み，マイナスだけでなくプラスの事象への対応も包含する意味で，リスクマネジメントの考え方を含むものに変化しようとしている。

米国では，前述（**II**節，2項）のMD&Aと内部統制やERMとの関係にもみられたように，情報開示の改革を背景に内部統制が展開しており，「規則案」による気候関連情報の開示についても，連邦証券法令による情報開示の義務化の動きがあり，この情報開示を可能とする企業の体制整備のために内部統制を拡充している。「規則案」が，内部統制の拡充が必要となるような情報開示を求めている点に照らすと，SECは，単に投資家に対する情報提供のためだけでなく，企業経営の改革も視野に入れており，持続可能な企業経営に向けてリスクマネジメントを強化する狙いがあったのではないかと考えられる。しかし，「規則案」では気候関連に関する機会の開示が任意である点からうかがえるように，SECの踏込みは十分ではないと考えられ，「COSOガイダンス」についても，そもそもベースとした「ICIF-2013」がマイナスのリスクに対応するための指針であることに照らすと，プラスを含むリスクマネジメントの枠組みとしては課題が残る。

米国ではこれまで，連邦会社法がない中で，連邦証券諸法上の制度が実質的な連邦会社法として機能してきたとされている（上村［2002］55-58頁）。上記のような課題はみられるが，気候関連情報の開示と内部統制の展開からも，連邦証券諸法上の開示制度が内部統制を介することで，実質的な連邦会社法の一部の役割を果たそうとしていることを示す1つの姿であると考えられる。

これに対して英国では，第1章で明らかになったように，会計，保証，ガバナンスを一体的に推進するコーポレートガバナンス改革を行ってきた経緯があり，さらに第2章と第3章で明らかになったように，現在も，一体的な取組みを進め，実効的なコーポレートガバナンスの実現を図ろうとしている。英国ではこのような取組みを，ハードローである会社法とソフトローであるコード（コ

第Ⅰ部　英米のコーポレートガバナンスの制度

ーポレートガバナンスコードとスチュワードシップコード）で行っている。米国と英国とは制度化に向けたアプローチが異なるものの，どちらも，サステナビリティ関連財務情報の開示と保証の議論を進めるために，内部統制とリスクマネジメントの強化によるガバナンスの拡充を行っており，両国ともこの拡充が有効であると考えているといえる。

Ⅵ　おわりに

　本章の目的は，米国における気候関連情報の開示と内部統制の展開を検討するために，「規則案」と「COSOガイダンス」を比較して特徴を検討した。その結果，「規則案」は，財務諸表注記による気候関連指標を介することで，気候関連リスクの影響やGHG排出量の情報を財務情報と連携しながら開示するものであり，「規則案」で求められる情報の収集・集約・分析や外部からの証明等への対応のために，「COSOガイダンス」が内部統制を拡充していることを明らかにした。この拡充において、米国では，従来は不正防止のために導入された内部統制を，サステナビリティ関連財務情報の開示を可能とする体制整備のためのものとして位置付けようとしていることを明らかにした。さらに、内部統制の拡充には，サステナビリティ課題への対応を企業経営に取り込み，リスクの低減だけではなく，戦略的な機会の識別や企業目標の達成に向けたポジティブな側面を含むこととなり，気候関連情報の導入をきっかけにして，内部統制がリスクマネジメントの考え方を含むものへと変化していることも明らかにした。

　MD&Aや気候関連情報の開示にみられるように，米国では，投資家からの情報ニーズを踏まえ，連邦証券法によって情報開示を義務化し，この情報開示を行うための体制を整備すべく，企業の内部統制の拡充を行っている。内部統制は，単に情報開示への対応だけではなく，企業のリスクマネジメントを向上させて，企業経営を持続可能なものに進めようとしている。気候関連情報の義務化の表面上の理由は，投資家に対して必要な情報を提供するためだとされているが，内部統制の拡充と合わせて考えれば，その真意として，企業経営を持続可能なものにしていきたいとするSECの狙いがあるように思われる。このよ

128

うな一連の動きは，内部統制の拡充を伴いながら法令による強制的な情報開示を進めるディスクロージャー改革であり，この背景として，米国では，資本市場に対する情報開示制度を司る連邦証券法が，今なお，会社法の役割の一部を果たそうとしていることが指摘できよう。

【参考文献】

上利悟史［2024］「米国におけるGHG排出量の開示と内部統制の課題」『プロフェッショナル会計学年報』第17号，39-54頁。

上村達男［2002］『会社法改革－公開株式会社法の構想』岩波書店。

尾崎安央［2002］「アメリカ連邦証券法規制におけるMD&A制度の生成－経営者による財務状況と経営成果に関する討議・分析情報の開示」『早稲田法学』第77巻第3号，19-53頁。

柿﨑環［2005］『内部統制の法的研究』日本評論社。

小西範幸編著［2013］『リスク情報の開示と保証のあり方－統合報告書の公表に向けて』（日本会計研究学会スタディ・グループ最終報告書）。

小西範幸［2018］「サステナビリティ会計とコーポレート・ガバナンス」『会計プロフェッション－八田進二教授退職記念号』第13号，195-214頁。

小西範幸［2022］「サステナビリティ情報開示の意義と課題－コーポレートディスクロージャーの確立に向けて」『青山アカウンティングレビュー』特別号（第11号），28-32頁。

関口智和［2022］「米国SECによる気候関連開示に関する規則（案）について」『週刊経営財務』第3554号，16-23頁。

八田進二編著［2007］『外部監査とコーポレート・ガバナンス』同文舘出版。

八田進二［2009］『会計プロフェッションと監査－会計・監査・ガバナンスの視点から』同文舘出版。

町田祥弘［2011］「内部統制監査の課題と展望」千代田邦夫・鳥羽至英編『体系 現代会計学［第7巻］企業監査と企業統治』中央経済社，370-420頁。

町田祥弘［2023］「内部統制報告制度の改訂について」『ディスクロージャー＆ＩＲ』第25巻，65-76頁。

山﨑秀彦［2014］「第2章 Form10-K等を使った『統合報告』の可能性－米国における統合報告の動向」小西範幸・神藤浩明編著「統合報告の制度と実務」『経済経営研究』（日本政策投資銀行 設備投資研究所）第35巻第1号，23-39頁。

TCFDコンソーシアム［2022］「気候関連財務情報開示に関するガイダンス3.0［TCFDガイダンス3.0］」。

American Institute of Certifies Public Accountants (AICPA), Special Committee on Financial Reporting [1994] *Improving business reporting-- a customer focus: meeting the information needs of investors and creditors: a comprehensive report*, AICPA.（八田進二・橋本尚共訳［2002］『アメリカ公認会計士協会・ジェンキンズ報告書 事業報告革命』白桃書房。）

Committee of Sponsoring Organizations of the Treadway Commission (COSO) [1992;

1994] *Internal Control: Integrated Framework.*（鳥羽至英・八田進二・高田敏文共訳 [1996]『内部統制の統合的枠組み – 理論編』白桃書房。）

Committee of Sponsoring Organizations of the Treadway Commission（COSO）[2004] *Enterprise Risk Management: Integrated Framework.*（八田進二監訳 [2006]『全社的リスクマネジメント　フレームワーク篇』東洋経済新報社。）

Committee of Sponsoring Organizations of the Treadway Commission（COSO）[2013] *Internal Control: Integrated Framework.*（八田進二・箱田順哉監訳 [2014]『内部統制の統合的フレームワーク』日本公認会計士協会出版局。）

Committee of Sponsoring Organizations of the Treadway Commission（COSO）[2017] *Enterprise Risk Management: Integrating with Strategy and Performance.*（一般社団法人日本内部監査協会・八田進二・橋本尚・堀江正之・神林比洋雄監訳 [2018]『COSO全社的リスクマネジメント – 戦略およびパフォーマンスとの統合』,同文舘出版。）

Committee of Sponsoring Organizations of the Treadway Commission（COSO）[2023] Supplemental Guidance, *Achieving Effective Internal Control over Sustainability Reporting: Building Trust and Confidence through the COSO Internal Control-Integrated Framework,* COSO.（八田進二・橋本尚監訳，堺咲子訳 [2023]『サステナビリティ報告に係る有効な内部統制（ICSR）の実現 – COSOの内部統制の統合的フレームワークによる信頼と自信の確立』一般社団法人日本内部監査協会・公益財団法人日本内部監査研究所。）

Robert, H. H., J. M. Brad and C. T. Jeffrey [2017] *Leveraging the COSO Internal Control: Integrated Framework to Improve Confidence in Sustainability Performance Data.*

Securities and Exchange Commission（SEC）[2003] Release Nos. 33-8350; 34-48960; FR-72, *Interpretation: Commission Guidance Regarding Management's Discussion and Analysis of Financial Condition and Results of Operations.*

Securities and Exchange Commission（SEC）[2010] Release Nos. 33-9106; 34-61469; FR-82, *Commission Guidance Regarding Disclosure Related to Climate Change.*

Securities and Exchange Commission（SEC）[2016] Release No. 33-10064; 34-77599; File No. S7-06-16, BUSINESS AND FINANCIAL DISCLOSURE REQUIRED BY REGULATION S-K, *Concept release.*

Securities and Exchange Commission（SEC）[2022] Release Nos. 33-11042; 34-94478; File No. S7-10-22, Proposed rule, *The Enhancement and Standardization of Climate-Related Disclosures for Investors.*

Task Force on Climate-related Financial Disclosures（TCFD）[2017] *Recommendations of the Task Force on Climate-related Financial Disclosures.*

Task Force on Climate-related Financial Disclosures（TCFD）[2021] *Implementation guidance, Annex: Implementing the Recommendations of the Task Force on Climate-related Financial Disclosures（October 2021）.*

（上利 悟史）

第 II 部

サステナビリティ情報の
保証の理論

第 5 章

Credibility概念からの
監査・保証の検討

I　はじめに

　アメリカ会計学会（AAA）は，1973年に『基礎的監査概念』（ASOBAC）を公表して，監査の本質は証拠の客観的な収集および評価という調査プロセスであり，それは命題のCredibility（信憑性）の水準を検証するプロセスであると説明している（AAA［1973］p.2, p.19）。つまり，監査はCredibilityの水準を検証する調査プロセスであると解しているのである。

　国際監査・保証業務基準審議会（IAASB）は，2013年に公表した『国際保証業務フレームワーク』（IFAE）で，保証業務は情報利用者の情報に対するConfidenceの水準を高めるものであると説明している（IAASB［2013a］par.10）。その翌年に公表した『監査品質に関するフレームワーク』では，財務諸表監査の主要なアウトプットは，情報利用者に財務諸表のReliability（信頼性）に対するConfidence（確信）を与える意見の表明であると説明している（IAASB［2014］par.20）。

　サステナビリティ情報の保証を図る試みとしては，『拡張する外部報告（EER）の保証業務にISAE3000を適用するための強制力のない指針』とこの指針に対する『支援資料』として「EER報告に関するCredibility-Trustモデル」（CTモデル）が2021年に公表されている。CTモデルでは，情報利用者がTrust（信用）を抱くために必要な情報のCredibilityを高める主要な要因を説明している。

　本章では，Credibilityの概念に着目して，サステナビリティ情報の開示を可能にする保証の考え方について，情報利用者と保証実施者に情報作成者を加えた三者の視点から考察する。そのために，まず，ASOBACにおけるCredibility概念の整理を通して，情報のCredibilityには水準があり，情報利用者によってその水準が評価・決定に至ることを明らかにする。次に，ASOBACの監査お

133

第Ⅱ部　サステナビリティ情報の保証の理論

よび証明とIFAEの保証業務の枠組みの比較を通して，保証実施者の視点からの検討を加える。最後に，CTモデルにおけるCredibility概念を通して，情報作成者の視点からの検討を加えていくことにしたい[1]。

Ⅱ　ASOBACにおけるCredibilityの水準

本節では，ASOBACにおける監査（auditing）の定義を確認することを通して，Credibilityの概念を整理し，そして監査の必要性と本質を理解することで，Credibilityには水準があり，これを判断するのは情報利用者であることを明らかにする。

1　ASOBACの位置付け

本章においてASOBACを取り上げる理由は，ASOBACでは監査を情報のCredibilityの水準を検証する調査プロセスであるとしていることにある。AAAは，監査の分野について十分な理解が行われていないとの認識から，1969年に基礎的監査概念委員会を創設し，1972年に当該委員会報告書を公表した。AAAは，この報告書には一般性が認められることから，1973年に*Studies in Accounting Research ＃ 6*としてASOBACを刊行している。

ASOBACでは，基礎的監査概念委員会の任務として下記が列挙されている（AAA［1973］p.1）。同委員会は，これらの任務に基づき，ASOBACを通して監査理論の発展に寄与することを目的としている（p.v）。

　・社会における監査の役割を定義すること
　・監査可能な主題の特性を識別すること
　・監査機能を計画し，実施し，遂行する際の指針となる目的と規準を確立すること
　・監査証拠の収集・評価に関する理論的基礎と方法論を探求すること
　・監査を実施し，かつ，監査の社会的役割を遂行するのに不可欠な監査の技

1）　IAASB は，サステナビリティ報告の保証に関する新しい国際基準（ISSA5000）について，2023 年 8 月 2 日に公開草案を公表して同年 12 月 1 日まで市中協議を実施しており，2024 年 9 月に最終化する予定である。

能と条件を識別すること

・この研究結果を監査プロセスという1つの構図の中で統合すること

・監査の領域において真摯な研究が必要とされる研究課題を提示すること

2　監査の定義とCredibilityの概念

(1) 監査の定義と本質

ASOBACでは監査は，経済活動または経済事象に関するアサーションについて，そのアサーションと確立された規準との一致の程度を確かめるために，証拠を客観的に収集および評価し，その結果を利害関係者に伝達する体系的プロセスであると定義している（p.2）。ASOBACでは，この定義は意図的にかなり広義なものとしていると述べ，監査が調査プロセスであるという基本的な考え方を表現するとともに，様々な実施目的と主題を包括するような定義であるとしている。そのため，ASOBACにおいて使用される監査という用語は，説明的な用語で修飾され，例えば，財務諸表監査，システム監査，経営監査，業務監査，コンプライアンス監査で表現されることになる（p.2）。

ここで重要な点は，ASOBACでは，監査の本質は証拠の客観的な収集および評価という調査プロセスであるとしていることである。そして，監査の本質を示す調査プロセスは，学術的探求における調査プロセスに匹敵し，科学的方法論に基づき命題のCredibilityの水準を検証するプロセスであるとしている（p.19）。つまり，ASOBACにおける監査は，その命題である情報にはCredibilityの水準があることを前提とし，そのCredibilityの水準を検証する調査プロセスであるために，財務諸表監査以外の様々な目的の監査を含み得るものとなっている。

(2) 監査の必要性とCredibilityの水準

ASOBACでは，情報利用者が自己の意思決定に当該情報を利用するにあたって，2つの判断を行う必要があるとしている。1つは，自己の意思決定に関連した知識を得るために情報の内容を解釈することであり，もう1つは，情報の質を評価することである。情報の質の評価の必要性は，情報利用者と情報作成者の間に利害対立があり，かつ情報利用者にとってその意思決定に重要性が

第Ⅱ部　サステナビリティ情報の保証の理論

ある場合に生じる。さらに，その情報に，情報利用者では理解が困難である複雑性ならびに地理的あるいは法的な理由等によって情報利用者自身では情報源の入手が困難であるという遠隔性が存在する場合，独立した外部専門家による監査が必要になるとしている（pp.9-11）。このことから，情報利用者にとって，情報の質を評価する必要性がある場合に監査が必要となり，このときに監査は，情報利用者の行う情報の質の評価を支援する役割を担うことになるのである。

　ASOBACでは，監査の本質である調査プロセスは学術的な探求における調査プロセスに匹敵するとして，当該調査プロセスは命題のCredibilityの水準を立証するプロセスであるという（p.19）。このことから，情報利用者による情報の質の評価を支援する監査の本質は情報のCredibilityを立証するための調査プロセスであり，そして，情報の質の評価は情報利用者が自ら行う判断であることから，情報のCredibilityの水準は監査を介して情報利用者が自ら決定するものであると解することができる。

3　情報利用者の観点からのCredibilityの検討

　前項で検討したように，ASOBACにおける監査の本質を示している調査プロセスは，調査対象である命題が真であるかどうかに関するCredibilityの水準を検証することを目的として，保証実施者[2]が命題が真であるかどうかの心証を得ることであり，この心証について当該調査の結果として情報利用者に伝達することが保証実施者の役割である（p.19）。

　つまり，監査は，保証実施者の得たCredibilityの水準に関する心証を結論として情報利用者に伝達することによって情報利用者が自ら行うべきCredibilityの水準に関する判断を支援するものである。情報利用者の視点からみれば，監査による支援を受けながら，最終的には情報利用者が自らがCredibilityの水準に関する評価・決定を行うものということができる。

---

2)　保証実施者は，ASOBAC においては監査人と呼称され，IFAE においては業務実施者と呼称されている。本章では，これらを包摂した呼称として保証実施者を使用する。

Ⅲ ASOBACの監査とIFAEの保証業務

　本節では，ASOBACの監査および証明（attestation）とIFAEの保証業務の枠組みの比較を通して，保証実施者の視点から，ASOBACの監査および証明とIFAEの合理的保証業務および限定的保証業務との関係を検討してみる。そうすることで，保証実施者の視点からのCredibility概念の考察に役立てたい。

1　ASOBACの監査と証明

　ASOBACでは，監査に加えて証明について次のように定義している。それは，証明は監査に含まれるものとして位置付けたうえで，独立した適切な能力を持つ権限のある者が説得力のある証拠に基づいて，事業体から伝達された会計情報がすべての重要な点において，規準とどの程度一致しているかに関する判断や意見を表明することである（AAA［1973］p.6）。監査と証明を実施主体，基礎にある主題，実施目的，方法について比較すると図表5-1になる。

　実施主体について検討してみると，監査の実施主体は明記されていない。それに対して，証明は，独立した適切な能力を持つ権威ある者が実施するとして，資格のある個人またはグループによって監査が実施された場合に使用される用語であるとしている（p.6）。これは，証明の実施主体は公認会計士等を念頭に置いているといえ，一方，監査は公認会計士等には限定されない様々な主題に関わる専門家を想定していると考えられる。

図表5-1　ASOBACにおける監査と証明の比較

	監査	証明
実施主体	－	独立した適切な能力を持つ権威ある者
対　　象	経済活動および経済事象に関するアサーション	事業体（個人，事務所，政府機関）が伝達した会計情報
目　　的	利害関係者にそのアサーションと確立された規準との一致の程度を検証した結果を伝達すること	会計情報がすべての重要な点において，確立された規準とどの程度一致しているかに関する意見を表明すること
方　　法	客観的な証拠を入手および評価する	説得力ある証拠に基づいて行う

出所：筆者作成。

第Ⅱ部　サステナビリティ情報の保証の理論

　対象について検討してみると，監査は経済活動および経済事象に関するアサーションを対象としていて，一方，証明はその対象が会計情報である（p.6）。会計情報は，会計システムおよび会計処理を適用して測定または評価された情報であり，また過去情報の側面を持つことから（p.4），ASOBACにおける証明は，IAASBの財務諸表監査に相当すると解することができる。

　このように，監査と証明の違いは，実施主体についてはいずれも職業的専門家を想定しながらも，証明に関しては公認会計士等を前提としていること，また会計情報に限定している点にある。

　ASOBACは『基礎的会計理論』（ASOBAT）における会計の定義を前提に検討している。ASOBATでは会計は情報利用者が十分な情報に基づいた判断や意思決定ができるように経済情報を識別，測定し，伝達するプロセスであると定義しているので（p.1），ASOBACでの会計情報とはこの経済情報に該当すると推測ができる。

　以上の検討から，ASOBACにおける証明は，対象とする会計情報は過去財務情報に相当し，かつ実施主体が公認会計士等であるという点からすると，IAASBのいうところの財務諸表監査に相当するものと解される。一方，ASOBACにおける監査は，その定義にあるように，アサーションについて確立された規準との一致の程度を確認する調査プロセスであり，確立された該当する各種の規準が前提になっているため，例えばサステナビリティ関連財務情報の監査にはIFRS S1とIFRS S2が不可欠となる。

2　IFAEにおける合理的保証業務と限定的保証業務

　保証業務に関するフレームワークであるIFAEでは，保証業務は，業務実施者が規準に照らして行った基礎にある主題の測定または評価の結果（主題情報）に対して，責任当事者以外の想定利用者のConfidence（確信）の水準を高めるように策定された結論を表明するために，十分かつ適切な証拠の入手を目指す業務であると定義している（par.10）。

　このときのConfidenceが何を意味するかについては，2014年にIAASBが公表した『監査品質に関するフレームワーク』において，「財務諸表監査の主要なアウトプットは，情報利用者に財務諸表のReliability（信頼性）に対するConfi-

138

denceを与える意見の表明である」としており（par.20），この記述から，財務諸表監査においては，情報の特性であるReliabilityを検証するものであるとともに，Reliabilityに対して情報利用者が抱くConfidenceの水準を高めることが目的であることが理解できる。

　このIFAEにおける保証業務には，2つの分類がある。1つ目の分類は，情報作成者と保証実施者との関係を軸に，情報作成者自体が保証実施者となる直接業務と，それとは別に保証実施者が存在する証明業務の分類である（pars.12，13）。2つ目の分類は，意見を表明するにあたり受入れ可能な保証業務リスクの低さを意味する保証水準の違いにより，保証水準が高い[3]合理的保証業務と合理的保証業務を下回る程度までの様々な保証水準がある限定的保証業務の分類である（pars.14-16）。限定的保証業務における保証水準は，上限は合理的保証業務を下回る保証水準であるが，下限は保証業務を実施することによって取るに足らない程度以上に高めると判断される水準（有意な保証水準）である。この保証水準の違いに注目し整理したのが図表5-2である。

図表5-2　IFAEにおける合理的保証業務と限定的保証業務の比較

	合理的保証業務 (reasonable assurance engagement)	限定的保証業務 (limited assurance engagement)
保証水準	限定的保証業務を上回る保証水準	有意な保証水準から合理的保証業務を下回る保証水準までの様々な水準
結論表明形式	規準を適用した基礎にある主題の測定または評価の結果に対する業務実施者の意見を伝達する形式	実施した手続および入手した証拠に基づいて，主題情報に重要な虚偽表示があると業務実施者に信じさせる事項が認められたかどうかを伝達する形式
実施される手続の種類，時期および範囲	業務実施者が職業的専門家としての懐疑心をもって職業的専門家としての判断を行使して必要と認めた手続	合理的保証業務で必要な手続と比較して限定的

出所：筆者作成。

---

3)　保証水準は保証業務リスクと補数の関係にあるので，保証水準が高い場合は保証業務リスクは低いこととなる。なお，保証業務リスクとは，主題情報に重要な虚偽表示が存在する場合に，保証実施者が不適切な結論を表明するリスクのことである（IAASB [2013a] par.72）。

139

第Ⅱ部　サステナビリティ情報の保証の理論

　合理的保証業務と限定的保証業務を合わせて保証業務を定義しているIFAE
においては，保証業務は情報利用者[4]のConfidenceの水準を高めることを目的
としている。財務諸表監査は合理的保証業務に分類できることを踏まえると，
合理的保証業務とは，主題情報の持つReliabilityに対する情報利用者が抱く
Confidenceを支援する業務であると考えられる。

3　保証実施者の観点からのCredibilityの検討

　ここでは，Credibilityの水準を検証することを目的としているASOBACで
の監査とIFAEにおける保証業務を比較することで，CredibilityによってIFAE
の保証業務を説明することが可能となることを明らかにしたい。両者を比較し
たものが図表5-3である。

　IFAEは，公認会計士の国際的団体である国際会計士連盟（IFAC）の機関で
あるIAASBが作成し公表している。IFAEは，財務諸表監査も含んだ保証業務
に関する定義を示しているが，ここで定義される保証実施者[5]は，IFAEの作
成主体が公認会計士の団体であることに照らせば，財務諸表監査以外の保証業
務においても公認会計士が保証実施者となることを前提としていると考えられ

図表5-3　ASOBACの監査とIFAEの保証業務の比較

	ASOBAC	IFAE
	監査 (auditing)	保証業務 (assurance engagements)
主　体	－	業務実施者
主　題	経済活動および経済事象に関するアサーション	基礎にある主題の測定または評価の結果
目　的	利害関係者にそのアサーションと確立された規準との一致の程度を検証した結果を伝達する	想定利用者のconfidenceの程度を高めるように策定された結論を表明する
方　法	証拠を客観的に入手および評価	十分かつ適切な証拠を入手する

出所：筆者作成。

---

4)　IFAEの保証業務の定義では，"the intended users（想定利用者）"としているが，本章では情
　報利用者で統一している。

5)　IFAEにおける保証業務実施者は，一般的には業務実施者と訳されている。

140

る。なお，IFAEでは，保証実施者は職業倫理規程[6]および品質管理基準[7]に従って保証業務を実施することが規定されている（pars.5-9）。一方で，ASOBACにおける監査は，その定義の中では保証実施者を明示しておらず，業務監査やシステム監査等も含んだかなり広い範囲の監査を意味していることから，ASOBACでは監査における保証実施者が公認会計士等であることに限定していないと解される。

ASOBACでの監査は，監査の対象となる情報と確立された開示基準との一致の程度を検証するプロセスであり，一方，IFAEでの保証業務では，主題情報とその測定または評価のための適切な基準との一致を検証するプロセスである。つまり，監査および保証業務では，適合する開示基準が存在し，情報はこれに準拠して作成されているという規準準拠性が前提となる。保証実施者が公認会計士等となる点において，また会計情報に限定されることからASOBACでの証明はIFAEでの保証業務に相当すると考えられる。このことは，ASOBACのCredibilityの水準によって，IFAEの保証業務を説明することが可能になることを示唆している。

IFAEの保証業務の対象範囲には，財務諸表監査に関する過去財務情報に対しての合理的保証業務ばかりでなく，GHG排出量の情報や内部統制報告書など過去財務情報以外の主題情報を対象とした保証業務も存在する。この場合，実施主体がASOBACのいうところの「独立した適切な能力を持つ権威ある者」に該当するならば，合理的保証業務よりも実施する手続が限定される限定的保証業務についても，会計情報である限りにおいてASOBACの証明に適応すると考えられる。

Ⅳ　CTモデルにおけるCredibility

本節では，2021年に公表されている「拡張する外部報告（EER）の保証業務にISAE3000を適用するための強制力のない指針」（「EER保証業務指針」）に対する『支援資料』で取り扱われているCTモデルにおけるCredibilityの考え方

---

6)　国際会計士倫理基準審議会（IESBA）の策定する倫理規程。

7)　IAASBの規定する国際品質管理基準（ISQC）。

第Ⅱ部　サステナビリティ情報の保証の理論

とこれを高める主要要因の検討をもって，情報作成者の視点からのCredibility概念の考察に役立てたい。

1　CTモデルの位置付けと特徴

　統合報告書に代表されるサステナビリティ情報を含んだ報告書に対する保証への要望が高まる中，IAASBは2021年に「EER保証業務指針」を公表している。この指針は，2003年に公表されている『国際保証業務基準3000（改訂版）「過去財務情報の監査およびレビュー以外の保証業務」』（ISAE3000）をEER保証業務に適用するための考慮事項を示した強制力のない指針である。

　「EER保証業務指針」の開発は，2016年にIAASBが「多様化する外部報告に対するCredibilityとTrustの支援　－保証業務に対する10の重要課題－」を公表したことから始まる。ここでは，新たな保証モデルの開発の必要性にも触れていて，CTモデルに基づき10の重要課題を抽出し，これに対する考慮事項を説明している。これに対しての多数の意見を検討した2018年の「討議資料」では，すでに実務で利用されていたISAE3000をEER保証業務に適用するための考慮事項を示して「EER保証業務指針」に受け継がれた。以下では，「EER保証業務指針」を支援するための1つの考え方を示すCTモデルを取り上げてみることにする。

2　Credibilityを高める主要な要因

　CTモデルでは，Credibilityは情報利用者の心の中に情報をTrustする気持ちを生み出す情報の特性であると定義している（par.3）。そして，情報利用者がTrustを抱く情報が持つCredibilityを高める主要要因を説明している（図表5-4）。

　CTモデルでは，情報のCredibilityを高める主要要因には4つあるとしている。それは，第1に適切なEERの枠組み，第2に報告に対する強固なガバナンス，第3に広範な情報との整合性，および第4に外部専門家サービスとその報告書であり，公認会計士等による保証業務は，外部専門家サービスの中の1つとしている（pars.4，20，28）。

　これらの要因がどのように情報のCredibilityを高めるかについて，CTモデルでは次のように説明している（par.6）。情報作成者が適切なEERの枠組を有

Credibility 概念からの監査・保証の検討　第5章

図表5-4　CredibilityおよびTrustの概要

出所：IAASB［2021b］par.6.

効な内部統制制度下において適用することで，また当該情報に関しての専門家サービスを用いるなどして情報を作成することで，ガバナンス責任者や内部監査人などの内部の情報利用者が当該情報にTrustを抱くことができるようになる。さらに，その情報の開示に透明性を持たすことで外部の情報利用者がCredibilityを認識してTrustを抱くようになる。そのためには，開示された情報はその他の幅広い情報と論理的に整合していること，および公認会計士等に

143

第Ⅱ部 サステナビリティ情報の保証の理論

よる保証業務やその他の専門家サービスによる報告書が利用されることによって始めて外部の情報利用者のTrustが高まるとしている。

3 情報作成者の視点からのCredibilityの検討

CTモデルは，情報のCredibilityの水準を高める主要要因を説明したものである。そして，主要要因がどのように作用して情報のCredibilityが高まるかについて説明している（par.6）。このとき，企業において情報作成の最終責任者である経営者は，受託責任を果たすうえで情報のCredibilityに関心を持っており，情報のCredibilityを高める必要性を認識している。情報の作成プロセスに強固なガバナンスを持たせて適合する規準を適用するのは情報作成者なので（pars.7, 15），情報作成者たる経営者が情報のCredibilityを高める主体であるといえる。また企業に関する広範な情報と整合的であることと外部専門家サービスによる報告書の利用は情報のCredibilityを高めるための主要要因であるので（pars.26, 28），CTモデルでは情報のCredibilityを高める主体を情報作成者と解していることが理解できる。

CTモデルにおいてCredibilityを高めるには，図表5-3を大きく2つに分けて，適切な報告の枠組みや適合する規準を強固なガバナンスに基づいて適用して作成する第1段階と，広範な内外の情報との整合性の確保と外部専門家サービスによる報告書を公表する第2段階に分けることができる。第1段階では主に情報の内部利用者が情報のCredibilityに対してTrustを抱いていることに透明性を持たす報告を行うことで情報利用者もTrustを抱くようになる。第2段階では，情報の外部利用者のTrustを更に高めるために外部専門家サービスの利用が考えられる。IFAEの保証業務を例にした場合，このサービスは情報利用者がConfidenceを得ることを目的としていることから，第2段階は保証業務を介した情報利用者の情報のCredibilityに対するTrustを高めてConfidenceを得る段階と考えることができる。

Ⅴ おわりに

ASOBACでは，情報のCredibility（信憑性）には水準があるとして，監査の

本質は科学的方法論によっての情報のCredibilityの水準を検証する調査プロセスであると説明している。そして，情報利用者はその情報の内容が自らの要望に合致しているかの判断と情報の質の評価を行わなければならないとする。このことは，情報のCredibilityの水準は，当該調査プロセスを介して情報利用者自らによって決定されることを意味している。

ASOBACにおいては，情報のCredibilityの水準に関わる客観的な証拠の収集および評価を行うことから監査に関わる業務がはじまり，当該業務の実施者に適格性があり，かつ権威のある独立した第三者であるという水準において，ASOBACのいう会計情報に対しての証明に至る。この証明は，IFAEの保証業務における合理的保証業務あるいは限定的保証業務に相当すると考えられる。

情報のCredibilityの水準について情報作成者の観点から説明しているCTモデルでは，まず，外部専門家サービスの利用をもって，また適切なERMの枠組みを適用していることをもってガバナンス責任者や内部監査人などの内部利用者が情報のCredibilityの水準を認識できるとする。次に，その水準の情報に対して情報利用者がConfidence（確信）を抱くようにするために，公認会計士等による保証業務の結果に関する報告書やガバナンス責任者からの情報の整合性の表明などを行った報告書の公表が必要になるとしている。

ここに情報のCredibilityの水準の評価を介した，情報作成者および保証実施者と情報利用者との関係性が明らかとなって，とくにガバナンスと保証が連携性を持つことでサステナビリティ情報の開示が可能となりうることを結論として得た。

【参考文献】

石田三郎［1976］「監査の役割」『企業会計』第28巻第2号，183-186頁。

今田正［1979］「ASOBAC監査理論の構造と性質」『経営と経済』第58巻第2-3号，73-103頁。

小西範幸［2011］「統合報告における『統合』の考え方」『国際会計研究学会年報（2011年度）』第2号，5-15頁。

小西範幸編著［2013］『リスク情報の開示と保証のあり方－統合報告書の公表に向けて』（日本会計研究学会スタディ・グループ最終報告書）。

小西範幸［2015］「サステナビリティ・リスク情報の統合開示」『国際会計研究学会年報（2015年度）』第1号，25-40頁。

小西範幸［2018］「サステナビリティ会計とコーポレート・ガバナンス」『会計プロフェッシ

ョン－八田進二教授退職記念号』第13号，195-214頁。

小西範幸［2019］「統合報告と保証業務の課題・拡充」『現代監査』第29号，12-21頁。

島信夫［2010］「『監査基準の純化プロセス』におけるリスク・アプローチの考察」『現代監査』第20号，89-98頁。

高田正淳・酒井叡二［1976］「調査過程における合理的論証」『企業会計』第28巻第2号，200-204頁。

高田正淳［1976］「監査一般理論としてのASOBAC」『企業会計』第28巻第2号，178-182頁。

友杉芳正・田中弘・佐藤倫正編著［2008］『財務情報の信頼性－会計と監査の挑戦』税務経理協会。

八田進二［2009］『会計プロフェッションと監査－会計・監査ガバナンスの視点から』同文舘出版。

林隆敏編著［2021］『財務諸表監査の基礎概念に関する研究』（日本会計研究学会スタディグループ最終報告）。

町田祥弘編著［2019］『監査の品質に関する研究』（日本監査研究学会リサーチ・シリーズⅩⅦ）同文舘出版。

松本祥尚編著［2019］『監査・証明業務の多様性に関する研究』日本公認会計士協会出版局。

山﨑秀彦編著［2010］『財務諸表外情報の開示と保証－ナラティブ・リポーティングの保証』（日本監査研究学会リサーチ・シリーズⅧ）同文舘出版。

山﨑秀彦［2012］「統合報告に対する信頼性付与の可能性」『国際会計研究学会年報（2011年度）』第2号，31-44頁。

American Accounting Association（AAA）. Committee to Prepare a Statement of Basic Accounting Theory［1966］*A Statement of Basic Accounting Theory.*（飯野利夫訳［1969］『アメリカ会計学会 基礎的会計理論』国元書房。）

AAA. Committee on Basic Auditing Concepts［1973］*A Statement of Basic Auditing Concepts.*（鳥羽至英訳，青木茂男監訳［1982］『アメリカ会計学会 基礎的監査概念』国元書房。）

American Institute of Certified Public Accountants（AICPA）［1994］*Improving Business Reporting－A Customer Focus, Comprehensive Report of the Special Committee on Financial Reporting.*（八田進二・橋本尚共訳［2002］『アメリカ公認会計士協会 ジェンキンズ報告書 事業報告革命』白桃書房。）

International Auditing and Assurance Standards Board（IAASB）［2013a］*International Framework for Assurance Engagements.*（日本公認会計士協会国際委員会訳［2015］『保証業務の国際的フレームワーク』日本公認会計士協会。）

IAASB［2013b］Assurance Engagements Other than Audits or Reviews of Historical Financial Information, *International Standards on Assurance Engagements（ISAE）3000（Revised）*（日本公認会計士協会国際委員会訳［2015］『国際保証業務基準 第3000号 過去財務情報の監査又はレビュー以外の保証業務』日本公認会計士協会。）

IAASB［2014］*A Framework for Audit Quality: Key Elements That Create An Environment for Audit Quality.*

IAASB［2016］*Supporting Credibility and Trust in Emerging Form of External Reporting.*

Ten Key Challenges for Assurance Engagements.

IAASB [2018] *IAASB Project Proposal: Guidance on Key Challenges in Assurance Engagements Over Emerging Forms of External Reporting (EER).*

IAASB [2019] *IAASB Consultation Paper: Extended External Reporting (EER) Assurance.*

IAASB [2021a] *Non-Authoritative Guidance on Applying ISAE3000 (Revised) to Extended External Reporting (EER) Assurance Engagements.*

IAASB [2021b] Credibility and Trust model Relating to Extended External Reporting (EER), *Non-Authoritative Supporting Material.*

IAASB [2023] Proposed International Standard on Sustainability Assurance 5000, General Requirements for Sustainability Assurance Engagements and Proposed Conforming and Consequential Amendments to Other IAASB Standards, *Exposure Draft.*

（小西 範幸，須藤 修司）

第 **6** 章

サステナビリティ情報と
保証の考え方

I　はじめに

　本章では，財務情報と一体となってサステナビリティ情報の開示が行われることによって，監査や保証はどのように変化するのかという点を中心にして，サステナビリティ情報の保証の問題を考えていくこととする。

　なお，以下では，財務諸表情報に対しては監査という用語を用い，サステナビリティ情報に対しては保証または「保証」という用語を用いることとする。

II　サステナビリティ情報の保証類型

　サステナビリティ情報の保証を分類する場合，いくつかの視点が考えられる。例えば，（1）業務実施主体による分類，（2）情報の範囲と保証の範囲の組み合わせによる分類等が考えられる。

1　業務実施主体による分類

　サステナビリティ情報に対しては，現在，業務実施者の違いによって，次の3つの保証が考えられ，必ずしも制度によって強制されない形で実施されている。すなわち，1）取締役（会）による「保証」，2）ガバナンスに責任を負うものによる「保証」，および3）独立保証人による保証である。なお，ここでいう保証には，公表されるサステナビリティ情報に対して「何らかの信憑性を付与する」ものも含めることとし，これを従来の保証と区別するためにカギカッコを付して「保証」と表記することにする。

　こうした「保証」は，情報提供者（被保証会社）の内部で行われているもの

149

であり，情報作成者（業務執行者）からの「独立性」（特に，業務実施者に対する
情報利用者のイメージである「外観的独立性」）が侵害される可能性があること，
また，業務実施にあたって，特に資格等が求められていないため，業務実施者
による業務「品質」にバラツキが大きいことなども指摘されている。しかしな
がら，近年，わが国においても，上場企業等の取締役会における「監督」機能
と「（業務）執行」機能の分離やコーポレート・ガバナンスの充実・強化も進展
しており，サステナビリティ情報の保証として，こうした「保証」の問題も取
り上げる必要があると考えられる。

　なお，序章の図表序-5　Credibility シリンダーを使って，こうした「保証」
の必要性を説明すると次のようになる。

　サステナビリティ情報は，財務諸表情報と比べて，情報の特性上，情報の
Credibilityを情報利用者がConfidenceを抱く水準（Confidence水準）まで高める
ことが難しい。その意味で，後述する①取締役（会）による「保証」や②ガバ
ナンスに責任を負うものによる「保証」の重要性が高まる。また，Confidence
水準までCredibilityが高められたとしても（外部専門家による保証サービスを受
ける前提条件が整ったとしても），そうした情報は，情報利用者からReliabilityの
ある情報として信頼される水準まで，そのCredibilityを高めることも難しい。
換言すれば，サステナビリティ情報は，業務実施者によって「合理的保証」を
行うことが難しく，被保証会社の内部統制等のプロセスの検証等を重視した形
で「限定的保証」を行うことがまずは考えられる。そうした場合，業務実施者
は，取締役（会）による「保証」やガバナンスに責任を負うものによる「保証」
と連携した形で，そうした限定的保証を実施することが想定されるのである。

（1）取締役（会）による「保証」

　『英国ガバナンスコード』では，「取締役は，年次報告書において，年次報告
書等の作成に関する責任を説明し，年次報告書等が全体として公正でバランス
がとれ，わかりやすいものであることを示さなければならない（後略）」とさ
れている。これは，取締役が，年次報告書等という情報に対して，「全体とし
て公正でバランスがとれ，わかりやすいものである」という「意見」を表明し
ていると考えることもでき，その意味では，年次報告書等に対して「保証」を

与えていると解することもできるであろう。詳しくは，第2章を参照されたい。

（2）ガバナンスに責任を負うものによる「保証」

　『改訂国際統合報告フレームワーク』では，「統合報告書がどの程度国際統合フレームワークに従って表示されているかについてのガバナンスに責任を負うものの意見または結論」の表明が重要であるとされており，こうした意見または結論は，統合報告書に対して何らかの信憑性を付与する「保証」であると解することができるであろう。詳しくは，第10章を参照されたい。

（3）独立保証人による保証

　本章では，以下において，主に独立保証人によるサステナビリティ情報の保証の問題を検討する。

2　情報の範囲と保証の範囲の組み合わせによる分類

　独立保証人によるサステナビリティ情報に対する保証としては，理論的には，情報の範囲と保証の組み合わせによって，次の2つの保証が考えられる。すなわち，1）年次報告書に対する一元的保証と2）年次報告書に対する二元的保証である。

（1）年次報告書に対する一元的保証

　この類型においては，年次報告書全体に対して，1つの開示基準が適用され，1つの保証意見が表明される。ただ，実際的には，財務諸表情報に対する保証の水準とサステナビリティ情報に対する保証の水準とを同じにすることは困難であるので，こうした保証の実現可能性は高くはないであろう。

（2）年次報告書に対する二元的保証

　この類型においては，財務諸表情報とサステナビリティ情報は，1つの情報容器——例えば，年次報告書——に記載されるが，保証人は，財務諸表情報とサステナビリティ情報のそれぞれに対して，別々の監査・保証意見を表明することになる。また，財務諸表情報に対する監査とこれと連携したサステナビリ

第Ⅱ部　サステナビリティ情報の保証の理論

ティ情報に対する保証とが一体的に行われる場合と財務諸表情報に対する監査とこれとは連携しないサステナビリティ情報に対する保証とが別々に行われる場合とが考えられる。前者においては，監査業務と保証業務とは一体的に連携して行われるので，監査主体と保証主体が同一である方が合理的であるが，後者の場合には，監査主体と保証主体は，必ずしも同一である必要はないと考えられる。本章においては，財務諸表情報に対する監査とこれと連携したサステナビリティ情報に対する保証が一体的に行われる場合を中心として検討を進めていく。

　なお，この類型においては，年次報告書に記載される財務諸表情報とサステナビリティ情報のどちらか1つの情報に対しては「肯定的意見（財務諸表監査の場合には，適正意見）」が表明されるが，他方の情報に対しては「否定的意見（財務諸表監査の場合には，不適正意見）」が表明されることもあり得る。

Ⅲ　年次報告書に対する一元的保証

　年次報告書に財務諸表情報とサステナビリティ情報を記載し，両者を一元的に保証するという考え方を検討する場合，財務諸表情報の適正性と内部統制の「適切性」を一元的に保証しようとするアイデアが参考となるだろう。

1　内部統制を財務諸表監査の基本命題の意味として命題化する考え方

　鳥羽［1983］は，財務諸表監査の基本命題の1つの意味として，「会計記録の正確性・信頼性を確保し，かつ，企業の資産を誤謬と不正から保全するために，内部統制が適切に整備・運用されている」という下位命題を翻訳する考え方を紹介している（294頁）。

　こうした命題が財務諸表監査の基本命題の1つの意味とされた場合，たとえ「すべての重要な財務諸表情報がGAAPに準拠していること」が確かめられたとしても，「内部統制が適切に整備・運用されていない」場合には，当該財務諸表に対して不適正意見が表明される可能性がでてくる。この場合，財務諸表情報の適正性と内部統制の適切性が一元的に保証されていると考えることができる。

サステナビリティ情報と保証の考え方　**第6章**

2　サステナビリティ情報の「適正性」を「年次報告書の適正性命題」の意味として命題化する考え方

　年次報告書を，財務諸表情報とサステナビリティ情報を格納する情報容器とした場合，年次報告書の適正性命題——例えば，年次報告書，すなわち財務諸表およびサステナビリティ報告書は，一般に認められた年次報告書に関する開示基準に準拠して，被保証会社の「年次活動」の状況を適正に表示している——の意味内容（下位命題）として，サステナビリティ情報の適正性命題——例えば，サステナビリティ報告書は，一般に認められたサステナビリティ情報に関する開示基準に準拠して，被保証会社のサステナビリティ活動の状況を適正に表示している——を翻訳することは，理論的には可能である。この場合，保証人は，年次報告書に対して1つの総合意見（年次報告書が適正であるか，または不適正であるという意見）を表明することになる。

　しかしながら，財務諸表の適正性に関する部分に対して「合理的保証」を行うことを前提とした場合，サステナビリティ情報の適正性に関する部分に対して「合理的保証」を行うことは今のところ困難であると考えられており，すでに述べたように，年次報告書の適正性命題の構成要素——財務諸表の適正性命題とサステナビリティ情報の適正性命題——によって，達成される保証の水準が異なってしまうという問題が生じる可能性もある。

Ⅳ　財務諸表情報に対する監査と連携したサステナビリティ情報に対する保証

1　基本命題と意見

　こうした保証類型において，財務諸表情報に対する監査とサステナビリティ情報に対する保証は連携して行われるが，後者に対して抽象的な適正性を考え，基本命題（証拠資料では直接立証できない）を設定して，当該命題が成り立つか，あるいは成り立たないという意見（総合意見）を表明する場合と，サステナビリティ情報に対して，必ずしも抽象的な適正性を考えず，個別命題（証拠資料によって直接立証できる）をいくつか設定し，当該命題が成り立つか，あるいは成り立たないという「個別的意見」——ピースミール・オピニオン（piecemeal opinion）——を表明する場合とが考えられる。

153

第Ⅱ部　サステナビリティ情報の保証の理論

（1）1つの基本命題・1つの総合意見

　サステナビリティ情報に対して抽象的な適正性を考える場合，例えば次のような基本命題を設定することができる。すなわち，「サステナビリティ報告書は，一般に認められたサステナビリティ情報に関する開示基準に準拠して，被保証会社のサステナビリティ活動の状況を適正に表示している」という命題である。この場合，保証人は，当該命題が成り立つ，または成り立たないという総合意見を1つだけ表明することになる。

（2）複数の個別命題・複数の「個別的意見」

　ピースミール・オピニオンとは，財務諸表の特定要素，例えば売掛金の適正性に関して「個別的意見」を表明することである。

　サステナビリティ情報の保証を考える場合，当該情報「全般の」適正性に対する総合意見を表明することは難しく，ピースミール・オピニオンに類似した意見表明しかできないという考え方も存在する。その場合には，昭和49年改正商法における，（資本金1億円超で会計監査人監査を受けない会社の）監査役監査報告書の記載例（中村［1974］にその雛形が掲載されている）等が参考になるだろう。

　当該監査報告書において，監査役は，㈰貸借対照表および損益計算書は，法令および定款に従って会社の財産および損益の状況を正しく示しているものと認める，㈪営業報告書の内容は真実であると認める，および㈫利益処分案は，法令および定款に適合しているものと認める，という3つの監査意見を表明しなければならないとされていた。

　これら3つの監査意見のうち，㈰は，その当時の会計監査人報告書においても表明されなければならなかった「総合意見」であり，㈪と㈫も証拠資料によって直接立証できる個別命題に対する意見とはいえないが，わが国の商法（「商法特例法」等を含む）は，金融商品取引法が制定されるまで，監査役および会計監査人に対して，複数の「個別事項」的な命題に対する意見表明を求めるという立場をとり続けていた。

　こうした考え方に立てば，サステナビリティ情報に対しては，例えば，KPI等の個別的事項に対して，複数の「個別的意見」を表明するという形式も考え

154

られる。

2　サステナビリティ情報に関する開示規準と保証規準

　ISSB（国際サステナビリティ基準審議会）は，2023年6月26日に，IFRS S1号「サステナビリティ関連財務情報の開示に関する全般的要求事項」（以下，S1）およびS2号「気候関連開示」（以下，S2）を公表した。

　これに対して，IAASB（国際監査保証基準審議会）は，2023年8月2日に，国際サステナビリティ保証基準5000「サステナビリティ保証業務の一般的要求事項」案（以下，保証基準案）を公表した。

　そもそも保証基準案は確定していないし，今の段階で，S1とS2および保証基準案が，「一般に認められたサステナビリティ情報に関する開示規準」および「一般に認められたサステナビリティ情報に関する保証規準」となるかどうかは不確実であるが，その最有力候補であることはまちがいない。以下では，これら3つの基準・基準（案）の内容を踏まえてサステナビリティ情報の開示と保証の問題を検討する。

(1) サステナビリティ情報の定義

　S1は，サステナビリティ情報を，「中期または長期にわたって企業のキャッシュ・フロー，資金調達へのアクセスまたは資本コストに影響を及ぼすことが合理的に予想されるすべてのサステナビリティ関連リスクと機会」（以下，サステナリスクと機会）に関する情報であると定義し，当該情報をIFRSサステナビリティ開示基準に準拠して適正に表示することを適用企業に求めている（3.11項）。

(2) サステナビリティ関連財務情報保証の基本命題

　保証基準案は，サステナビリティ関連財務情報の保証に関して準拠性規準だけが設定されている場合とそれに加えて適正表示規準も設定されている場合とで，サステナビリティ関連財務情報保証の基本命題（以下，サステナ基本命題）の内容を2つに分けている。すなわち，後者の場合には，「サステナビリティ関連財務情報は，すべての重要な点で，適用されるべき規準に準拠して，適正

第Ⅱ部　サステナビリティ情報の保証の理論

に表示されている」という命題──一般命題──が示されている（178R項）。したがって，S1に基づいて開示されたサステナビリティ関連財務情報を保証基準案に従って保証する場合には，後述する「間接立証」[1] が行われることになる。

（3）命題の直接立証と間接立証

　直接立証とは，証拠資料によって直接立証することができる個別命題に対する立証プロセスである。監査人は，立証を要する個別命題（要証命題）に対して適合性（関連性）のある証拠資料を入手し，これに監査技術を適用して証拠資料の信頼性を評価することによって，当該命題が成り立つまたは成り立たないという心証（要証命題に対する正または負の個別証拠）を形成する。

　これに対して，間接立証とは，証拠資料によって直接立証できない一般命題に対する立証プロセスである。財務諸表監査における究極的立証命題である基本命題──財務諸表は，GAAPに準拠して，すべての重要な点で，…適正に表示している──は一般命題であり，間接立証が適用される。間接立証では，業務実施者は，まず，基本命題をその意味を表す多数（理論的には無限個）の個別命題の集合に翻訳し（置き換え），つぎに，それぞれの個別命題に対して上記直接立証を行い，さらに，それぞれの個別証拠を統合することによって，間接的に基本命題が成り立つまたは成り立たないという心証（正または負の合理的総合証拠）を形成する。

3　間接立証のポイント

（1）開示規準の「階層構造」

　間接立証の第一のポイントは，一般命題である基本命題の個別命題への翻訳である。こうした翻訳を行うと，論理学的には，翻訳された個別命題は無限個になってしまう。業務実施者は，無限個の個別命題を立証することはできないので，いったん有限個の個別命題に翻訳して直接立証を行い，不足があれば（問題が起きれば）再翻訳を行うというスタンスをとらざるを得ない。ただ，財務諸表監査の場合には，財務諸表の作成基準であるGAAPが，財務諸表→貸借対

---

1) 間接立証に関する以下の議論は，山﨑［2023］に基づいている。

照表（B/S），損益計算書（P/L）およびキャッシュ・フロー計算書（C/S）等→売上，売上原価等の項目→取引という階層構造をとっているため，これに対応して，基本命題→B/Sに関する適正性命題，P/Lに関する適正性命題およびC/Sに関する適正性命題等→各財務諸表項目に関する適正性命題→各財務諸表項目の実在性，網羅性，権利と義務の帰属，評価の妥当性，期間配分の適切性および表示の妥当性等に関する命題→取引内容が具体化された命題（個別命題）という形で翻訳すること[2]が可能となる。

したがって，サステナビリティ関連財務情報保証に対して抽象的な適正性命題を設定し，当該命題に対して総合意見を表明するためには，確固とした開示基準が必要であるが，当該基準には，また「階層性」も必要となる。

（2）要証命題の選択

要証命題の選択は，監査計画編成時に，基本的には，内部統制の整備状況の評価に基づいて行われる。継続監査の場合には，内部統制の内容やそれを取り巻く環境等に前年度末から変化がなければ，まずは，前年度の内部統制の信頼性の評価に基づいて，いかなる個別命題をどれほど要証命題として選択するのか，各要証命題に対していかなる証拠資料をどれほど入手するのか（試査範囲）を予定する。すなわち，いかなる直接立証を行うのか，その結果を受けていかなる間接立証を行うのかを，監査手続を実施する前に，シミュレーションするものであり，証拠の事前評価のプロセスとも呼ばれる。

ここで注意すべきことは，次の２点である。まず，重要な虚偽表示という魚がいないところにいくら監査手続という網を投げても監査という漁はうまくいかない。また，重要な虚偽表示という魚がすり抜けてしまうような監査手続という網を用意しても監査という漁はうまくいかない。前者は，たとえ直接立証がうまくいっても間接立証がうまくいかなかったという，試査範囲（要証命題の選択）の問題であるとともに重要性の問題でもある。後者は，直接立証がう

---

2) 基本命題の個別命題への翻訳は，理論的には，様々な形で行うことができる。亀岡他［2022］は，わが国の『監査基準』で規定されている「監査要点」がこうした翻訳に対する規範性をもっていることを指摘したうえで，「B/S に記載されている売掛金残高１億円は期末日現在において実在している」という「財務諸表項目の実在性に関する命題」を示し，当該命題は，さらに「大阪支店が扱った製品Ｘの３月の売上高に対応した売掛金３千万円のうち，得意先Ｑに対するもの２千万円は実在している」という「取引内容が具体化された命題」に翻訳されるとしている（197～207頁）。

157

第Ⅱ部　サステナビリティ情報の保証の理論

まくいかなかったという，試査範囲（証拠資料の選択・評価）の問題であるとともに重要性の問題でもある。

換言すると，発見リスクには，間接立証の際の発見リスクと直接立証の際の発見リスクとがあるということであり，これまでは，前者の発見リスクについてあまり議論がなされてこなかったという問題が存在するのである。

（3）証拠形成における実証主義と反証主義

『監査基準』においては，監査人は，自己の意見を形成するに足る基礎を得るために，（中略）財務諸表項目に対して，（中略）監査要点を設定し，これらに適合した十分かつ適切な監査証拠を入手しなければならない，とされている（第三・一・3）。したがって，そこでは，基本的には，証拠形成に関する「実証主義」[3] が採用されており，直接立証がまず行われ，その結果を「積み上げて」統合する形で，間接立証が行われる。

しかしながら，現在の『監査基準』では，財務諸表の表示が適正である旨の監査人の意見は，財務諸表には，全体として重要な虚偽の表示がないということについて，合理的な保証を得たとの監査人の判断を含んでいる（第一・1）とされており，いわゆる監査リスク・アプローチ——証拠形成における反証主義[4]——も採用されている。

反証主義的証拠形成の下では，負の証拠が形成されたら（されようとしたら），監査人は，それが重要な負の個別証拠・中間証拠とならないこと（財務諸表には重要な虚偽表示が存在しないこと）を確認するような形で，監査手続を追加したり，試査範囲を拡大しなければならない。監査手続を追加する，試査範囲を拡大するといっても，実証主義的証拠形成の場合とは，その目指すべき方向が逆なのである。

サステナビリティ情報の保証を実施する場合，証拠形成において，実証主義が採用されるべきなのか，それとも反証主義が採用されるべきなのか。また，その理由は何なのであろうか。

3） 実証主義による証拠形成とは，監査人が基本命題あるいは個別命題の確からしさに関する心証（正の証拠）を積み上げていくという立証方式をいう（鳥羽［2000］195頁）。

4） 反証主義による証拠形成とは，監査人が基本命題を「財務諸表には重要な虚偽表示はない」と設定し，「重要な虚偽表示」を効率的に発見しようとする立証方式をいう（鳥羽［2000］199頁）。

158

サステナビリティ情報と保証の考え方　**第6章**

（4）重要性と発見リスク

　監査における重要性は，会計上の重要性と似ているが，その視点が違うことに注意しなければならない。言うまでもないことではあるが，前者は監査人の視点，後者は情報利用者の視点である[5]。監査における重要性は，「重要な」虚偽表示を測るものであり，許容される監査リスクの水準や許容される発見リスクの水準等を測るものでもある。

　『監査基準委員会報告書』において，監査における重要性は，3段階のレベルで規定されている。すなわち，財務諸表全体——基本命題——レベルでの「重要性の基準値」（320・8・(1)），財務諸表項目——中間命題——レベルでの「手続実施上の重要性」（320・8・(3)）および取引内容が具体化された命題——個別命題——レベルでの「明らかに僅少な虚偽表示」（450・Ⅲ・2・(1)）である[6]。

　直接立証に関わる発見リスクとは，監査人が，基本命題を翻訳した結果得られる個別命題の集合の中から選択した要証命題に対して証拠資料を入手して，監査技術を適用した結果，そこに「明らかに僅少な虚偽表示」を超える虚偽表示が存在しているにもかかわらず，当該要証命題が成り立つという心証（正の個別証拠）を形成してしまうリスクである。

　そして，すべての直接立証に関して，発見リスクが許容される水準以下であったとしても，それをもって直ちに，監査リスクが許容される水準以下になると考えてはならない。すでに述べたように，発見リスクには，直接立証に関わるものと間接立証に関わるものとがあるからである。

　間接立証に関わる発見リスクには，2つのものがある。まずは，監査人が，特定の中間命題（財務諸表項目の適正性命題）を翻訳した結果得られた個別命題の集合に対して，それぞれ形成した正または負の個別証拠を統合し損なうことによって，そこに手続実施上の重要性を超える虚偽表示が存在しているにもか

5）　「重要な」虚偽表示なる概念は，情報利用者の意思決定を誤らせてしまうと「監査人」が想定する水準の虚偽表示でもあり，その意味では，情報利用者の視点が取り入れられているということもできる。

6）　『監査基準委員会報告書』は，基本命題，中間命題および個別命題という概念を採用していないので，こうした3段階の重要性は，基本命題，中間命題および個別命題という3段階での重要性と完全に一致しているわけではない。ここでは，説明の都合上，両者を同じものとして扱っている。

159

かわらず，当該中間命題が成り立つという心証（正の中間証拠）を形成してしまうリスクである。

間接立証に関わるもう1つの発見リスクは，監査人が，基本命題を翻訳した結果得られたすべての中間命題の集合に対して，それぞれ形成した正または負の中間証拠を統合し損なうことによって，そこに重要性の基準値を超える虚偽表示が存在しているにもかかわらず，基本命題が成り立つという心証（正の合理的総合証拠）を形成してしまうリスクである。

監査人は，こうした3段階の心証形成において，発見リスクを許容される水準以下に抑えなければならない。

なお，サステナビリティ情報の保証を間接立証によって行おうとする場合には，上記の監査上の重要性と発見リスクの議論がそのまま当てはまり，業務実施者は，上記の3段階の心証形成を行わなくてはならず，それぞれの段階で発見リスクを許容される水準以下に抑えなければならない。

4 サステナビリティ関連財務情報保証の基本命題の翻訳

S1は，サステナリスクと機会に関する情報のコア・コンテンツとして，①ガバナンス——企業がサステナリスクと機会を監視，管理するために利用するガバナンス・プロセス，コントロールおよび手続，②戦略——企業がサステナリスクと機会を管理するために利用するアプローチ，③リスク管理——企業がサステナリスクと機会を識別，評価，優先付けするために利用するプロセス，および④指標と目標——サステナリスクと機会に関連する企業のパフォーマンスという4つのトピックスを示している（25項）。したがって，S1に準拠して情報が作成された場合，サステナ基本命題は，まず，4つのサステナ中間命題——ガバナンス，戦略，リスク管理および指標と目標に関する情報は，S1に準拠して適正に表示されている——に翻訳されることになる。

サステナ中間命題のうち，特に気候関連のサステナ中間命題は，S2によって，次のような下位命題（しかし依然として一般命題）に翻訳することができる。すなわち，例えば，上記④指標と目標に関する中間命題は，さらに(a)業界間の指標カテゴリに関連する情報は適正に表示されている，(b)業界への参加を特徴付ける特定のビジネスモデル，活動またはその他の共通の特徴に関連する業

サステナビリティ情報と保証の考え方　**第6章**

界ベースの指標は適正に表示されている，および(c)気候関連のリスクを軽減したり，それに適応するために，あるいは気候関連の機会を活用するために，企業自らが設定した目標および法令によって達成することが求められる目標に関連する情報は適正に表示されている，という3つの命題に翻訳される（28項）。

そして，S2によれば，例えば，上記(a)業界間の指標カテゴリに関連する情報は適正に表示されているという命題は，最終的には，報告期間中に発生した温室効果ガスの絶対総排出量に関して，(i)スコープ1がCO_2換算○トンである，(ii)スコープ2がCO_2換算○トンである，および(iii)スコープ3がCO_2換算○トンである，というサステナ個別命題に翻訳される（29項）[7]。

5　サステナビリティ情報保証における保証水準

　サステナビリティ情報の保証に関しては，財務諸表監査と同程度の「合理的保証」を行うべきか，また行うことができるのか，という問題が，サステナビリティ情報の保証を各国で制度化する場合の大きな論点となっている（上妻[2021]等を参照されたい）。まずは，「合理的保証」をあきらめ，「限定的保証」からスタートし，その後可能であれば「合理的保証」を模索すべきであるという意見が多い中，制度化の最初から「合理的保証」を目指すべきであるという意見も存在している。

Ⅴ　おわりに

　サステナビリティ情報保証における保証水準，意見表明方式および立証形式の三者は，相互に結び付いている。

　例えば，「合理的保証」が行われ，基本命題の保証水準が「合理的に高い水準」とされた場合，意見表明方式は「積極的意見表明方式」が採用され，「基本命題が成立する」または「基本命題が成立しない」という積極的意見が表明される。

---

[7]　ここで注意すべき点は，サステナ個別命題では，それぞれのスコープにおいて温室効果ガスの絶対総排出量が何トンであるかという「事実」を開示することが求められている点であり，一定の排出規準限界量を超えているかどうかを開示することは求められていないということである。すなわち，こうした開示が「適正」であっても，それがある排出基準限界を守っているということを意味しないのである。

第Ⅱ部　サステナビリティ情報の保証の理論

　これに対して，「限定的保証」が行われ，基本命題の保証水準が「合理的に高い水準」未満となった場合，意見表明方式としては，一般的には「消極的意見表明方式」が採用され，調べた限りにおいては，「基本命題が成り立たないという証拠は見つからなかった」という消極的意見が表明される。

　しかしながら，基本命題の保証水準が「合理的に高い水準」未満となっても，「中程度の保証水準」が確保された場合には，「積極的意見表明方式」を採用するという考え方も提案されている（Scottland Chartered Accountants［2013］）。

　すなわち，保証人は，サステナビリティ情報の一部とも考えられる，マネジメント・コメンタリーに対して，当該情報が生成されるシステムに対する検証を手厚く行うことによって，中程度の保証水準を得たうえで，「マネジメント・コメンタリーに記載されている情報は，バランスがとれており合理的である」という積極的意見を表明する，という考え方が示されているのである。

　筆者は，サステナビリティ情報の保証においても，当該情報が生成されるシステムに対する検証は重要であり，また当該検証を手厚く行うべきであるとも考えるので，たとえ，限定的保証が行われる場合であっても，積極的意見を表明するという可能性を模索しても良いのではないかと考えている。

　ところで，合理的保証が行われ，積極的意見表明方式が採用されている場合には，たとえ否定的意見（財務諸表監査の場合には不適正意見）が表明されるときでも，直接立証によって得られる個別証拠を積み上げて心証を統合していくという立証形式が採用される。

　これに対して，限定的保証が行われ，消極的意見表明方式が採用されている場合には，実施される保証手続（監査手続）が限定されるため，直接立証によって得られる個別証拠を積み上げていくという形式ではなく，保証リスク（監査リスク）の高い領域に的を絞って，基本命題を反証できる証拠を探し求めていくという探索的立証方式が採用される。

　サステナビリティ情報の保証を検討する場合，単に「合理的保証」か「限定的保証」かという問題だけではなく，「限定的保証」が採用される場合には，基本命題の保証水準はどの程度のものが必要とされるのか，意見表明方式や基本命題の立証形式もどうすべきなのかという問題も併せて検討されなければならないと考える。

162

サステナビリティ情報と保証の考え方　**第6章**

　保証基準案では，サステナビリティ関連財務情報の保証業務を実施する際の業務実施者の目的は，サステナビリティ関連財務情報に重要な虚偽表示が存在しないことを，合理的または限定的に保証することであるとされている（15項）。そして，虚偽表示は，サステナビリティ事項に関して適用される規準に照らして適切とされる測定または評価と開示された情報との相違であるとされ，定量的なものも定性的なものもあるとされる（17.（aa）項）。業務実施者は，明らかに僅少なものを除き，虚偽表示を識別したときはそれらを集計し（137項），経営者に当該虚偽表示の訂正を求めたうえで（140項），未訂正の虚偽表示が重要な虚偽表示となるかどうかを決定しなければならない（144項）。

　こうした立証形式は，一見すると，財務諸表監査におけるリスク・アプローチとあまり変わらないような印象も受ける。しかしながら，識別した虚偽表示の「集計」が財務諸表監査の場合と比べてはるかに難しく，リスク手続を立案・実施する場合にも，重要な虚偽表示リスクをアサーションレベル（個別命題レベル）で認識・評価するだけでよく（94R項），サステナビリティ関連財務情報全体レベルでのそうしたリスクの認識・評価が求められていない点が，財務諸表監査の場合と大きく異なっている。

　例えば，サステナビリティ関連財務情報の開示が複数のトピックスに関連している場合，サステナビリティ事項が異なる測定基準（例えば，金額または物理単位等）を使って測定または評価されることがあり，そこで識別された虚偽表示を集計することができないことがある（A412項）。また，定量化できない虚偽表示が識別された場合，それを，例えば，サステナビリティ事項の特定の側面に関係しているという点に着目してグループ化し，そうした側面に対する複合的な影響を考慮できることもあるが（A416項），そのようなグループ化ができないこともある。

　こうした点を考えると，S1・S2および保証基準案に基づいてサステナビリティ関連財務情報の保証を行おうとする場合，サステナ基本命題は，サステナ個別命題まで階層化させて翻訳することができ，個別命題のレベルでは，直接立証を行うことが可能であるが，個別証拠を統合してその上位の中間命題を立証したり，中間証拠を統合して合理的総合証拠を形成する「間接立証」は，その適用がかなり難しいと考えられる。

163

第Ⅱ部　サステナビリティ情報の保証の理論

【参考文献】

亀岡恵理子・福川裕徳・永見尊・鳥羽至英［2022］『財務諸表監査（改訂版）』国元書房。

上妻京子［2021］「サステナビリティ報告の保証義務化と合理的保証への課題」『會計』第199巻第8号，168-200頁。

小西範幸編著［2023］『課題別研究部会 最終報告 サステナビリティ情報と会計・保証・ガバナンスの展開』。

鳥羽至英［1983］『監査証拠論』国元書房。

鳥羽至英［2000］『財務諸表監査の基礎理論』国元書房。

中村清［1974］「監査役の監査報告書の記載事項について」『立教経済学研究』第28巻第3・4号，465-502頁。

山﨑秀彦［2023］「財務諸表監査における間接立証の再検討―サステナビリティ情報の保証への適用可能性」『會計』第204巻第6号，550-563頁。

IAASB［2023］Proposed International Standards on Sustainability Assurance 5000 *General Requirements for Sustainability Assurance Engagements and Proposed Conforming and Consequential Amendments to Other IAASB Standards.*（日本公認会計士協会訳［2023］「国際サステナビリティ保証基準5000『サステナビリティ保証業務の一般的要求事項』案及び他のIAASB規準の適合修正案」）.

ISSB［2023a］IFRS S1 *General Requirements for Disclosure of Sustainability-related Financial Information.*

ISSB［2023b］IFRS S2 *Climate-related Disclosures.*

Scotland Chartered Accountants［2013］*BALANCED AND REASONABLE-CONSIDERATIONS RELATING TO THE PROVISION OF POSITIVE ASSURANCE ON MANAGEMENT COMMENTARY.*

（山﨑 秀彦）

第7章

サステナビリティ情報に対する
保証の制度的枠組み

I　はじめに

　投資家が企業の中・長期的な価値の創造能力を測定する際には，利益やキャッシュフローなどをどれだけ獲得したかを測るための財務情報が必要とされる。しかし，それだけではなく，あるいはそれ以上に，企業の経営活動が地球環境に及ぼす影響，企業活動に必要な人的資本の保護や多様性の確保の状況，さらには企業の経営目的の達成に関連するリスクとそれに対応する経営の方針や戦略といった，数字では表わせないが，企業の価値ひいてはサステナビリティを左右するような事項に関する情報，すなわちサステナビリティ情報の重要性が強調されるようになっている。

　サステナビリティ情報に対するニーズが高まり，これに対応する開示の拡大が進むにつれて，開示されるサステナビリティ情報の信頼性に対する保証が求められるようになってきた。サステナビリティ情報の一部を構成する財務情報については，すでに公認会計士のような会計プロフェッションによる会計監査が実施され，合理的保証と呼ばれる相対的に高い水準の保証が提供されている。したがって，今日新たに求められるようになったサステナビリティ情報の保証は，主にサステナビリティ関連財務情報に対するものであるといってよい。

　本章では，サステナビリティ情報，とりわけサステナビリティ関連財務情報に保証を提供するための環境が，どのように整備されているのかについて考察する。

165

第Ⅱ部　サステナビリティ情報の保証の理論

Ⅱ　非財務情報の開示

1　非財務情報開示の背景

　20世紀には，自然環境は企業経営における所与の要素と考えられていた。自然環境の企業経営への影響はまったく考慮外の事項であり，ましてや企業の経営活動が自然環境に及ぼす影響が顧みられることはなかった。日本では，高度経済成長期に経営活動に伴う大気汚染や海洋汚染などが「公害」として社会問題化したが，自然環境への影響というよりも，周辺住民の健康被害などの問題として取り扱われていた。もちろんこれ自体重大な問題であり，企業経営にも大きな影響を与えたが，今日の自然環境の保護とはやや事情が異なっており，企業の自然環境保護に対する姿勢や取組についての情報開示はほとんど行われていなかった。

　かつて，企業の従業員は人的資源といわれ，その価値は，今日のように人的な「資本」としてというよりも，人件費という「費用」を通じて認識されるに過ぎなかった。日本企業において，従業員の人権や経営陣のダイバーシティなどが話題になることはほとんどなく，人的資本に関する情報が開示されることも稀だった。企業の雇用において女性が男性に比べて不利な扱いを受けるケースがみられたことから，男女間の均等な機会・待遇の確保を目的として男女雇用機会均等法が制定された。しかしながら，投資家は従業員の人権や待遇などの問題について，投資意思決定に際して必ずしも高い関心を示しておらず，こうした事項に関して企業側からの十分な情報開示は行われていなかった。

　日本企業における経営に関する権限は，取締役の職階制や序列に株式の持ち合い（政策保有株式）が相まって，実質的に取締役会を支配し，経営業務執行のトップに君臨する経営者（代表取締役社長）に集中していた。このため，取締役会による経営者の監督は実効性を持たず，ガバナンスは形骸化していた。しかし，ステークホルダーがガバナンスに直接関与しようとしたり，ガバナンスに関する情報を要求する姿勢あるいは意思が示されたりしていたわけではない。このため，企業は，ステークホルダーに対してガバナンスに関する情報を必ずしも十分に開示してはいなかった。

166

サステナビリティ情報に対する保証の制度的枠組み　**第7章**

　このように，自然環境の保護，従業員に対する配慮，ガバナンスの体制・機能などに関する情報，すなわち今日ESG情報と呼ばれる情報に対する開示要求が高まる以前には，企業に対する評価は，主として過去の経営活動によって得られた財務的成果を示す財務情報に依拠してきた。投資家による意思決定に対する有用性という観点から，企業の経営内容の開示といえば，財務諸表を中心とする財務情報の開示を意味してきたのである。

　しかしながら，企業の経営活動のフィールドや資本市場がグローバル化するにしたがって，投資家のみならず投資家以外の様々なステークホルダーからの情報開示要求が高まってきた。必ずしも会計や財務に精通しているわけではないステークホルダーの情報要求に応えるためには，もはや財務情報の開示だけでは十分とはいえなくなった。また，投資家の関心も，過去の財務的成果だけではなく，中・長期的な将来にわたる企業の価値創造能力にも向けられるようになってきた。このような能力を評価するためには，財務情報だけでなく，企業の価値創造能力の評価に影響する可能性のある，ESG情報のようないわゆるサステナビリティ関連財務情報が必要とされているのである。

　こうした資本市場からの情報ニーズの変化に応える形で，財務情報を補足する評価材料としてサステナビリティ関連財務情報の開示が拡大している。サステナビリティ関連財務情報に関する統一的な開示のルールが確立されておらず開示基準乱立の様相を呈していたが，こうした混乱を解消する取組みが着々と進められている。包括的な基準が策定されることになれば，企業のサステナビリティ関連情報の開示の実効性が向上し，投資家やその他のステークホルダーにとっても比較可能性が高まることが期待される（河西・小林［2022]）。

2　サステナビリティ関連財務情報の開示の意義

　かつて，企業の財産管理を主たる役割としていた企業会計は，20世紀になり，企業の経営成績（損益）の計算と報告へとその中心的な役割が移った。さらにその後，企業会計の役割は，企業価値の測定・表示へと変化した。すなわち，企業会計に期待される役割は，それまでの有形資産の評価とそれらを用いて獲得された利益の測定を基礎とする過去情報の提供から，無形資産によって創り出される価値および企業の将来のキャッシュ獲得能力を反映した情報の提供へ

167

第Ⅱ部　サステナビリティ情報の保証の理論

と変わっていったのである。

　21世紀になり，資本市場のグローバル化の進展に伴って，投資家による投資先企業の選別が厳しさを増し，企業は，投資家のニーズに適合するより多くの情報をより頻繁に提供する必要に迫られることになった。そうした中で，情報開示の適時性を重視した四半期財務報告制度が導入された。しかし，これによって投資家の投資姿勢も企業の経営姿勢も短期志向化し，短期的な財務的成果を追求するあまり，中・長期的にみると企業価値が損なわれているのではないかとの声が聞かれるようになった。企業に対する評価は，短期的な財務的成果だけによるのではなく，企業が中・長期的な将来にわたってどれだけの価値を創造することができるかという視点を加味して行うべきだと考えられるようになったのである。

　こうした中で，企業が長期的に価値を創造し，経営活動を継続する能力としてのサステナビリティを左右するような事項に関する，サステナビリティ関連財務情報の重要性が強調されるようになった。

　サステナビリティ情報と呼ばれる情報については，サステナビリティに対する企業の考え方や取組に関するサステナビリティ関連財務情報に注目が集まるが，決して従来の財務情報の必要性や有用性が否定されているわけではない。したがって，サステナビリティ情報とは，投資家をはじめとするステークホルダーが企業の価値創造能力ないし経営活動の持続可能性を評価するために有用な，財務情報とサステナビリティ関連財務情報の両方からなる情報であると理解する必要がある。

　サステナビリティ情報に対しては，後にみるように，その信頼性について，当面は開示企業に対して限定的水準の保証を得ることを要求し，その後に合理的水準の保証への移行を目指すというプランが示されている。たとえるならば，当面は，日本における四半期レビューに相当する水準の保証が要求され，その後，年度の財務諸表監査が提供する水準の保証が求められるということになる。

　こうしたプランが示された背景には，現状として，サステナビリティ情報の開示に関する基準および保証業務に関する基準の整備が進みつつあると認識されているからだと考えられる。開示基準の整備は，サステナビリティ情報の枠組みや信頼性を評価するための視点を提供する。また，保証業務基準の整備は，

168

サステナビリティ情報に対する保証業務における要証命題や保証水準などを明らかにする。このように，開示規則および保証業務基準の整備により，サステナビリティ情報，中でもサステナビリティ関連財務情報に対して，会計プロフェッションによる監査において広く採用されている，リスク・アプローチに基づく保証業務の実施が可能になるのである。

Ⅲ　サステナビリティ情報開示基準の整備

1　日本における開示基準の整備

　2023（令和5）年1月に「企業内容等の開示に関する内閣府令」（以下，開示府令）が改正された。この改正によって，上場会社に対して提出が求められている有価証券報告書の様式（第三号様式）に，第一部【企業情報】第2【事業の状況】の2として【サステナビリティに関する考え方及び取組】の記載欄が新設された。

> 第一部【企業情報】
> 第1【企業の概況】
> 　1【主要な経営指標等の推移】
> 　2【沿革】
> 　3【事業の内容】
> 　4【関係会社の状況】
> 　5【従業員の状況】
> 第2【事業の状況】
> 　1【経営方針，経営環境及び対処すべき課題等】
> 　2【サステナビリティに関する考え方及び取組】
> 　3【事業等のリスク】（以下省略）

　具体的な記載事項については，有価証券届出書に関する第二号様式の記載上の注意（30-2）に準ずることとされている（図表7-1）。

第Ⅱ部 サステナビリティ情報の保証の理論

図表7-1 【サステナビリティに関する考え方及び取組】への記載事項

次の事項について記載	
ガバナンス	サステナビリティ関連リスク・機会の監視・管理のためのガバナンス過程・統制・手続
リスク管理	サステナビリティ関連リスク・機会の識別・評価・管理のための過程
次の事項のうち重要なものについて記載	
戦　　略	短・中・長期の連結会社の経営方針・経営戦略等に影響する可能性があるサステナビリティ関連リスク・機会に対処するための取組
指標・目標	サステナビリティ関連リスク・機会に関する連結会社の実績を長期的に評価・管理・監視するために用いられる情報

出所：「企業内容等の開示に関する内閣府令」に基づき筆者作成。

　第二号様式の記載上の注意（30-2）は，【サステナビリティに関する考え方及び取組】の欄に，最近日現在における連結会社のサステナビリティに関する考え方および取組の状況として，ガバナンスおよびリスク管理について記載することを求めている。「ガバナンス」として記載されるべき事項は，サステナビリティ関連のリスクおよび機会を監視し，管理するためのガバナンスの過程，統制および手続である。「リスク管理」は，サステナビリティ関連のリスクおよび機会を識別し，評価し，管理するための過程をいう。

　また，戦略ならびに指標および目標のうち，重要なものについて記載することが求められている。「戦略」は，短期，中期および長期にわたり連結会社の経営方針・経営戦略等に影響を与える可能性があるサステナビリティ関連のリスクおよび機会に対処するための取組をいう。「指標および目標」は，サステナビリティ関連のリスクおよび機会に関する連結会社の実績を長期的に評価し，管理し，監視するために用いられる情報である。

　サステナビリティ情報の開示にあたっては，各企業において自社の業態や経営環境，企業価値への影響等を踏まえて，サステナビリティ情報の重要性を判断することが求められている。この観点から「ガバナンス」および「リスク管理」は，サステナビリティ情報開示を考えるうえで必要であり，すべての企業に開示が求められている。一方，「戦略」と「指標及び目標」は，「ガバナンス」および「リスク管理」の枠組みを通じて重要性の判断を行い，重要なものについて記載することとされている（藤野［2023］）。

開示府令の改正に伴って，法令の適用にあたり留意すべき事項および審査・処分の基準・目安等を提示するために，「企業内容等の開示に関する留意事項について（開示ガイドライン）」が公布・施行された。

開示ガイドラインの有価証券届出書に関する5-16-2項は，将来情報の虚偽記載等の考え方について説明しており，その内容は24-10項により有価証券報告書に準用される。

5-16-2項によれば，有価証報告書の様式中【企業情報】の【第2 事業の状況】の【1 経営方針，経営環境及び対処すべき課題等】から【4 経営者による財政状態，経営成績及びキャッシュ・フローの状況の分析】までの将来に関する事項（将来情報）で有価証券報告書に記載すべき重要な事項について，「一般的に合理的と考えられる範囲で具体的な説明が記載されている場合には，有価証券報告書に記載した将来情報と実際に生じた結果が異なる場合であっても，直ちに虚偽記載等の責任を負うものではない」と考えられるとされている。ここでいう虚偽記載等とは，「重要な事項について虚偽の記載があり，または記載すべき重要な事項もしくは誤解を生じさせないために必要な重要な事実の記載が欠けていること」をいう。

将来情報について具体的な説明を記載するにあたっては，例えば，当該将来情報について社内で合理的な根拠に基づく適切な検討を経たものである場合には，その旨を，検討された内容の概要とともに記載することが考えられる。一方，経営者が，「有価証券報告書に記載すべき重要な事項であるにもかかわらず，投資者の投資判断に影響を与える重要な将来情報を，報告書提出日現在において認識しながら敢えて記載しなかった場合」や，「重要であることを合理的な根拠なく認識せず記載しなかった場合」には，虚偽記載等の責任を負う可能性があることに留意する必要がある。

このように，開示ガイドラインがサステナビリティ情報を含む将来情報の虚偽記載等に対する考え方を明示したことは，逆にいえば，将来情報が，例えば適正で信頼できる情報であるなどと判断するための1つの要件が示されたことを意味する。サステナビリティ情報に対して保証業務を実施する際に，業務実施者がどのような手続によってどんな証拠を入手し，何を立証すればよいかを判断するための拠り所を与えたということができるであろう。

第Ⅱ部　サステナビリティ情報の保証の理論

2　EUにおける開示基準の整備

　前節では，日本の開示府令改正に伴うサステナビリティ情報開示制度の整備状況についてみたが，EUでも2023年1月に「企業サステナビリティ報告指令」（Corporate Sustainability Reporting Directive：CSRD）が発効した。これにより，それまでの非財務情報開示の枠組みである「非財務情報開示指令」（Non-Financial Reporting Directive：NFRD）にみられた，開示企業が限定的で情報量も不十分であり，信頼性や比較可能性が確保されていないといった課題への対応が図られた（日本公認会計士協会［2023］）。EU加盟国は指令の規定内容を国内法化する必要があるため，今後，EU加盟各国において，CSRDの要求に沿ってサステナビリティ情報の開示制度が整備されていくことになる。

　CSRDの規定内容の適用対象は，すべての大企業およびEU規制市場に上場するすべての企業である。大企業とは，①貸借対照表合計20百万ユーロ超，②純売上高40百万ユーロ超および③会計年度中の平均従業員数250人超という3つの要件のうち2つを満たす事業体を指す。サステナビリティ情報は，財務報告書とともに財務年次報告書による法定開示の構成要素となっている，マネジメントレポートでの開示が義務付けられる（日本公認会計士協会［2023］）。

　CSRDでは，開示すべき情報内容の検討に際して，ダブルマテリアリティという考え方を適用することが明確化されている。すなわち，企業に影響を与えるサステナビリティ要素と企業が人々や環境に与えるインパクトの両面から開示を行うことが求められており，財務的マテリアリティと環境・社会的マテリアリティという2つの側面から重要性を検討する必要があるというものである。

　財務的マテリアリティは，サステナビリティ事項が企業の発展，業績，財政状態等に与える影響を理解するのに必要な情報という考え方であり，主に投資家の関心が高い観点であるとされている。一方，環境・社会的マテリアリティは，企業活動が外部に与える影響を理解するのに必要な情報という考え方であり，投資家だけでなく，市民，消費者，従業員，ビジネスパートナー，市民社会組織等が高い関心を寄せる観点であるとされている（図表7-2）。今後，サステナビリティ情報の開示内容における環境・社会的マテリアリティは，企業の長期的な価値創造能力に関連して，文字通りますます重要な観点になっていくものと考えられる。

172

図表7-2　シングルマテリアリティとダブルマテリアリティ

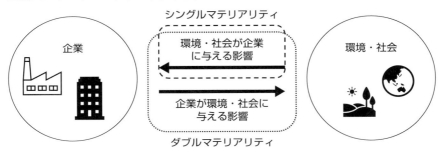

出所：非財務情報の開示指針研究会［2021］に筆者一部加筆。

なお，財務的マテリアリティだけを重視する考え方はシングルマテリアリティと呼ばれ，例えば，TCFD提言は，企業に財務的影響を与える気候関連情報の開示を推奨しており，シングルマテリアリティの考え方に立つとされている（非財務情報の開示指針研究会［2021］）。

Ⅳ　サステナビリティ情報の信頼性

1　情報作成者の責任

　財務諸表によって提供される情報は，すでに形成されている（はずの）企業価値を評価する際に利用される材料であり，言うまでもなく，財務情報そのものが投資の対象になるわけではない。財務情報によって表されている実態としての投資対象が存在し，財務情報は投資対象の価値を裏付ける1つの材料となる。

　サステナビリティ情報のうち経営者が将来のビジョンや方針を語る部分は，将来における企業価値を評価するのに有用であり，投資家はこれを考慮して投資判断を行う。経営者が語るまだみぬ企業の姿が，投資に値するかどうかが問われることになり，投資価値を評価する際には何らかの裏付け材料（例えば，過去のビジョンに基づく経営実績を表す財務諸表）が必要となる。財務情報とサステナビリティ関連財務情報からなるサステナビリティ情報は，企業の未来の姿を評価するための1つの有用な判断材料である。

第Ⅱ部　サステナビリティ情報の保証の理論

　サステナビリティ情報は過去の実績を誇るというよりも，将来の価値創造に向けた取組に関する経営者自身の「所信」を伝える情報を含んでいる（松田［2018］）。経営者による所信の信頼性に対して，第三者による保証の提供が可能かという問題はあるが，投資家がサステナビリティ情報を投資判断の材料として重視するようになれば，当該情報の信頼性の確保と信頼性に対する保証を求める声が高まることは理解できる。

　経営者によって語られた将来の価値創造に関するビジョンは，いずれ経営活動の実績として財務情報に反映されることになるはずである。経営者が過去に語ったビジョンや戦略と，それらに沿って行われた経営活動の結果を示す情報との整合性を検証することによって，経営者の責任の下で作成されたサステナビリティ情報の合理性や信頼性の程度を推定することができるかもしれない。サステナビリティ情報は，サステナビリティ関連財務情報と財務情報の両方が揃ってこそ，企業の価値創造能力の評価にとって有用な情報となる。したがって，サステナビリティ情報の信頼性もまた，サステナビリティ関連財務情報と財務情報の両方について確保され，担保されなければならないのである。

　サステナビリティ情報の信頼性を確保する一義的な責任は，当該情報を作成する経営者にある。経営者は，偏向や重要な誤りがなく，利用者が意思決定の際に信頼して依拠できるサステナビリティ情報を作成するために，効果的な内部統制を構築し有効性を保ちながら運用する責任を負っている。そして，取締役会，中でも社外取締役は，ガバナンスの観点から経営者が責任を誠実に果たしているかどうかを監視・監督する責任を負う。また，監査役は，経営者を含む取締役が，その職務を適切に遂行しているかどうかを監査するのである（図表7-3）。

　ただし，社外取締役を含む取締役会は，サステナビリティ情報の信頼性や内部統制の整備・運用状況を自ら直接確かめるわけではない。外部監査人に対してサステナビリティ情報の監査を依頼したり，内部監査部門に内部統制の整備・運用状況に対する監査および助言を指示したりすることを通じて監督機能を果たすのである。依頼を受けた外部監査人および内部監査部門は，それぞれの立場から保証業務を実施し，取締役会および監査（等）委員会に対して経営者による職務執行を監督するために必要な情報や発見事項を報告し，問題点や課題がある場合には改善に向けた助言や勧告を行うのである。

図表7-3 サステナビリティ情報とガバナンス

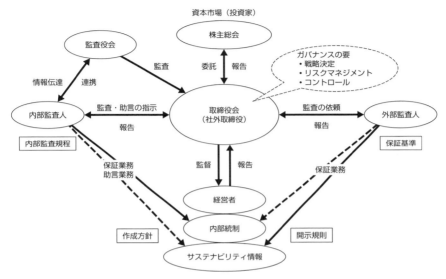

出所：筆者作成。

2　想定利用者の多様性の影響

　国際監査基準（ISA）320およびこれを国内基準化した日本公認会計士協会の監査基準報告書（監基報）320「監査の計画及び実施における重要性」は，監査人による重要性の決定に関連して，財務諸表の利用者を次のような要件を備える者と想定している（監基報320第4項）。

- 事業活動，経済活動および会計に関する合理的な知識を有し，真摯に財務諸表上の情報を検討する意思を有している
- 財務諸表が重要性を考慮して作成，表示および監査されることを理解している
- 見積り，判断および将来事象の考慮に基づく金額の測定には，不確実性が伴うものであることを認識している
- 財務諸表上の情報を基礎に，合理的な経済的意思決定を行う

　こうした利用者の想定がなされるのは，財務諸表によって提供される財務情報は誰にでも容易に理解できるものではなく，一定程度の知識・能力を備え，

第Ⅱ部　サステナビリティ情報の保証の理論

財務諸表の作成，表示および監査の前提や限界などを認識したうえで利用することが求められるからである。

　株主・投資家を特に重視する考え方の下ではこうした利用者を想定し，定量的な数値を開示するだけでも十分に意味があった。しかし，企業は，幅広く多様なステークホルダーと様々な社会的課題を共有する存在となっており，株主・投資家を対象に持続可能性を説明するだけでは十分とはいえなくなってきた。財務諸表による定量的な情報の開示だけでは，企業の持続的成長に向けた取組に対して，投資家を含む多様なステークホルダーからの評価を得ることが難しくなった。このため，定量的な開示を補う形で，サステナビリティ関連財務情報の提供を迫られることになったのである（河谷［2023］）。

　サステナビリティ関連財務情報といえども，企業の経営活動や会計に関する知識なしに理解できるとは限らず，それをもって企業の価値創造能力を簡単に評価できるわけではないだろう。しかしながら，多様なステークホルダーにとってサステナビリティ関連財務情報は，財務情報と比べてアクセスしやすい情報であることに間違いはなく，企業の経営活動や会計に関する十分な知識を持たない者が高い関心を示すものと思われる。このとき，サステナビリティ関連財務情報の想定利用者を，財務諸表の想定利用者と同一視することはできないであろうし，場合によっては期待ギャップが生じるおそれもある。したがって，サステナビリティ情報に対して監査をはじめとする保証業務を実施する者は，サステナビリティ関連財務情報の利用者の中には，監基報320が示す要件を満たさない者が含まれていることを念頭に置いた対応が必要になるものと考えられる。

Ⅴ　サステナビリティ情報に対する保証

1　保証基準の整備

　サステナビリティ情報には，将来の価値創造に向けた経営者自身の所信あるいはビジョンが含まれているが，それらには絶対に正しい解があるわけではない。また，サステナビリティ情報が，企業の価値創造能力を誠実に表示するものであるかどうかを客観的に評価するのは難しい。こうした情報を第三者が客

観的に評価して，保証を提供することができるかどうか，仮にできるとしたときどの程度の水準の保証を提供できるかが問題となろう。

CSRDは，サステナビリティ情報に対する法定監査人等による保証の提供を義務付けているが，現時点で，将来見通しや定性的開示に対する合理的保証に係る基準は整備されていない。このため，サステナビリティ情報に対する保証の水準を段階的に高めることが望ましいとの認識に基づき，当面，限定的保証を要求することとした。そのうえで，欧州委員会は，2026年10月1日までに限定的保証の基準を採用するとしている。

そして，保証の水準を限定的水準から合理的水準に引き上げるかどうかを評価したうえで，引上げが妥当であるという結論が導き出された場合には，2028年10月1日までに合理的保証に関する基準を採用し，サステナビリティ情報に対する保証を合理的水準に引き上げる期日を定めることとしている（日本公認会計士協会［2023］）。

日本では，金融庁が，段階的にではあるものの，将来的には合理的保証を目指すとみられている。開示情報が第三者による保証に耐え得るためには，数値の入手および集計が正確かつ漏れなく行われるプロセスの整備が必要である。内部統制については，入手および集計される数値の正確性や網羅性を担保するためのチェック体制の整備のほか，モニタリングや評価が合理的かつ客観的に実施されるための文書化も必要である。業務プロセスの構築にあたっては内部統制の整備が必要であり，基本ルールを設定しつつ，関連する組織の設置と人材の確保，業務，システムの見直しが必要となる（Deloitte Japan［2022］）。

国際監査・保証基準審議会（International Auditing and Assurance Standards Board：IAASB）は，2024年末までの最終承認を目指して，サステナビリティ報告に対する保証のための包括的な基準（国際サステナビリティ保証基準：International Standard on Sustainability Assurance：ISSA）を開発するプロジェクトに取り組んでおり，2023年8月に公開草案「国際サステナビリティ保証基準」5000（案）（IAASB［2023］）を公表した。そして，この包括的な基準は，限定的水準の保証と合理的水準の保証の両方に対応するものであり，過去の財務情報の監査またはレビュー以外の保証契約に関わる国際保証業務基準（International Standards on Assurance Engagement：ISAE）3000（改訂）や，温

第Ⅱ部　サステナビリティ情報の保証の理論

室効果ガスステートメントに関する保証業務の基準であるISAE3410などの，IAASBがこれまでに設定してきた既存の基準やガイダンスに基づいて構築されることになる[1]。

2　保証業務の展開

　ISSA 5000（案）は，サステナビリティ情報に対する保証業務を，サステナビリティ情報に対する想定利用者の信頼の程度を高めるために，業務実施者が結論を表明するに足る十分かつ適切な証拠を入手することを目的とする業務と定義し，合理的保証業務と限定的保証業務の2つを示している（IAASB［2023］）。

　サステナビリティ情報に対する想定利用者の信頼の程度を高めるためには，保証業務の実施者自身が，サステナビリティ情報の信頼性に対する保証（確信）に裏付けられた結論を表明する必要があるが，合理的保証業務と限定的保証業務とでは，業務実施者の結論を伝達する形式および伝達される結論の意味内容が異なっている。

　合理的保証業務においては，業務実施者の結論は，表示および開示を含むサステナビリティに関する事項を，適用される規準に照らして測定または評価した結果に対する業務実施者の意見を伝える形で表明されるのに対して，限定的保証業務における業務実施者の結論は，実施された手続および入手した証拠に基づいて，サステナビリティ情報に重要な虚偽記載等が含まれていると業務実施者に信じさせるような事項があったかどうかを伝える形で表明されるのである（IAASB［2023］17（d））。

　サステナビリティ情報の信頼性とは，利用者が意思決定に際して依拠することができるものであるという，当該サステナビリティ情報自体が持つ属性である。この属性は，一義的には，当該情報を作成する責任を負う経営者によって確保されなければならない。保証業務は，経営者によって確保されているはずの信頼性が，確かに確保されているということを証拠によって裏付けて，意見や結論の表明という形で保証を提供する業務である。

　開示ガイドラインは，虚偽記載等を，重要な事項について虚偽の記載があり，

---

1)　IAASB Website, https://www.iaasb.org/consultations-projects/sustainability-assurance を参照。

または記載すべき重要な事項もしくは誤解を生じさせないために必要な重要な事実の記載が欠けていることと定義したうえで，サステナビリティ情報のような将来に関する事項で有価証券報告書に記載すべき重要な事項について，一般的に合理的と考えられる範囲で具体的な説明が記載されている場合には，有価証券報告書に記載した将来情報と実際に生じた結果が異なる場合であっても，有価証券報告書の作成者が直ちに虚偽記載等の責任を負うものではないと説明している。

　重要な虚偽記載等が含まれていないことをもってサステナビリティ情報の信頼性が確保されているとするならば，保証業務の実施者は，こうした点を考慮したうえで，業務実施の対象となる情報に重要な虚偽記載等が含まれていないこと，あるいは重要な虚偽記載等が含まれていると信じさせるような事項がないことを証拠によって裏付けて，業務実施者の意見や結論として表明する必要がある。そして，この意見や結論の表明が，想定利用者のサステナビリティ情報に対する信頼の程度を高めることが期待されているのである。

　信頼とは，想定利用者がサステナビリティ情報を信じる主観的な確率として理解することができ，この確率は，客観的確率または客観的情報によって形成または修正されることができる（荒井［2006］）。保証業務によって表明される意見や結論は，サステナビリティ情報の作成者から独立した第三者である，保証業務実施者から提供される客観的な情報であると考えられる。保証業務は，作成者と想定利用者の間にある情報の非対称性により，実際よりも過小になる可能性のあるサステナビリティ情報の信頼性に対する想定利用者の認識の程度を，当該情報の信頼性を適切に反映した水準に修正させるように働きかける業務であると考えられる。

　サステナビリティ情報は，企業の中・長期的な価値の創造能力の評価を重視したコミュニケーションの手段であるため，サステナビリティ情報の信頼性を評価する際には，時間という要素を考慮する必要がある。情報がカバーする将来の期間が長くなればなるほど，当該情報の不確実性が高まり，サステナビリティ情報に重要な虚偽記載等が含まれるリスクが大きくなる。それにつれて，サステナビリティ情報に対する想定利用者の信頼の程度は高まりにくくなる一方，保証業務実施者が重要な虚偽記載等を発見し損なうリスクは大きくなるのである。

第Ⅱ部 サステナビリティ情報の保証の理論

Ⅵ リスク・アプローチによる保証業務

　保証業務実施者がサステナビリティ情報に含まれる重要な虚偽記載等を発見し損なうリスクがあることを考慮すると，サステナビリティ情報に対する保証業務は，リスク・アプローチという手法によって実施することが考えられる。この場合，業務実施者は，保証業務リスク（engagement risk：ER）を一定の合理的に低い水準に抑えられるように業務を計画して実施する必要がある。サステナビリティ情報に対するERとは，重要な虚偽記載等が含まれるサステナビリティ情報に対して，業務実施者がそれを見逃して不適切な意見や結論を表明するリスク（確率）であり，固有リスク（inherent risk：IR），統制リスク（control risk：CR）および発見リスク（detection risk：DR）という３つのリスク（いずれも確率）によって構成される。

　サステナビリティ情報に対するアシュアランス業務におけるIRとは，企業によって適用された関連する内部統制を検討する前の，サステナビリティ情報に重要な虚偽記載等が行われる可能性である。CRとは，サステナビリティ情報に含まれる重要な虚偽記載等が，企業の内部統制によって適時に防止または発見・是正されない可能性をいう。そして，DRとは，保証業務手続を実施しても重要な虚偽記載等を発見し損なう可能性である。

　なお，IRとCRは保証業務実施者が直接影響を与える（低減させる）ことができないリスクであるのに対して，DRは業務実施者が直接影響を与える（低減させる）ことができるリスクである（IAASB［2023］A20）。

　これらのリスクの間には，ER ＝ IR×CR×DRという関係がある。保証業務の実施者は，業務の対象である企業におけるIRおよびCRの大きさを評価し，これを前提として，目標としてのERの水準を達成するためには，DRをどの程度の大きさに抑える必要があるのかを見積る。IR×CRは重要な虚偽記載リスク（risk of material misstatement：RMM）と呼ばれ，保証業務が実施される前に，サステナビリティ情報に重要な虚偽記載が含まれている可能性である（IAASB［2023］17（pp））。

　これらのリスクの間の関係から，RMMの値が大きいほどDRを小さく設定し，

保証業務による重要な虚偽記載等の見逃しの確率を小さくするために，厳格な業務の実施によって重要な虚偽記載等がないかどうかを調べる必要がある。それでも重要な虚偽記載等が見つからなければ，重要な虚偽記載等がない，すなわちサステナビリティ情報の信頼性が確保されているという，業務実施者の確信度は相当程度に高くなるのである。

図表7-4のA点は，RMMの値が大きく，したがって重要な虚偽記載等であるリスクが大きいと評価された事項を示している。業務実施者が，この事項が重要な虚偽記載等ではないという結論を導くためには，人員，時間および予算を重点的に投入して厳格な業務手続を実施することによって強固な証拠を入手し，A点を図の左側の重要な虚偽記載等ではないと判断される領域へと大きくシフトさせる必要がある。

これに対して，B点は，重要な虚偽記載等であるリスクが比較的小さいと評価された事項である。A点の場合と比べて少ない資源で簡易な業務手続を実施するだけで，B点を左に移動させて重要な虚偽記載等ではないという結論を導くことができると考えられる。

ERの目標水準を所与とすると，保証業務をどの程度厳格に実施すべきかは，特定の事項が虚偽記載等であるリスクの大きさによって決まることになる。しかし，要求される保証の水準が低ければ，逆にいえば目標となるERを比較的大きく設定できれば，サステナビリティ情報に重要な虚偽記載等が含まれておらず信頼性が確保されているという業務実施者の確信度は，相対的に低くてもよいことになる。

図表7-4　重要な虚偽記載等のリスクと保証業務

重要な虚偽記載等ではない　　　　　　　　　　　　重要な虚偽記載等である

出所：蟹江［2017］に加筆。

第Ⅱ部　サステナビリティ情報の保証の理論

　提供される保証の水準は，合理的保証業務の方が限定的保証業務よりも高い
とされているが，この違いはERの水準の違い，あるいは業務実施者が得るべ
き確信度の違いということができる。サステナビリティ情報に対する保証業務
を限定的保証業務として実施することにすれば，目標とするERを大きめに設
定することができ，企業におけるRMMの値が比較的大きくても，相対的に大
きめのDRが許容されることになる。

　中・長期的な将来における価値創造の展望を示すサステナビリティ情報には
不確実な要素が多く含まれ，RMMの値が相対的に大きくなりがちである。そ
のような場合でも，合理的保証業務を実施することはできるが，目標として小
さなERを設定する必要があり，業務実施者は，これを達成するために非常に
大きなコストや労力を費やして，厳格な業務手続を実施しなければならない。
逆に，ERを高めに設定して比較的簡易な手続による限定的保証業務を実施す
ることにすれば，業務の実施にかけるコストや労力を抑えることができるが，
その代わりに提供できる保証の水準は相対的に低くならざるを得ない。

　サステナビリティ情報に対して保証業務を実施するための基準等の整備は進
みつつあるが，企業側におけるサステナビリティ情報，とりわけサステナビリ
ティ関連財務情報の信頼性を確保するための内部統制の整備も必要である。当
面，限定的保証を要求し，その後段階的に合理的保証へと水準を高めていくと
いうEUの方針も参考にしながら，どのような形でサステナビリティ情報に対
する保証業務を実施していくかが決定されることになろう。

Ⅶ　おわりに

　サステナビリティ情報は，企業の将来の価値創造に向けた経営者の「所信」
を含む情報であり，絶対に正しい解があるわけではない。また，財務情報とサ
ステナビリティ関連財務情報の両方が含まれるため，全体としての信頼性を客
観的に評価することは容易ではない。しかしながら，サステナビリティ情報の
想定利用者からは，たとえ限定的・消極的なものであっても，信頼性に対する
第三者による保証の提供が求められている。

　サステナビリティ情報の開示および保証業務に関する基準が整備されつつあ

り，これに伴ってリスク・アプローチによる保証業務の実施可能性が高まっている。ただし，保証業務の実施にあたっては，企業側においてサステナビリティ情報の信頼性を確保するために，特にサステナビリティ関連財務情報に係る内部統制の整備が行われなければならない。また，報告の信頼性を確保するための内部統制の運用状況について，内部監査の支援を受けながら，ガバナンス機関によるモニタリングと監督の体制を確立する必要もある。

しかし，当面は限定的水準の保証の提供にとどまるとはいえ，サステナビリティ情報の作成に責任を負う者から独立した第三者による保証業務を実施するための環境は，徐々に整いつつあるということができるだろう。

【参考文献】

荒井一博［2006］『信頼と自由』勁草書房。

河西洋亮・小林亜希［2022］「今，求められる非財務情報の開示とは」『リスクマネジメント最前線』第5号（https://www.tokio-dr.jp/publication/report/riskmanagement/pdf/pdf-riskmanagement-364.pdf）。

蟹江章［2017］「財務諸表監査のプロセスに関する一試論」『商学論叢』（中央大学）第58巻第3・4号，31-62頁。

蟹江章［2022］「統合報告書とアシュアランス」『現代監査』第32号，91-100頁。

河谷善夫［2023］「非財務情報の開示について（1）－その定義と背景等」『ビジネス環境レポート』第一生命経済研究所。

小西範幸［2015］「サステナビリティ・リスク情報の統合開示」『国際会計研究学会年報（2015年度）』第1号，25-40頁。

小西範幸［2019］「統合報告と保証業務の課題・拡充」『現代監査』第29号，12-21頁。

Deloitte Japan［2022］「今後求められる非財務情報開示の保証に備えて―やがてくる合理的保証に備えましょう」『リスクマネジメント』（https://www2.deloitte.com/jp/ja/blog/risk-management/2022/esg-future4.html）。

日本公認会計士協会［2023］『Global Sustainability Insights』第8巻。

非財務情報の開示指針研究会［2021］『サステナビリティ関連情報開示と企業価値創造の好循環に向けて―「非財務情報の開示指針研究会」中間報告』経済産業省経済産業政策局企業会計室。

藤野大輝［2023］「開示府令の改正が公布・施行」『証券・金融取引の法制度』（大和総研）2023年2月7日号。

前田和哉［2023］「改正企業内容等の開示に関する内閣府令の解説」『情報センサー』第185巻。

松田千恵子［2018］『ESG経営を強くするコーポレートガバナンスの実践』日経BP社。

International Auditing and Assurance Standards Board (IAASB)［2015］Exploring Assurance on Integrated reporting and Other Emerging Developments in External

Reporting, IAASB.

IAASB [2021] Non-Authoritative Support Material: Credibility and Trust Model Relating to Extended External Reporting (EER), IAASB.

IAASB [2023] Proposed International Standard on Sustainability Assurance 5000; General Requirements for Sustainability Assurance Engagements and Proposed Conforming and Consequential Amendments to Other IAASB Standards, IAASB.

（蟹江　章）

第 **8** 章

サステナビリティ情報に対する
保証の役割

I　はじめに

　自由な取引市場において取引に必要な情報がなければ，無秩序な情報や風説
が流布される可能性が高まり，情報優位にある当事者（経営者）に比べて相対
的に情報劣位にある当事者（投資者）が一方的に不利な情況に置かれ，不測の
損害を蒙る可能性が大きくなる。Akerlof［1970］のレモン市場を引証するま
でもなく，もしそのような情況が恒常的となれば，投資者はヨリ安全な取引市
場，すなわちヨリ適切かつ適時に投資や融資意思決定に必要な情報が開示され
る市場に逃避するであろう。故にそのような市場の失敗が生じ得るような環境
においては，情報劣位にある当事者を保護し，取引市場の安全性や流動性を確
保するという観点から，情報開示が根拠付けられることになる。

　一方，経営者が投資者向けIRの一貫として，利用者の意思決定の誘引や宥
和化を目的として自発的に開示する情報もある。当該情報としては，統合報告
書，環境報告書，CSR報告書等，様々な名称によって独自の情報開示が行われ
てきた。このようなIRとしての自発的な開示情報を利用するかしないか，ま
た利用する場合にどのように利用するか，はすべて利用者の自由である。この
ため，どの程度の信頼性のある情報をどれ程の分量で作成・開示するかは，情
報作成者としての経営者の判断や意欲次第ということになる。つまり自発的な
情報開示には，開示の一貫性や比較可能性が強制される謂れはない。

　そこで本章では，経営者が開示する情報について，そもそも保証や監査がな
い状態でどの程度の信頼性が確保されているのか，次にもし当該情報の信頼性
が利用者にとって有用となる程度に確保するためにはどのような仕組みが必要
なのか，を明らかにしたい。

185

第Ⅱ部　サステナビリティ情報の保証の理論

Ⅱ　開示情報の生来的信頼性

　外部の当事者は，自発的な開示情報の背後にある事実としての実態を把握することができない以上，当該情報がどの程度信頼できる情報として開示されているかを捕捉することはできない。しかし法定開示制度の歴史において，有価証券報告書（以下，有報）に含まれる財務諸表以外の情報の信頼性がわが国ではじめて明らかとなったのが，2004年に2度にわたって金融庁から上場企業等（4,543社）向けに発出された有報の自主点検要請である（金融庁［2004a; 2004b］）。当該要請をきっかけにして上場企業等は訂正報告書を提出したが，その訂正会社数と訂正箇所の件数をまとめたものが図表8-1である。

　図表8-1からわかることは，企業自身による自主点検によっても，自主点検要請先4,543社のうち652社（約14.3%）が訂正報告書を提出し，また「経理の状況」以外の直接的な監査対象ではない箇所での訂正件数は全体（1,330件）のうちの983件（約74%）となっていることである。つまり，監査人の関与が直接的にな

図表8-1　自主点検要請（4,543社）に基づく訂正報告書の記載区分と件数

	会社数	訂正件数	比率（%）
第1部			
第1 企業の概況	132	166	12.5
第2 事業の状況	77	95	7.1
第3 設備の状況	30	30	2.3
第4 提出会社の状況	417	656	49.3
第5 経理の状況	257	347	26.1
第6 提出会社の株式事務の概要	5	5	0.4
第7 提出会社の参考情報	9	9	0.7
第2部	983件_経理の状況以外74%		
第1 保証会社情報～第3 指数等の情報	－	－	－
その他	22	22	1.7
合計件数	949	1,330	100.0
会社数	652	全体の14.3%	

出所: 東証・JICPA［2005］に基づき筆者作成。

されていない有報の財務諸表以外の箇所について，法定開示であったとしてもすべての上場会社が実態に即した情報を適切に開示しているとは必ずしもいえないことが推測される[1]。この結果，法定開示よりもヨリ経営者の裁量や恣意的判断の余地の大きい自発的な開示情報の信頼性は相対的に低いといえる。

自発的な開示情報と法定開示情報の関係ならびにそれら情報に対する外部監査人の関与のあり方は，現行制度を前提にすると図表8-2のようにまとめられる。

わが国の現行開示制度においては，財務諸表本体と注記に対しては監査手続が実施されて信頼性が担保されるのに対して，有報に含まれる「経理の状況」以外の部分，すなわちその他情報（OI）部分については，外部監査人により「通読」と「検討」という手続により当該情報に誤りがないことが確認されているが，その適正性についての監査人の最終結論が表明されることはない。とはいえ，当該OIに対して一定の手続が実施され，当該内容に虚偽の表示が含まれ

図表8-2　外部監査人の開示情報に対する関与

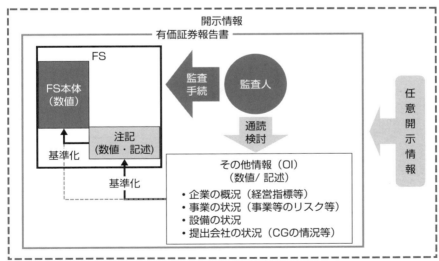

出所：筆者作成。

1） 本調査の結果は自己申告による点検結果であるため，未申告のまま虚偽の表示が潜在している可能性と自己申告の中には投資者にとって重要性の乏しい虚偽の表示が含まれている可能性は当然に存在する。

第Ⅱ部　サステナビリティ情報の保証の理論

ている場合には監査人に対応が求められるし，指摘すべき事項がない場合にはその旨が「その他の記載内容」記載区分に記載されるため，利用者側からみれば一定の信頼性は確保されている。一方，任意開示情報に対しては，保証も経営者との任意契約に基づいて第三者によって行われているものもあるが，任意開示であるが故に保証のないまま開示されているものもある。

現行のサステナビリティ情報を含む法定開示に対する監査による役割は，図表8-3のようにまとめられる。

図表8-3に示すように，現在，有報の「第2　事業の状況」に記載される「サステナビリティに関する考え方及び取組」といういわゆるサステナビリティ情報に対して監査意見の表明は求められておらず，財務諸表監査の一環としてOIに対する一定の手続とその結果の監査報告書への記載が求められているに過ぎない。

図表8-3　現行法定開示に対する監査の対応

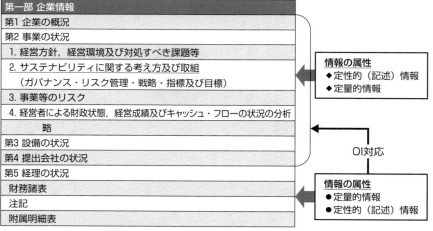

出所：金融庁［2023］に基づき筆者作成。

サステナビリティ情報に対する保証の役割　第8章

Ⅲ　開示情報に対する保証の役割

　任意であろうと法定であろうと，開示される情報は一定の信頼性が確保され
てこそ有用なものとして想定利用者に受け入れられ，市場の安全性が確保され
る。いかに利用者の意思決定が自己責任であろうとも，誤った情報がその正誤
のわからないまま開示されて，利用者の意思決定に十分に資すると考えるもの
はいないであろう。このためいかなる情報であろうとも，その信頼性に関する
一定の保証が不可欠といえる。保証の持つ重要な機能は，開示情報に対する保
証業務の結果である業務実施者の結論を保証報告書として作成・公表すること
で，情報作成者（経営者）と情報利用者との間の情報の非対称性を減じ情報利
用者の投資・融資リスクを軽減し，その意思決定をヨリ安全・確実に行える取
引市場を確保することにある[2]。

　この保証業務については，アメリカ公認会計士協会（以下，AICPA）のElliott
委員会では「想定される意思決定者のために，情報の質，あるいは情報の内容
を改善する独立した専門的業務」（AICPA［1996］）[3] という利用者指向で定義した。
一方，IFACでは保証業務について「主題情報に対する責任当事者以外の想定
利用者の信頼の程度を向上させる意図で結論を表明するために，業務実施者が
十分かつ適切な証拠を入手することを目的とした業務」（IFAC：IAASB［2018b］）
と定義し，またわが国でも「主題に責任を負う者が，一定の規準によって当該
主題を評価又は測定した結果を表明する情報について，又は，当該主題それ自
体について，それらに対する想定利用者の信頼の程度を高めるために，業務実
施者が自ら入手した証拠に基づき規準に照らして判断した結果を結論として報
告する業務」（企業会計審議会［2005］）というように3人の当事者を前提にし
て保証業務を提供する側の業務実施者指向で定義している。

　これを財務諸表監査に当てはめると，責任当事者である経営者が，企業の経
営成績・財政状態・キャッシュフローの状況について会計基準に従って測定・

---

2)　このような理解は Wallace［1980］を参照されたい。
3)　わが国で最初に AICPA［1996］を含む保証業務を体系的に検討したものとして，日本公認会計
　　士協会［2000］がある。

189

第Ⅱ部 サステナビリティ情報の保証の理論

評価し，主題情報としての財務諸表を作成する。これに業務実施者である監査人が，契約当事者たる経営者との監査契約に基づき，保証報告書（監査報告書）を想定利用者である投資者に提供することになる。このような保証業務は，財務諸表監査をその典型とするものの，非財務情報であろうと財務情報であろうと，一定の主題情報が公表されるところでは，それが想定利用者の意思決定上，重要な情報であればあるほど[4]，当該情報の信頼性を保証する不可欠なサービスとなると考えられる。

　ここで非財務・財務情報の開示とその保証を，想定利用者である投資者保護の観点から整理すると以下のようになる。資本市場に参加してリターンを得ようとする投資者は，必ず一定の投資リスクを負担しなければならない。つまりリスクをまったく負担することなく，いかなるリターンも得ることはできない。この場合の投資リスクには，カントリーリスクや産業リスク，マーケットリスク等，個々の企業とは関係なく生じ市場参加者によってコントロールできないものと，個々の企業に関連して生じ市場参加者の意識・行動・契約（規制も含め）によってある程度コントロールできるものがある。後者の代表的なものが企業経営者による情報開示であり，適正な情報の開示は，資本市場の根底をなし，その安全性や流動性を確保するために不可欠なものと理解される。

　この情報開示に関連するリスクは，個々の市場参加者によって負担されるが，最終的なリスクの顕在化は，開示情報に含まれる重要な虚偽表示に起因した投資者の側における損失の発生となる。このリスクの顕在化，すなわち投資者の損失は，そこでおわることはなく，情報の出し手である経営者に対して当該損失の補填を迫る損害賠償請求に結び付く。したがって，投資者からすると，意思決定情報として利用する開示情報の信頼性の確保は，自らが蒙るかもしれない被損リスクを低減させるとともに未然に回避するために肝要といえる。一方，経営者からしても，投資者の側に損失が発生し，その補填のために自らが損害賠償義務を負わされないようにするためには，開示情報の信頼性を確保することが重要となる。この場合の投資リスクは，以下の等式のように開示情報が誤

---

4) 意思決定情報の重要性が保証（監査）の必要条件であることは，利害対立の存在，主題と監査過程の複雑性，主題と作成者からの利用者の遠隔性という条件とともに，AAA［1973］で指摘されている。

190

っている確率（情報リスク）と正しい情報を投資者が誤って分析する確率（分析リスク）から構成されており，財務・非財務にかかわらず開示情報を投資意思決定に利用する場合には須らく該当する。

［投資リスク］＝［情報リスク］×［分析リスク］

このような資本市場における保証の持つ機能は，開示情報を利用した投資活動（融資活動においても同様である）に伴う投資リスクのうち，開示情報の利用者が当該情報に依拠してそのまま投資した結果，損害を蒙るかもしれない通常時のリスク（正常リスク）の対象，すなわち自己責任で投資できる対象を広げ，情報リスク（異常リスク）を軽減することにある（図表8-4参照）[5]。

図表8-4は，投融資リスクを正常リスクと異常リスクに区別して図示している。正常リスクは，正しい情報が開示されているにもかかわらず当該正しい情報の分析を誤って投融資を行った結果として利用者が損害を蒙る確率であり，利用者の自己責任の対象となる。一方，異常リスク部分は，誤った情報が開示され，当該誤った情報に意思決定を誤導された利用者が損害を蒙る確率である。つま

図表8-4　情報に対する保証の機能

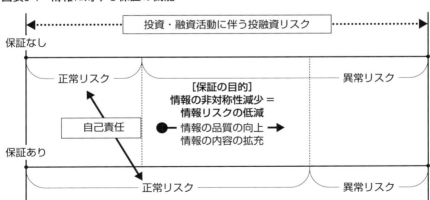

（注）外部要因は除く
出所：筆者作成。

---

[5] 分析リスクについては，情報利用者の分析能力の問題であって保証の有無は関係ない。

第Ⅱ部　サステナビリティ情報の保証の理論

り，財務諸表監査であれば監査リスクに相当する部分であり，社会が容認する
監査が失敗する確率に相当しゼロにはならない。ここで保証水準は「１－監査
リスク」となり，財務諸表監査においては合理的保証の水準として画定される。
　非財務情報を保証の対象とする場合，想定利用者（社会）が財務情報よりも
非財務情報の方が不確実性の高い要素がヨリ多く含まれており，監査よりも高
い確率で保証業務の失敗を認めるというのであれば，保証リスクは大きくなり，
すなわち異常リスク部分は広くなり，保証水準は監査よりも低いものが求めら
れることになる。

Ⅳ　保証の枠組み

1　保証対象

　業務依頼人（責任当事者）と業務実施者との間で交わされる保証業務の契約
時点で，業務実施者が結論を表明する対象（主題情報）と，そのために業務プ
ロセスを通じて獲得すべき保証の程度（保証水準）はあらかじめ約束され画定
される。監査を含む保証業務において，業務実施者による専門的判断が行使さ
れるのは十分かつ適切な証拠を入手するために，どのような手続を，いつ，ど
の範囲で，選択・適用するか，という手続実施の局面である。またこの保証業
務の遂行過程において，必要十分な証拠の質と量が確保できないことが判明し
た場合には，保証水準の低い業務への変更を伴う業務契約の見直しを行うとか，
契約を辞退するといったことも想定される。開示情報に対する保証水準の構成
要素を考えると，以下の等式のようになると考えられる（松本［2011］）。

　　［保証対象］　×　［保証手続］　＝　［保証水準］

　この等式から明らかなように，左辺の［保証対象（主題情報）］の属性によ
り右辺の［保証水準］は異なり得るし，同じく左辺［保証手続］が異なれば，
右辺の［保証水準］は変動することになる。つまり財務情報・非財務情報に含
まれる個々の項目の要証命題（保証の要点）が高い検証可能性を有するもので
あれば，同じ保証手続を実施したとしても保証水準は高くなるのに対して，検

サステナビリティ情報に対する保証の役割　**第8章**

証可能性が低くなれば保証水準も相対的に低くなると予想される。一方，証拠力の大きい証拠をヨリ多く入手できる手続と証拠力の小さい証拠しか入手できない手続とでは，同じ保証対象に対して適用した場合でも保証水準は異なる。

　もともと保証水準の多層性については，アメリカで同旨のことが議論されたころからすでに「社会的要請が，財務諸表監査と同程度の保証でなくてもよいとするのであれば，これに対して監査機能を拡張することに制約を課すような条件を設けることは，独立監査の発展を阻害する。……，監査概念は，固定的なものではなく，社会の発展に応じることができるような弾力的なものでなければならない」（森［1975］）と積極的に理解する見解もあった[6]。

　また左辺の保証手続の実施対象となる要証命題として，非財務情報の属性を財務諸表との近さ，さらには現金収支との近さで表すと図表8-5のように捉えられる。

　図表8-5において，現金収支から最も遠い未来では不確実性が高くかつ検証可能性の低い事象が対象となり，その場合の開示プロセスは当該事象の発生可能性の高低と金額の見積り可能性の高低に依存し，財務諸表→注記→その他の情報という順で両者の高い事象から低い事象が情報として有報における適切な

図表8-5　開示情報の属性と検証可能性・不確実性の関係

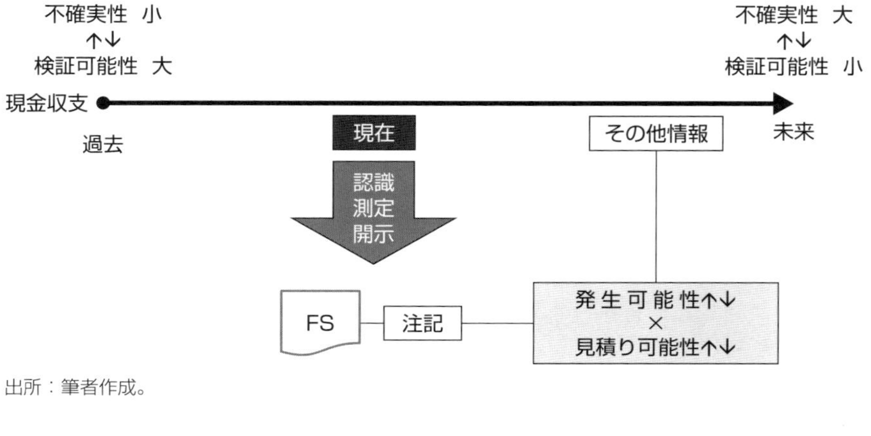

出所：筆者作成。

6）　同じように，このような保証水準の多層性については，「要証命題の水準」と監査による「検証の水準」の両者によって変化し得ることが指摘されていた（高田［1983］）。ほかにも大石［1978］・檜田［1985］・森［1985］など数多い。

193

第Ⅱ部　サステナビリティ情報の保証の理論

箇所で開示される。

　会計上の見積りに関する財務情報と温暖化ガスに関する非財務（数値）情報を前提にして，どのような要証命題が想定できるかを示したものが図表8-6である。

　この図表8-6では，責任当事者である経営者（濃いグレーの背景部分）が，見積りに関する規準に基づき一定の仮定の下に，特定のモデルを選択し，当該モデルにデータをインプット・計算し，最終数値を開示することを想定する。この想定において，業務実施者が立証し得る個別の対象（濃いグレーの背景部分）は，適用された規準の適切性，仮定の合理性，モデルの適合性，データの信頼性，計算の正確性，数値・レンジの適正性，という複数の項目が考えられる。つまり業務実施者は業務依頼人との間で，これらすべての要証命題を証明し保証することを契約することも，あるいはこれらのうちの一部のみを保証する契約を締結することも認められる。どのような形態の契約であろうとも，開示情報の信頼性が一定の範囲で保証されて情報リスクが低減されることになるため，想定利用者にとっては有益である。

　また主題情報を非財務情報に置き換えたとしても，記述されている分析方法の適合性やその妥当性，さらには，記述されている論旨の一貫性や他の情報と

図表8-6　保証業務における要証命題

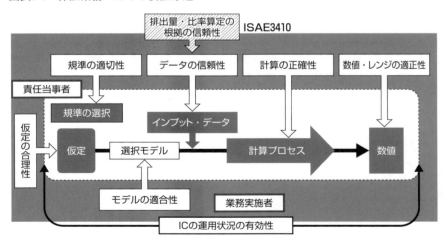

出所：筆者作成。

の整合性といった要証命題の設定が同様に可能になる。そこで非財務情報の代表例として，すでに保証業務が存在する温暖化ガス情報に対する国際保証業務基準（International Standard on Assurance Engagements: ISAE）3410を前提に，温暖化ガス特有の要証命題を図表8-6の外延部分に斜線の吹き出しで追加しているが，それ以外の部分は見積りの監査と同じ要証命題が設定できる。

このような情報は，図表8-6にあるように財務・非財務にかかわらず企業が構築した内部統制によって作成される。すでに2013年公表のCOSO『内部統制の統合的フレームワーク』（COSO［2013］）でも，内部統制の目的を適正な財務報告から適正な報告に拡張されたように，内部統制の有効性が財務・非財務にかかわらず開示情報の信頼性に影響することが示された。このCOSO［2013］の目的の拡張には，サステナビリティに関する情報も含まれる（COSO［2023］; 八田・橋本監訳［2023］），と理解されている。つまり外部報告に至る開示情報の信頼性は，企業のガバナンスを含む内部統制の有効性に依存することになる。この開示情報の信頼性，すなわち投融資リスクと内部統制との関係を図表8-4に反映すると，以下の図表8-7のようになる。

企業内部において，報告に係る有効な内部統制が構築されることによって，市場に開示される財務・非財務情報の信頼性は高まる，すなわち正常リスク（自

図表8-7　投融資リスクに対する内部統制と外部監査の効果

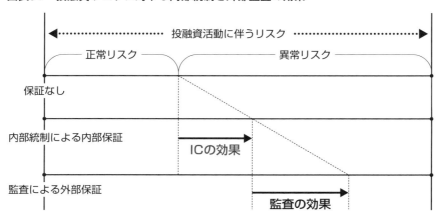

出所：筆者作成。

第Ⅱ部　サステナビリティ情報の保証の理論

己責任）を前提に投融資できる範囲が広がるとともに，利用者が負担すべき異常リスクの程度は小さくなる。この結果，情報利用者の意思決定は保護される。ここで内部統制の役割は，情報開示を担当するガバナンス責任者に対して信頼できる情報の作成を内部的に担保していることにあり，誤った情報をガバナンス責任者が市場に開示する確率を低減させることに貢献する。

　有効な報告に係る内部統制によって信頼性の向上した情報に対して，さらに外部監査が関与することで当該情報の信頼性は向上し，情報リスク（異常リスク部分）は小さくなるので，利用者はヨリ一層安心して当該情報を利用することができることになる。

2　保証手続

　図表8-5でみたように，要証命題をどのような属性のものとするかによって，その検証可能性は異なるとともに，入手すべき証拠とそのために選択される保証手続も異なることになる。このため図表8-8では，実施される保証手続の量，すなわち投入される資源量によって，保証の水準が異なることを示している。この場合，保証の水準は業務契約を締結した時点で，一定の範囲に収まることが事前的に約束されており，最終的に業務実施者が獲得すべき確信の程度はその範囲の中に収まる必要がある。

　ここでは業務実施当初に入手された証拠を評価することで得られる業務実施者の心証と，業務を追加的に行い入手された証拠の評価からとでは，業務実施者が得る心証の程度が異なる，と想定している。つまり，証拠の増加（投入資源量の増加）がもたらす保証水準は，追加的証拠が得られるに従って逓減して行くと考えられる。

　また投入資源量，すなわち業務実施者の関与の程度，に基づくと，会計士が監査業務を契約するのか，レビュー業務を契約するのかによって，目標として達成すべき保証水準は画定されるが，実際に業務を遂行する過程で投入される資源量ないしはその結果として入手される証拠の質・量によって保証の水準は上下することになる。つまり図表8-6のように，業務契約を締結した時点では，特定の保証業務に対する保証水準として求められる幅が画定されるのであって，固定的な特定の水準が決定されるわけではない。業務実施者は，当該契約が目

196

図表8-8 投入資源量と保証水準

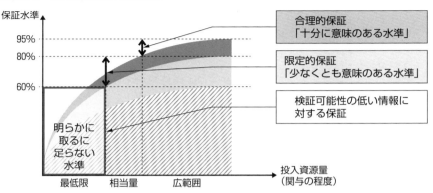

出所：筆者作成。

標とする一定の幅の中に，業務の結果としての保証の水準が収まるように業務資源を投入することになる。

　保証業務において提供される保証の水準については，その程度の高さによって合理的保証と限定的保証に区分され，IFAC［2002］のアンケート調査によれば，その水準は前者が80〜95％，後者が60〜80％と解される。特に保証水準について，業務実施者の視点から，合理的保証を「十分に意味のある（sufficiently meaningful）」水準まで想定利用者の信用を高められる水準とし，限定的保証を「少なくとも意味のある（at least meaningful）」水準として，そして意味のある水準に満たないものを「明らかに取るに足らない（clearly inconsequential）」水準と位置付ける（IFAC：IAASB［2019］）。

　ここで問題となるのは，サステナビリティ情報に対する保証業務については，業務実施者を特定の職業的専門家の独占業務としない方向（profession-agnostic）で保証業務基準の策定議論が進んでいる（IFAC：IAASB［2023］）。このため業務実施者があらかじめ金融商品取引法等で公認会計士ないしその集合である監査法人という専門資格を持つ特定の職業的専門家に特定されている財務諸表監査や内部統制監査に対して，サステナビリティ情報に対する保証業務については業務実施者の専門能力，独立性，倫理観，さらには品質管理の水準に揺らぎが生じ得る。このため先の保証水準の構成要素に関する等式は，以下のように

第Ⅱ部　サステナビリティ情報の保証の理論

変更される。

[保証主体]　×　[保証対象]　×　[保証手続]　＝　[保証水準]

　上記等式において，法定監査の場合は保証主体の適格性や独立性の水準[7] が
１となるのに対して，サステナビリティ情報の保証では，保証主体の専門能力
等からなる業務実施者の質に関する要件を事前に，どのように法律上，あるい
は契約上措定することができるかが重要な課題となる。

Ⅴ　おわりに

　本章では[8]，サステナビリティ情報の信頼性を明らかにし利用者に対して当
該情報に依拠できる程度を保証する保証業務の必要性を投融資リスクの観点か
ら確認し，当該保証業務を提供するために必要となる構成要素を明らかとした。
　現在，監査・保証業務による保証の付いていない情報がどの程度信頼できる
のか，すなわち事実を適切に反映した意思決定情報として開示されているのか，
に関する客観的な情報は存在しないため，法定開示書類である有報の中で直接
的な監査の対象となっていない箇所にどの程度の虚偽の可能性が潜在している
のか，を2004年に実施された金融庁による自主点検要請から明らかにした。そ
こでは，法定開示書類であっても全体の14％程の企業は誤った情報を開示して
いることが判明したため，任意開示の情報においてはそれよりも多くの虚偽の
情報が潜在的に含まれている可能性があることが推測される。この結果，サス
テナビリティ情報を含む非財務情報の開示に対しても，それが任意であろうと
法定であろうと市場参加者にとっては投融資リスクの低減という観点からその
信頼性を保証する仕組みが必要であることを論証した。
　次に保証業務を提供するとした場合，そこで提供される保証水準が一定以上
となるため，保証の水準に影響する保証主体，保証対象，保証手続という３つ

---

7)　財務諸表監査を担う監査人の質が，事実と異なる開示情報を発見できる能力としての適格性と当
該発見した虚偽の表示を修正指導ないしは利用者に報告できる能力である独立性の関数となること
については，松本［2002］および Watts & Zimmerman［1981］を参照されたい。

8)　本章は，松本［2023］の内容の一部を加筆・修正したものである。

198

の点から保証業務が検討される必要があることを指摘した。特にサステナビリティ情報については，保証主体が現時点で特定化されておらず，またその実施手続も具体化されていない。

　保証対象としてのサステナビリティ情報の属性は，一定の数値情報を除くと記述情報としての性格を有していることから，検証可能性が相対的に低い情報と考えられる。故に，想定利用者には当該情報がもともと検証可能性の高くない情報であることを啓蒙し，利用者が許容する保証リスクの水準を過度に低くない水準に誘導する必要がある。とはいえ，当該情報の作成プロセスに係わる内部統制の有効性の程度に応じて，市場に開示される情報の生来的信頼性は決定されることから，ガバナンスに責任を負う者は，どのくらいの検証可能性や精度を備えたサステナビリティ情報の作成を内部統制に期待するかによって，その充実度を決定しなければならない。

　さらに保証主体としての業務実施者の資格要件を特定の専門職業に限定しない場合，その適格性や独立性の遵守程度が業務実施者の質に影響し，最終的な保証の水準にも影響することになる。当該保証業務が社会的に受け入れられる保証リスク（保証水準）を達成できるためには，保証主体に求められる属性を法規ないしは契約により明らかにし必要に応じて業務報告書にも記載するのが望ましい。また保証手続については，一般に認められる手続として業務基準が策定されることは最低限の保証手続で入手されるべき証拠の水準を確定できると考えられる。

【参考文献】

大石勝也［1978］「調査過程の論理構造と重要性および危険性の概念」『商大論集』（神戸商科大学）第29巻第4・5号。

企業会計審議会［2005］「財務情報等に係る保証業務の概念的枠組みに関する意見書」。

金融庁［2004a］「ディスクロージャー制度の信頼性確保に向けた対応について」11月16日。

金融庁［2004b］「ディスクロージャー制度の信頼性確保に向けた対応（第二弾）について」12月24日。

金融庁［2023］「企業内容等の開示に関する内閣府令等の一部改正（案）」。

高田正淳［1983］「監査制度改善への提案」『企業会計』第35巻第3号。

東証・JICPA［2005］「東京証券取引所・日本公認会計士協会による共同プロジェクト中間報告」4月28日。

第Ⅱ部　サステナビリティ情報の保証の理論

日本公認会計士協会［2000］「『環境報告書保証業務指針（試案）』（案）」。

檜田信男［1985］「『監査』における方法の選択と前提的課題」『企業会計』第37巻第10号。

松本祥尚［2002］「第7章　特記事項と監査人のディスクロージャー選好」盛田良久編『監査問題と特記事項』中央経済社。

松本祥尚［2011］「監査の果たす保証機能」千代田邦夫・鳥羽至英共編『会計監査と企業統治（体系現代会計学）』。

松本祥尚［2023］「第8章　サステナビリティ情報と保証理論」小西範幸編著『サステナビリティ情報と会計・保証・ガバナンスの展開<最終報告書>』（日本監査研究学会課題別研究部会）。

森實［1975］『会計士監査論（増補版）』白桃書房。

森實［1985］「中小会社監査とその制度選択について」『企業会計』第37巻第10号。

American Accounting Association（AAA）［1973］A Statement of Basic Auditing Concepts, AAA.（青木茂男監訳・鳥羽至英訳［1982］『基礎的監査概念』国元書房。）

American Institute of Certified Public Accountants（AICPA）［1994］*Improving Business Reporting: A Customer Focus, Comprehensive Report of the Special Committee on Financial Reporting.*（八田進二・橋本尚共訳［2002］『アメリカ公認会計士協会　ジェンキンズ報告書 事業報告革命』白桃書房。）

AICPA［1996］*The Report of Special Committee on Assurance Services*（The Elliott Report）.

Akerlof, G. A.［1970］"The Market for Lemons: Quality, Uncertainty and the Market Mechanism" *Quarterly Journal of Economics*, vol.84, No.3.

Committee of Sponsoring Organizations of the Treadway Commission（COSO）［2013］Internal Control: Integrated Framework.

COSO［2023］Achieving Effective Internal Control over Sustainability Reporting（ICSR）: Building Trust and Confidence through the COSO Internal Control: Integrated Framework.（八田進二・橋本尚監訳［2023］『サステナビリティ報告に係る有効な内部統制（ICSR）の実現: COSOの内部統制の統合的フレームワークによる信頼と自信の確立』。）

Elliott, R.K. and D.M. Pallais［1997］"Are You Ready for New Assurance Services" *The Journal of Accountancy*, June.

International Federation of Accountants（IFAC）［2002］Study 1: The Determination and Communication of Levels of Assurance Other than High.

IFAC: International Auditing and Assurance Standards Board（IAASB）［2018a］International Standard on Assurance Engagements（ISAE）3000（Revised）Assurance Engagements Other Than Audits or Reviews of Historical Financial Information.

IFAC: IAASB［2018b］International Framework for Assurance Engagements.

IFAC: IAASB［2019］Main Agenda: Extended External Reporting（EER）Assurance, December.

IFAC: IAASB［2023］Exposure Draft: Proposed International Standard on Sustainability Assurance 5000, General Requirements for Sustainability Assurance Engagements and Proposed Conforming and Consequential Amendments to Other IAASB Standards,

サステナビリティ情報に対する保証の役割　**第8章**

August.

Wallace, W.A. [1980] "The Economic Role of the Audit in Free and Regulated Markets" Open Education Resources (OER), No.2.

Watts, R.L. and J.L. Zimmerman [1981] "The Markets for Independence and Independent Auditors" Working Paper Series No. GPB 80-10 (N.Y.: Univ. of Rochester).

（松本 祥尚）

第 **III** 部

コーポレートガバナンス
の実務

第9章

サステナビリティ情報の開示と保証に関する国際的実態調査

I はじめに

　情報利用者のニーズが高まったこともあり，今日，世界的にサステナビリティ情報等を市場で開示する企業が増加している。このような状況を考慮すると，わが国では，どのようにサステナビリティ情報を開示し，保証する必要があるのかを国際的な実態調査のエビデンスを基に検討する段階に入っていると考えられる。

　このような状況であるものの，サステナビリティ情報の開示，保証およびガバナンスに関する国際的実態調査結果は，十分考察されていないのではないだろうか。

　そこで，本章は，サステナビリティ情報の開示，保証およびガバナンスに関する国際的実態調査の内容を観察し，考察することを目的とする。

　本章の構成は以下の通りである。まず，用語を整理し，国際的調査の限界を説明し，IFAC（国際会計士連盟）が公表した報告書（IFAC [2023]）等からサステナビリティ情報の開示と保証に関する国際的動向を観察し，考察していく。そして，サステナビリティ情報の開示，保証およびガバナンスに関する投資家の見解，企業の見解および保証プロバイダー（会計事務所およびその他の保証プロバイダー）の見解を明らかにするために，IOSCO（証券監督者国際機構）が公表した報告書（IOSCO [2023]）のアンケート結果を観察し，考察していく。

II 用語の整理と国際的調査の限界

　ここからは，用語の整理をしていく。まず，IFAC [2023] におけるサステ

205

第Ⅲ部　コーポレートガバナンスの実務

ナビリティ情報という用語は，本書におけるサステナビリティ情報という用語の定義と完全に一致していない。なお，本書は保証の対象となり得るサステナビリティ情報を取り扱うが，IFAC［2023］の調査対象となっているサステナビリティ情報の中には保証の対象となり得ない情報が含まれている可能性がある。

　また，IFAC［2023］では，ESG情報という概念の中にサステナビリティ情報を含有しているが，この概念の捉え方と異なり，本書はESG情報の中にサステナビリティ情報が含有されていると捉えていない。

　そして，IFAC［2023］では，サステナビリティ情報，サステナビリティレポート，ESG情報および統合報告等の用語が乱用されている可能性が高い。例えば，サステナビリティ情報とは捉えられない情報を企業がサステナビリティレポートという名称で公表し，IFAC［2023］が当該情報をサステナビリティレポートとしてカウントしているパターンが想定される。また，サステナビリティ情報に対して限定的保証の要件を満たしていない保証業務が実施されているパターンが想定されるが，IFAC［2023］の調査において，そのような保証業務に対しても保証（Assurance）という用語が使用されるとともに，限定的保証が実施されているというようにカウントされている可能性が高い。これらの点は，どのような要件を満たすことによりサステナビリティ情報と捉えることができるのか，また，どのような要件を満たすことにより保証と捉えることができるのかということを整理することが困難である国際的調査の限界からもたらされる問題である。

　IFAC［2023］の調査において，上述してきた用語は，わが国の市場関係者が一般的に想定している用語の意義と異なる意義で使用されている可能性がある。よって，本章では，上述してきた用語がIFAC［2023］において用いられている場合，カッコを付すことにより（例えば，「サステナビリティ情報」と表示する。），用語の乱用を避けていく。

　また，本章は，監査法人という用語を使用せずに会計事務所という用語を使用していく。なお，本章において，その他の保証プロバイダーとは，会計事務所または会計事務所系列会社以外の保証プロバイダーを指す。

Ⅲ サステナビリティ情報の開示および保証に関する国際的動向

　ここからは，サステナビリティ情報の開示および保証に関する国際的動向を IFAC［2023］等から明らかにしていく。

　IFAC［2023］では，（ロシアを除く）世界21カ所の管轄地域の「ESG情報」（「サステナビリティ情報」を含む）の開示状況および保証状況を明らかにするため，2022年3月時点（2021年度）における調査対象国の時価総額上位100社（もしくは50社）を対象に調査を実施した。なお，IFAC［2021］およびIFAC［2022］では，2021年3月時点における2019年度と2020年度の（ロシアを含む）世界22カ国を調査している。以下の図表9-1にIFAC［2023］等から明らかとなった

図表9-1　「ESG情報」（「サステナビリティ情報」を含む）の国際的動向

(単位%)

国または地域	「ESG情報」が開示された割合			「ESG情報」が保証された割合			会計事務所または系列会社の保証割合	
調査年度（年）	2019	2020	2021	2019	2020	2021	2019	2021
アルゼンチン	52	60	64	31	37	25	100	89
ブラジル	90	92	92	53	67	72	76	76
カナダ	94	96	98	45	58	61	75	61
メキシコ	78	82	86	49	51	47	74	85
アメリカ	99	98	99	71	81	82	11	15
フランス	100	100	100	96	98	98	98	98
ドイツ	94	94	99	63	70	74	94	96
イタリア	98	98	100	73	90	94	97	100
スペイン	96	98	98	85	86	94	93	98
サウジアラビア	52	52	76	8	12	13	100	71
南アフリカ	100	96	96	54	54	63	67	47
トルコ	72	82	88	33	44	52	62	69
イギリス	99	98	99	55	68	82	54	36
オーストラリア	100	100	98	56	68	69	100	94
中国	79	80	93	28	30	37	59	50
香港	100	98	100	26	35	52	23	35
インド	98	100	100	38	40	49	63	47
インドネシア	90	100	100	20	26	32	33	42
日本	99	99	99	47	53	69	63	47
シンガポール	96	96	100	21	25	38	54	57
韓国	92	92	92	93	98	100	5	8
平均値	89	92	94	50	57	62	67	63

出所：IFAC［2021］，IFAC［2022］およびIFAC［2023］のデータを基に筆者作成。IFACの報告書には，「ESG情報」を会計事務所または会計事務所系列会社が保証している割合に関する2020年度の数値がなかったので，当該データを省略している

207

第Ⅲ部　コーポレートガバナンスの実務

「ESG情報」（「サステナビリティ情報」を含む）の国際的動向を示す。

　ここからは，「ESG情報」（「サステナビリティ情報」を含む）の国際的動向（図表9-1）を考察していく。図表9-1を観察すると，「ESG情報」を「開示」する企業は，世界中で増加していることがわかる（ただし，南アフリカおよびオーストラリアでは若干減少している）。また，2021年度において，（21地域のうち）17地域の調査対象企業の90％以上がサステナビリティ情報を開示している。なお，2021年度のわが国において，「ESG情報」を「開示」している企業の割合（99％）は，平均的（世界平均94％）だと捉えられる。

　一方で，図表9-1から，「ESG情報」の「保証」を受ける企業が世界中で増加していることがわかる（ただし，アルゼンチンおよびメキシコでは若干減少している）。また，2021年度のわが国において，「ESG情報」が「保証」されている企業の割合（69％）は，平均的（世界平均62％）だと捉えられる。

　そして，図表9-1から，「ESG情報」は，会計事務所または会計事務所系列会社から「保証」されることが増加している地域（10地域）もあれば，減少している地域（11地域）もあることが明らかとなった。

　わが国において，「ESG情報」を保証する企業は増加したが，保証プロバイダーとして会計事務所または会計事務所系列会社が選択される割合は減少している。これは，IFAC［2023］が調査した2021年度（2022年3月時点）において，わが国企業の「ESG情報」の保証基準としてISO14064（GHG検証基準）を採用する企業が増加したこと（IFAC［2023］によると，2019年度には，わが国の調査対象企業は27％しかISO14064の「保証」を提供されていなかったが，2021年度にはわが国の調査対象企業の48％がISO14064の「保証」を提供されている）に伴い，会計事務所ではなく，その他の保証プロバイダーがISO14064を使用して保証業務を提供したことが原因の1つだと考えられる。

Ⅳ　投資家，企業および保証プロバイダーの見解

1　IOSCOとサステナビリティ情報の開示・保証

　IOSCO[1]は，一貫性があり，比較可能で信頼できる情報を求める投資家のニ

1） IOSCOは，世界各国の規制当局（アメリカのSECやわが国金融庁）や証券取引所等から構成さ

208

ーズに対応するために，質の高いサステナビリティ報告基準のグローバルな枠組みを構築するというビジョンを掲げている（IOSCO [2023]）。また，IOSCOは，2022年2月にサステナビリティ情報の保証に関する1回目の円卓会議を開催した。当該円卓会議では，140以上の利害関係者が集まり，IOSCOがサステナビリティ情報の保証におけるグローバルな一貫性を調整・促進するうえで重要な役割を果たすことに関して，利害関係者から強い支持が表明された（IOSCO [2023]）。

　さらに，IOSCOは，国際的なサステナビリティ企業報告基準とともに，国際的なサステナビリティ保証基準・倫理基準を2024年度の会計期間に使用できるように望んでいると表明しており，IAASB（国際監査・保証基準審議会）およびIESBA（国際会計士倫理基準審議会）に積極的に関与している（IOSCO [2023]）。2022年12月のIOSCOのサステナビリティ情報の保証に関する2回目の会議において，IAASBは，2024年後半までに保証基準の作成作業を完了することを目指しており，IESBAも2024年後半までに倫理基準作成作業を完了させることを目指していると述べている（IOSCO [2023]）。そして，IOSCOは，IAASBとIESBAに対して，ISSB（国際サステナビリティ基準審議会）およびIASB（国際会計基準審議会）と連携し，報告基準がサステナビリティ情報の保証可能性に配慮しているかを確認するよう推奨している（IOSCO [2023]）。上述してきたことを考慮すると，IAASBが作成するサステナビリティ情報に関する保証基準およびIESBAが作成するサステナビリティ情報の保証に関する倫理基準は，ISSB基準を前提とすることになるだろう。

　そして，IOSCOは，サステナビリティ情報のグローバルな保証フレームワークに関する投資家の見解，企業の見解および保証プロバイダーの見解を調査するために，アンケートを実施した。以下では，IOSCOのアンケート結果を掲載し，紙幅の関係上，特筆すべき点のみを考察していく。なお，IOSCO [2023] のアンケートは，実施時期，有効回答数および詳細な質問文等の細かい情報が説明されていないものの，回答に多くの定性文が存在するため，質問項目に対して定性文言で回答できるアンケートであることがわかる。

　れている国際機関であり，様々な原則等を定めている。これらの原則等はメンバーに対する法的拘束力を持たないが，メンバーにこれらを踏まえて行動するよう促している。

第Ⅲ部　コーポレートガバナンスの実務

2　投資家の見解

　IOSCOは，様々な地域の投資家の見解を収集するために，フランス，マレーシア，シンガポール，イギリスおよびアメリカを拠点とする資産運用会社に対してアンケートを実施した。以下の図表9-2に，投資家に対するアンケートの質問項目の概要を示す。

図表9-2　投資家に対する質問項目の概要

●開示された情報を信頼できるようにするために投資家が望むこと。●独立した保証に関する投資家の現在の理解と期待。●保証の質に対する投資家の信頼，潜在的な監督および保証プロバイダーの質に関する見解。●開示された情報の意思決定有用性をめぐる課題。●情報の比較可能性とデジタル化に関する投資家の見解。

出所：IOSCO［2023］から引用。

　アンケートから，サステナビリティ情報の保証に対する投資家の需要に関する見解が明らかとなったため，以下の図表9-3にアンケート結果の詳細を示す。

図表9-3　保証に対する投資家の需要に関する回答の概要

●概ね，投資家は，サステナビリティ情報の保証が開示情報の信頼性を高めるとの見解を示した。●GHG排出量などの定量的な指標に関する保証は特に有用である。●潜在的なグリーンウォッシュに対する抑止力として，説明的情報と定量的情報の両方に対する保証が有用であると考える回答者もいた。●それにもかかわらず，ほとんどの投資家は，まだサステナビリティ報告書について独立した保証を期待することはなかった。なぜならば，ほとんどの国・地域では保証の義務付けがないからである。●概ね，投資家は，サステナビリティ報告基準が情報の高品質保証をサポートするほど十分に成熟した段階にあるとは考えていなかった。しかしながら，投資家は，ISSBの基準が開示の質と量の改善を促し，保証に対する需要が高まることを期待している。

出所：IOSCO［2023］の投資家向けアンケートの回答結果から引用。

210

サステナビリティ情報の開示と保証に関する国際的実態調査　第9章

　以下では，回答を考察していく。投資家は，サステナビリティ情報の保証が
情報の信頼性を高めることを認識していた。また，投資家は，法令等により強
制されていなくても，サステナビリティ情報が独立した第三者から保証される
ことを望むと考えられたが，法令等により強制されなければ，投資家は独立し
た第三者からの保証を期待しないとの調査結果が出た。
　アンケートから，ガバナンスと第三者データ・プロバイダーに対する投資家
の見解が明らかとなったため，以下の図表9-4にアンケート結果の詳細を示す。

図表9-4　ガバナンスと第三者データ・プロバイダーに関する回答の概要

> **ガバナンス**…多くの投資家は，情報作成者の内部システム，内部統制および
> ガバナンス・プロセスが情報の信頼性を高めることを期待している。特に，
> 投資家は，情報作成者の取締役会やガバナンス責任者（Those Charged With
> Governance：TCWG）がサステナビリティ情報開示の質を監督する責任を持
> つべきだと考えている。●また，投資家は，監査委員会の意思決定プロセス
> やその信頼度など，内部プロセスの透明性を高めることを求めた。●一部の
> 投資家は，情報作成者と直接関わり，それらのプロセスの適切性を評価して
> いると回答した。●内部システムや内部統制の成熟が必要であるとの指摘も
> あった。
>
> **第三者データ・プロバイダー**…投資家は，企業が公表するサステナビリティ
> 関連データについて，ある程度の信頼性を持っていると指摘している。それ
> にもかかわらず，多くの投資家は，様々な情報源からデータを入手し，クリ
> ーニングし，集計するために，第三者データ・プロバイダーを利用している。
> 投資家は，特に部門と地域が原因となって，企業が高品質なデータを入手す
> ることが困難になる可能性を認識している。

出所：IOSCO［2023］の投資家向けアンケートの回答結果から引用。

　以下では，回答を考察していく。投資家は，サステナビリティ情報の信頼性
を高めるために，内部統制やガバナンスに依存していることが明らかとなった。
また，取締役会やガバナンス責任者がサステナビリティ情報の質を監督する責
任を持つべきだという意見もあった。サステナビリティ情報は保証だけで信頼

第Ⅲ部　コーポレートガバナンスの実務

性を高めることが難しいため，投資家が回答したように，内部統制やガバナンスによってサステナビリティ情報の信頼性を高めることが必要であろう。

　アンケートから，限定的保証および合理的保証等に対する投資家の見解が明らかとなったため，以下の図表9-5にアンケート結果の詳細を示す。

図表9-5　限定的保証および合理的保証等に関する回答の概要

> ●概ね，投資家は，合理的な保証をサステナビリティ情報の保証の最終的な目標とすべきとの見解を示した。しかしながら，特定のサステナビリティ関連開示項目（例えば，GHG排出量等）についてのみ，合理的保証を求めるべきだという意見もあった。●経済圏（ecosystem）全体の準備状況や能力構築の必要性，また潜在的なコストなどを考慮すると，合理的な保証の実現には時間がかかる可能性があることを認める意見が多かった。短期的には，限定的な保証がより現実的な目標になるかもしれないとの意見が出された。●合理的保証に向けた段階的アプローチを推奨する意見もあった。限定的保証から合理的保証へと段階的に要求事項を設定することが提案された。例えば，Scope 1の排出量から合理的な保証を開始するといったことが挙げられる。ある企業にとってのScope 1は，その顧客にとってのScope 3となる可能性があることから，Scope 1にしか合理的保証をしなかったとしても，バリューチェーンにおけるデータの質を向上させることができる。

出所：IOSCO［2023］の投資家向けアンケートの回答結果から引用。

　以下では，回答を考察していく。投資家は，サステナビリティ情報に対して最終的に合理的保証を実施したいと考えているが，現状，サステナビリティ情報の保証は限定的保証を現実的な目標にすべきであると考えている。また，投資家は，特にGHG排出量に関連するような指標に関しては，長期的な目標として合理的保証を導入したいと考えている（IOSCO［2023］）。アンケート結果を考慮すると，サステナビリティ情報に対して，合理的保証を導入する場合，サステナビリティ情報の中でも検証可能性が高く意思決定に有用なGHG排出量等の情報から順次，合理的保証を導入していくというアプローチがとられるべきなのではないだろうか。

アンケートから，サステナビリティ情報の課題と改善の必要性に対する投資家の見解が明らかとなったため，以下の図表9-6にアンケート結果の詳細を示す。

図表9-6　課題と改善の必要性に関する回答の概要

●サステナビリティ情報には，通常，広範な説明的要素および長い時間軸で将来を見据えた情報が含まれ，企業のバリューチェーンに関連する情報への依存度が高いとの指摘があった。その結果，企業や保証プロバイダーには，以下の5つの課題が生じる可能性があると指摘された。①関連データの入手とその質の確保に課題がある。②特定の指標の算出方法に一貫性がない可能性があり，推定値の使用を含め，使用された方法論に関する透明性が不十分である。③マテリアリティ評価の透明性が不十分である。④将来予測情報の作成方法に関する透明性が不十分である。⑤非財務情報と財務情報の間に一貫性と連結性のギャップの課題がある。●サステナビリティ情報の開示を改善し，将来的に合理的保証に向かうために，投資家はデータの質を高め，測定基準の計算方法について（市場内で）合意されることを求めた。そのために，投資家は，ISSBの基準が助けとなることを指摘した。その一方で，保証プロバイダーが独自の方法論を開発することは，さらなる断片化と矛盾につながる可能性があるとして，注意を促す意見もあった。●投資家は，特に使用された方法論とその限界，マテリアリティ評価，将来予測情報といった事項に関して，透明性の向上を望む意見を表明した。また，マテリアリティ評価が一貫して行われるとは限らないため，マテリアリティの根拠を開示することの必要性を指摘する声もあった。●投資家は，概ね，サステナビリティ情報と財務情報を同じプロバイダーが評価することにはこだわらない。むしろ，役割分担が明確であり，保証プロバイダーの独立性を確保するための措置が講じられている限り，保証プロバイダーは異なっていても良いと考えている。●一方，このアプローチでは，財務情報とサステナビリティ情報との連結性を促進することが難しくなるとの意見もあった。2つのプロバイダーが財務情報とサステナビリティ情報を検討する場合，非効率な重複が生じる可能性があるとの回答もあった。

出所：IOSCO［2023］の投資家向けアンケートの回答結果から引用。

第Ⅲ部　コーポレートガバナンスの実務

　以下では，回答を考察していく。アンケートから，投資家は，サステナビリティ情報に関するデータの質，方法論，マテリアリティや将来予測に関する判断の透明性，財務諸表との連結性および一貫性等において改善の必要性を感じていることが明らかとなった。先行研究（例えば，Lu et al.［2022］等）を概観すると，誰がサステナビリティ情報を保証するかといった点は，研究者の大きな関心事の1つだと考えられるが，多くの投資家は誰がサステナビリティ情報を保証するかといった点に特にこだわりはないということが明らかとなった。投資家は，ただサステナビリティ情報に対する保証というお墨付きがほしいだけであり，保証水準や中身にそこまで関心がない可能性がある[2]。

　また，回答結果は，財務諸表監査を提供する会計事務所とサステナビリティ情報の保証プロバイダーが異なることにより，二重に保証が実施されるというLu et al.［2022］の見解と整合的である。保証に関する効率とコストの観点から考えると，財務諸表監査を実施している会計事務所と同一の会計事務所（または会計事務所系列会社）がサステナビリティ情報を保証することが望ましいと考えられる。

　アンケートから，保証基準および倫理基準の必要性に対する投資家の見解が明らかとなったため，以下の図表9-7にアンケート結果の詳細を示す。

図表9-7　保証基準および倫理基準の必要性に関する回答の概要

●投資家は，質の高い保証業務を支援するため，サステナビリティ情報に関する保証基準および倫理基準が世界的に一貫性があり，比較可能であることの重要性を強調した。投資家は，保証基準および倫理基準の策定において考慮すべき以下の3つの重要な要素を指摘した。**①前提条件としての報告基準のグローバルな枠組み**…投資家は，ISSBによるサステナビリティ関連のグローバルな報告フレームワークを保証フレームワークの前提条件とすべきであると考えた。これは，開示の一貫性と比較可能性を促進する鍵であると指摘した。そして，独立した保証によって，基準の一貫した適用を強化することができると考えている。**②プロフェッショナルにとらわれない保証と倫理（独立性を含む）の基準**…投資家は，会計事務所とその他の保証プロバイダー

2） この点は，八田［2023］の発言から着想を得ている。

のどちらのタイプのプロバイダーもサステナビリティ情報を保証することができると考えている。③**盛り込むべき事項**…保証基準は，報告基準への準拠の検討，開示すべき関連情報の特定プロセス，開示情報の質（目的適合性，理解可能性，忠実な表現，検証可能性，比較可能性）をカバーすべきであり，財務情報と非財務情報の連結性に関する保証プロバイダーの役割を明確にすべきであるという意見があった。

出所：IOSCO［2023］の投資家向けアンケートの回答結果から引用。

　以下では，回答を考察していく。投資家は，サステナビリティ情報に対する一貫性のある比較可能な保証基準および倫理基準（独立性を含む）が質の高い保証業務を支援すると考えている。また，投資家は，その他の保証プロバイダーも使用可能なISSBによる報告基準を前提とした保証基準を望んでいることが明らかとなった。

　アンケートから，保証の不明確性に対する投資家の見解が明らかとなったため，以下の図表9-8にアンケート結果の詳細を示す。

図表9-8　保証の不明確性に関する回答の概要

●保証が実施されていたとしても，その保証のいくつかの側面は，開示が不十分であることから，投資家にとって明確でない場合がある。例えば，どの保証基準が適用されたのか，どのタイプのプロバイダーが保証を実施したのか，保証水準，表明された結論およびその結論の対象となる情報などを投資家は理解できていないことがある。●投資家は，保証水準，適用される基準，保証業務を行うプロバイダーが異なる可能性があることを受け入れた。また，保証の質に関して，投資家を安心させるような情報は限られていることが多いと指摘した。そして，投資家は，その質は通常，従っている専門的基準によって異なるとし，認定された基準を使用すべきであると提案した。保証プロバイダーの適切な免許の確保，自主的な行動規範，監督当局によるプロバイダーの業務遂行能力の定期的な評価といった選択肢を歓迎する意見もあった。一方，取締役会またはガバナンス責任者（TCWG）が適切な保証プロバイダーを選択し，財務情報と同様に説明責任を果たすことを期待する意見も

第Ⅲ部　コーポレートガバナンスの実務

あった。

出所：IOSCO［2023］の投資家向けアンケートの回答結果から引用。

　以下では，回答を考察していく。アンケートおよびIOSCO［2023］の説明から，公表されているサステナビリティ情報の保証に関する情報は，不明確であり，用語が乱用されることも多いので，結果として，投資家がサステナビリティ情報の保証の適用方法，プロバイダーのタイプ，保証の質と保証水準等を必ずしも把握できていないという問題が生じていることが判明した。この問題を解決するために，保証プロバイダーは，情報利用者に保証の内容を明らかにし，情報利用者を安心させる必要があるだろう。また，企業は，投資家のために，保証の内容を明らかにしない保証プロバイダーに保証を依頼しないことを検討すべきではないだろうか。一方，取締役会またはガバナンス責任者がサステナビリティ情報の保証プロバイダーを選択することを望む意見があり，ガバナンス責任者等がサステナビリティ情報の保証と連携する重要性が投資家に認識されていることが明らかとなった。

3　企業の見解

　IOSCOは，サステナビリティ情報に関する開示と保証に関する現在の慣習と将来的な見込みを理解するため，アジア，オセアニア，欧州および北米を拠点とする企業（issuers）に対してアンケートを実施した。アンケートは，主に，銀行，保険，建材，送電システムオペレーターおよびエネルギー等の事業を展開している大規模な企業を対象とした。以下の図表9-9に，企業に対するアンケートの質問項目の概要を示す。

図表9-9　企業に対する質問項目の概要

●現在の報告および能力（例：専門知識，報告能力のレベル，誰が報告責任を負うか，保証を求めているかどうか等）。●将来のサステナビリティ情報の報告への備え（例：スキルアップの計画，データの入手可能性やその他の課題への対応など）。●サステナビリティ情報に対する第三者保証に関する考え方（例：保証を義務付けるべきかどうか，義務付けるとしたらいつからか，保証水準はど

216

の程度か，どのような種類の情報を保証の対象とすべきかなど）。●ISSBの公開
草案で提案されている報告情報についての見解（例えば，提案内容が明確で保
証を裏付ける強固なものであるかどうか，また，Scope 3排出量のデータ取得な
どの潜在的な課題）。●提案されているISSBタクソノミの下でのデジタル報告
に関する見解（すべての情報にタグを付け，保証の対象とすべきかどうかなど）。

出所：IOSCO［2023］から引用。

　アンケートから，サステナビリティ情報の開示に関する企業の現在の慣習が
明らかとなったため，以下の図表9-10で詳細を説明する。

図表9-10　現在の開示の慣習に関する回答の概要

●企業には，通常，財務報告書に添付するマネジメント・コメンタリーの作
成が義務付けられており，その中で，業績の根底にある要因，事業リスク，
戦略および将来の財務見通しに関する情報を提供している。企業は，マネジ
メント・コメンタリーで将来情報等を扱ってきたため，サステナビリティ事
項の報告について，ある程度の経験と能力を有している。また，多くの大企
業は，TCFD勧告に基づいて情報を報告している。そして，監査委員会と取
締役は通常，マネジメント・コメンタリーとサステナビリティ情報を承認す
るが，その情報は財務チームではなく，サステナビリティ専門チームが作成
することが多く，サステナビリティ専門チームが最高財務責任者（CFO）に
報告しないケースもある。

出所：IOSCO［2023］の企業向けアンケートの回答結果から引用。

　以下では，回答を考察していく。企業は，マネジメント・コメンタリーを作
成してきたため，サステナビリティ情報の開示についてある程度のノウハウを
有しているものの，サステナビリティ情報を財務チームが作成していないケー
スや情報がCFOに共有されていないケースが存在することが明らかとなった。
サステナビリティ専門チームがサステナビリティ情報を作成したとしても，財
務情報とサステナビリティ情報の連結性を強化するために，サステナビリティ
情報を企業内の財務チームやCFOと共有する必要があるだろう。

217

第Ⅲ部　コーポレートガバナンスの実務

　アンケートから，サステナビリティ情報の開示に関する将来の見込み等が明らかとなったため，以下の図表9-11で詳細を説明する。

図表9-11　将来の見込みおよび将来の要求に対する準備に関する回答の概要

●アンケートや円卓会議で関わった企業は，大規模な上場企業や金融機関に対して，サステナビリティ報告や保証を義務付けることに概ね賛成であった。
●企業は，概ね，マネジメント・コメンタリーの作成に関する専門知識には満足しているが，TCFDの勧告に基づく報告に関する専門知識は一般的に少なく，ISSBの提案に関する知識も限られている。多くの企業は，将来的なサステナビリティ情報の報告要件のためにスタッフのスキルアップを計画しているが，必要な専門知識を完全に構築するには数年かかる可能性があると指摘している。この点では，テクノロジーの役割が重要になると考えられる。多くの企業は，必要な情報を収集・分析するためや独立した保証に必要な報告書を提出する準備をするために，新しいシステム，プロセス，データソースまたは分析ツールに投資する必要があるかもしれない。一部の企業は，サステナビリティ報告の進展に対応することが困難であると回答している。

出所：IOSCO［2023］の企業向けアンケートの回答結果から引用。

　以下では，回答を考察していく。企業は，サステナビリティ情報に対して報告や保証を義務付けることに概ね賛成だった。しかしながら，多くの企業では，サステナビリティ情報を作成するための専門知識をスタッフが完全に身に付けるために数年かかることが予想されるため，企業が正確なサステナビリティ情報を開示できるようになるまで数年かかる可能性があり，それに伴い，信頼性の低いサステナビリティ情報が数年間市場に公表される可能性がある。よって，情報利用者は，数年間，信頼性の低いサステナビリティ情報が市場に出回ることを所与のものとして受け入れる必要があり，意思決定を誤らないように注意する必要があるだろう。

　アンケートから，サステナビリティ情報の保証に関する企業の現在の慣習が明らかとなったため，以下の図表9-12で詳細を説明する。

サステナビリティ情報の開示と保証に関する国際的実態調査　**第9章**

図表9-12　現在の保証の慣習に関する回答の概要

●企業がマネジメント・コメンタリーの一部として報告したサステナビリティ関連事項は，通常，財務諸表監査の監査人が通読することになる（監査人がその知識に基づき，その他の情報と財務諸表との間の不整合を確認することについては，国際監査基準または各国の基準により要求されている。）。●企業によっては，サステナビリティ情報の報告，特にTCFDの勧告に基づく報告について，自主的に独立した保証を求める場合がある。このような場合，中核的な指標，特にGHG排出量について保証を得るのが一般的である。また，このような保証は，情報開示の一環として，または，気候変動規制当局への報告として，国内法の下で求められることもある。

出所：IOSCO［2023］の企業向けアンケートの回答結果から引用。

　以下では，回答を考察していく。アンケートから，調査対象国の企業は，わが国と同様に，監査人がその他の記載内容を通読すること（監査基準委員会報告書720「その他の記載内容に関連する監査人の責任」に詳細が示されている）や任意で第三者に独立した保証を求めるという方法によってサステナビリティ情報の信頼性を確保していることが明らかとなった。

　アンケートから，サステナビリティ情報の保証に関する将来の見込み等が明らかとなったため，以下の図表9-13で詳細を説明する。

図表9-13　保証に関する将来の見込み等に関する回答の概要

●**将来の見込みおよび将来の要求に対する準備**…IOSCOのアンケートに参加したほとんどの企業は，サステナビリティ情報に対する独立した保証を支持した。●**内部統制**…一部の企業は，サステナビリティ情報に関して，企業に適用される管理基準（control standards）を確立するよう規制当局に求めている。●**サステナビリティ報告への影響**…企業は，サステナビリティ情報の保証が要求されることで，この分野における企業の開示がより限定的になるのではないかという懸念を示した。なぜならば，潜在的な責任やその他のリスク，特に将来予測情報がサステナビリティ情報に含まれているからである。このことに対処するために，一部の企業は，規制当局に対し，少なくと

219

第Ⅲ部　コーポレートガバナンスの実務

も最初の段階では，サステナビリティ情報の報告のいくつかの側面について「セーフハーバー」を検討するよう求めた。また，より広範な開示を行い，専門的な判断を行使し，サステナビリティ情報の報告に使用される仮定，見積り，モデルを明確にすべきであるという提案があった。●**保証プロバイダーのタイプ**…サステナビリティ情報の保証提供者が財務諸表監査の監査人と同一であるべきか，異なるべきかという点については，回答企業の間で意見が分かれた。企業は通常，財務諸表監査の監査人がサステナビリティ情報の保証も提供する場合，利害の対立はないと考えており，多くの企業がこのアプローチを支持していた。また，監査人が会計事務所内のサステナビリティ専門家を利用しなければならない場合もあると指摘した。●**保証水準と範囲**…多くの企業は，サステナビリティ情報の保証について，合理的保証よりも限定的保証を支持した。また，将来予測情報を作成するために使用した見積りに対して保証が必要であるとの認識があったものの，全ての将来予測情報について保証を求めるべきではないとの意見もあった。また，全体的な報告の中で，サステナビリティ情報にどのようにマテリアリティが適用されるかについては，不透明な部分があると指摘があった。●**困難な課題への対応**…企業のバリューチェーンに関する情報の保証の必要性については，様々な意見があった。一部の企業は，特にバリューチェーンに関連するデータや，気候の影響やシナリオの科学的分析のためのデータについて，データの利用可能性に懸念を示した。さらに，企業は，サステナビリティレポートに特有の課題があることを踏まえ，既存の保証基準や倫理基準（独立性を含む）を基礎として，専門的な基準を策定することを支持した。●**デジタル報告**…サステナビリティ情報のデジタル報告と，情報のタグ付けに関する独立した保証の必要性については，様々な意見があった。企業は，これを支持するか，あるいはわからないと回答したかのどちらかであった。

出所：IOSCO［2023］の企業向けアンケートの回答結果から引用。

　以下では，回答を考察していく。アンケートで意見が出たように，サステナビリティ情報に関する内部統制の指針等が作成され，企業がその指針を遵守することにより，サステナビリティ情報の信頼性は高まるのではないだろうか。

また，セーフハーバールールは，最低でもサステナビリティ情報の開示体制が整備される数年先まで用意されるべきであろう。そして，サステナビリティ情報が定性的な将来予測情報を含むという特性を考慮すると，サステナビリティ情報の開示体制が整備された後においてもセーフハーバールールは残し続けるべきかもしれない。

アンケートから，財務諸表監査を実施している監査人がサステナビリティ情報を保証することを多くの企業が支持していることが明らかとなった。また，財務諸表監査を実施している会計事務所（または会計事務所系列会社）が同時にサステナビリティ情報を保証することにより，財務諸表監査チームからサステナビリティ情報の保証チームに知識のスピルオーバー[3]が発生し，サステナビリティ情報の保証の質が高まる可能性がある（坂根 [2022]）。企業へのアンケート結果と知識のスピルオーバーを考慮すると，財務諸表監査を実施している会計事務所（または会計事務所系列会社）がサステナビリティ情報の保証を実施することが効果的だと考えられるのではなかろうか。

また，企業は，サステナビリティ情報に対して合理的保証よりも限定的保証を望んでいることが明らかとなった。

そして，企業は，バリューチェーンに関するデータ，気候およびシナリオ分析に関するデータの利用可能性に懸念を示していた。このことから，これらのデータを企業が適切に利用できるようになるまでに時間がかかることが予想される。これらのデータには，利用可能性の問題が生じることが予想されるとともに，検証可能性にも問題が生じることが予想されるため，これらのデータを高い水準で保証できるようになるまでにも時間がかかることになるだろう。

4　保証プロバイダーの見解

IOSCOは，サステナビリティ情報の保証の実態を明らかにするために，様々な地域（調査対象国は不明である）の会計事務所とその他の保証プロバイダーを対象にアンケート調査を行った。以下の図表9-14に，保証プロバイダーに対す

3）　本章は，組織内部の個人（またはチーム）の情報，知識および成果が組織内部の他の個人（またはチーム）の知識にプラスの影響を与えるといった意味で知識のスピルオーバーという用語を使用している（坂根 [2022]）。

第Ⅲ部　コーポレートガバナンスの実務

るアンケートの質問項目の概要を示す。

図表9-14　保証プロバイダーに対する質問項目の概要

●保証水準，使用されるフレームワークや基準，契約範囲および報告等の現在の慣習。●倫理基準，独立性基準および品質管理基準。●困難な開示分野の保証のための人材，スキルおよび専門知識。●将来の保証フレームワークへの期待とニーズ。

出所：IOSCO［2023］から引用。

　アンケートから，サステナビリティ情報の保証水準，保証範囲，プロバイダーの種類および使用した基準に関する保証プロバイダーの見解が明らかとなったため，以下の図表9-15で詳細を説明する。

図表9-15　保証水準，範囲，プロバイダーおよび基準に関する回答の概要

●**保証水準と範囲**…会計事務所およびその他の保証プロバイダーは，（通常，GHG排出量などの定量的情報に対して）合理的保証よりも限定的保証を提供することが一般的であり，企業は一般的に限定的保証を自主的に求めている。これは，サステナビリティ情報の報告や保証が相対的に未成熟であること，データや実行可能な指標が不十分であること，財務報告に比べてより長期にわたる記述的な将来予測情報が含まれることおよびコストの問題等に起因していると保証プロバイダーは指摘している。また，合理的保証を得るための作成者のインセンティブが弱い可能性も指摘されている。例えば，格付けのために必要な定量的なサステナビリティ情報に対して，限定的な保証しか要求していないESG格付けプロバイダーが存在している。●**プロバイダーの種類**…会計事務所は，概ね広範なサステナビリティ情報の保証を行うが，その他の保証プロバイダーは，GHG排出量の測定基準など特定のトピックに関する保証を行う。また，地理的な傾向もある。例えば，EUでは会計事務所が保証プロバイダーとして一般的であるが，中国では会計事務所ばかりが保証プロバイダーとなっているわけではない。●**現在使用している基準**…会計事務所は，通常，ISAE3000（改訂版）を使用している。その他の保証プロ

222

> バイダーは，ISAE3000（改訂版），ISO14064（温室効果ガス）または
> AccountAbilityのAA1000などの基準を使用している。

出所：IOSCO［2023］の保証プロバイダー向けアンケートの回答結果から引用。

　以下では，回答を考察していく。コストがかかること，サステナビリティ情報の報告や保証が未成熟であること，データ等が不十分であることおよび長期間にわたる記述的な将来予測情報が含まれること等の問題があり，サステナビリティ情報に対して限定的保証を提供していると保証プロバイダーは回答している。サステナビリティ情報に関するこれらの問題の大部分はなくならないため，サステナビリティ情報に対して合理的保証を実施することは困難だと考えられる。また，サステナビリティ情報に対して作成者側に合理的保証を求めるインセンティブが少ないという回答もあることから，本当にサステナビリティ情報に対して合理的保証が必要なのかということを検討しなければならないだろう。

　ところで，企業情報の開示基準が拡大化または不明確化し，保証業務の手続が多様化または簡略化した場合，「合理的な保証」の程度が希薄化されると考えられるため[4]，開示基準が拡大し不明確化したと捉えられるサステナビリティ情報に今後，合理的保証がなされることになったとしても，それは現行の合理的保証の水準に達しない合理的保証となる可能性があるのではないだろうか。

　アンケートから，倫理，独立性および品質管理に対する保証プロバイダーの見解が明らかとなったため，以下の図表9-16で詳細を説明する。

図表9-16　倫理，独立性および品質管理に関する回答の概要

> **●倫理および独立性**…会計事務所とその他の保証プロバイダーでは，異なる倫理基準および独立性基準を用いることが多い。会計事務所は通常，IESBA Codeまたは類似の倫理基準（独立性基準）を使用する。その他の保証プロバイダーは，多くの場合，ISOの要求事項，法人独自の倫理基準および独立性基準を使用する。**●品質管理**…プロバイダーの種類によって，品質管理基準にも違いがある。会計事務所は，一般的に，IAASBの国際品質管理基準

4）　この点は，八田［2009］の見解を参照している。

第Ⅲ部　コーポレートガバナンスの実務

> （ISQM1およびISQM2）を使用している。その他の保証プロバイダーは，ISO
> のフレームワークおよび事務所自身の品質マネジメント要求事項を使用する
> ことが多い。したがって，その他の保証プロバイダーは，倫理基準，独立性
> 基準および品質管理基準に関する比較可能性が欠如しており，使用されてい
> る基準に関する透明性が低い場合が多い。

出所：IOSCO ［2023］の保証プロバイダー向けアンケートの回答結果から引用。

　以下では，回答を考察していく。アンケートによって，その他の保証プロバ
イダーの多くがISOの基準，その他の保証プロバイダー独自の倫理基準，独立
性基準および品質管理基準を使用していることが明らかとなった。一民間企業
であるその他の保証プロバイダーが独自の社内ルールによって倫理基準，独立
性基準または品質管理基準を定めて運用している場合，倫理，独立性または品
質管理において問題が生じることが予想されるため，その他の保証プロバイダ
ーが保証するサステナビリティ情報の信頼性は低下するだろう。その他の保証
プロバイダーがサステナビリティ情報を保証する場合においても，会計事務所
と同レベルの倫理規則，独立性基準および品質管理基準を使用する必要がある
のではないだろうか。
　アンケートから，困難な開示分野の保証のための人材，スキルおよび専門知
識に対する保証プロバイダーの見解が明らかとなったため，以下の図表9-17で
詳細を説明する。

図表9-17　困難な開示分野の保証に関する回答の概要

> ●サステナビリティ情報は，財務情報よりもはるかに多様である。財務情報
> は，過去の定量的なデータに基づいている（ただし，重要な見積りも多く含ま
> れており，それらはすべて将来予測的な側面を持っている）。サステナビリティ
> 情報は，多くの場合，長い時間軸の過去のデータと将来予測データの両方で
> 構成され，定量的な情報と広範な説明的情報の両方が含まれる。このような
> 将来予測的かつより広範な情報に対して保証を提供することは，サステナビ
> リティ情報の保証に関する重要な課題として，しばしばとりあげられている。
> 保証プロバイダーは，一般的な保証業務以外は，通常，社内に専門家を抱え

ている。しかし，サステナビリティに関する事項は多岐にわたるため，特定のトピックに関する結論をサポートするために，外部の専門家を利用している場合もある。また，会計事務所やその他の保証プロバイダーは，保証業務に対する市場の需要に応えるため，スキルアップを図っている。

出所：IOSCO［2023］の保証プロバイダー向けアンケートの回答結果から引用。

以下では，回答を考察していく。一般的な保証業務以外には社内の専門家が対応し，特定のテーマに関しては外部の専門家を利用することがあるという回答結果が保証プロバイダーから得られた。また，保証プロバイダーは，保証業務に対する市場の需要に応えるため，スキルアップを図っているが，一部の利害関係者は，この分野で熟練した人材が不足しているのではないかと懸念している（IOSCO［2023］）。そして，一部の利害関係者は，報告と保証の経済圏全体で能力が構築され続ける中，責任問題を懸念することにより，保証プロバイダーが特定業務の依頼の引き受けを躊躇する可能性があると強調した（IOSCO［2023］）。現在，サステナビリティ情報に対する保証の需要が高まっているため（IFAC［2023］），保証業務を引き受けられるように，保証業務実施者は，早急にサステナビリティ情報に関する専門性を高める必要があるだろう。

また，会計事務所に所属する公認会計士がサステナビリティ情報の専門性を高めるためには，継続的専門能力開発制度（CPD）においてサステナビリティ情報の研修を実施することが有効であろう[5]。また，サステナビリティ情報の保証に関する免許状や資格等を保証業務実施者に取得させることにより，保証業務実施者の専門性を高めることも有効かもしれない。

Ｖ　おわりに

本章では，サステナビリティ情報の開示，保証およびガバナンスに関する国際的調査を観察し，考察してきた。その結果，サステナビリティ情報の開示と保証に関する国際的動向が明らかとなり，サステナビリティ情報の開示，保証およびガバナンスに関する投資家の見解，企業の見解および保証プロバイダー

5） この点は，八田［2022］の発言を引用している。

第Ⅲ部　コーポレートガバナンスの実務

の見解とそこから得られるインプリケーションが明らかとなった。

　本章で観察し，考察してきたサステナビリティ情報の国際的動向およびアンケート結果は，わが国におけるサステナビリティ情報の開示，保証およびガバナンスを検討する際の一助となるのではないだろうか。

　本章は，IOSCO［2023］を参照しているものの，IOSCO［2023］が回収したアンケートの情報のすべてにアクセスできなかったため，すべての定性コメントに目を通せていない。この点が本章の分析の限界である。

　本章は，国際的実態調査を観察し，考察してきたが，わが国固有の理由により，サステナビリティ情報に対する海外の投資家等の見解とわが国の投資家等の見解が一致しない箇所があるかもしれない。わが国における投資家等の見解の実態解明は今後の課題としたい。

【参考文献】

坂根純輝［2022］「EER（ESGレポート，サステナビリティ情報，統合報告等）の保証における保証プロバイダーの相違」『会計・監査ジャーナル』第804号。

八田進二［2009］「企業情報の拡大に伴う保証の範囲と水準」『会計プロフェッションと監査－会計・監査・ガバナンスの視点から』同文舘出版。

八田進二［2022］「日本監査研究学会課題別研究部会の研究会（2022年2月27日（日）開催）における八田進二先生の発言を引用」。

八田進二［2023］「日本監査研究学会課題別研究部会の研究会（2023年7月16日（日）開催）における八田進二先生の発言を参考」。

International Federation of Accountants（IFAC）［2021］*The State of Play in Sustainability Assurance.*

IFAC［2022］*The state of play in reporting and assurance of sustainability information: update 2019-2020 Data & Analysis.*

IFAC［2023］*The State of Play: Sustainability Disclosure & Assurance 2019-2021 Trends & Analysis.*

International Organization of Securities Commissions（IOSCO）［2023］*Report on International Work to Develop a Global Assurance Framework for Sustainability-related Corporate Reporting.*

Lu, M., R. Simnett and S. Zhou［2022］Using the Same Provider for Financial Statement Audit and Assurance of Extended External Reports: Choices and Consequences, *AUDITING: A Journal of Practice & Theory*, pp.1-52, American Accounting Association Online Early-Preprint of Accepted Manuscript, Accepted: March, 9, 2022.

（坂根　純輝）

第10章

日本の統合報告書における
ガバナンス責任者の有効な関与

I　はじめに

　2008年のリーマンショックを契機として，2013年ごろより企業の中長期的な価値創造を示した統合報告書に関する議論が活発に行われている。国際統合報告評議会[1]（The International Integrated Reporting Council: IRC）は，2013年に統合報告書作成のためのガイドラインとして国際統合報告フレームワーク（The International Integrated Reporting Framework: フレームワーク）を策定した。これは，企業が統合報告書を作成する際の開示原則や統合報告書に含むべき内容要素などを企業へ示したものである。本章では，改訂版の国際統合報告フレームワークについて取り上げ，特に統合報告書の情報のCredibility（信憑性）やインテグリティ[2]を高めるためのガバナンス責任者の有効な関与に焦点を当てて研究した。

　序章で取り上げているCredibilityシリンダーは，情報のCredibility（信憑性）と情報利用者のTrust（信頼）やConfidence（確信）の関係を示したモデルである。情報のCredibility（信憑性）が一定のメモリに達すると，情報利用者は情報に対してTrust（信頼）やConfidence（確信）を抱くようになる。統合報告書におけるガバナンス責任者による責任表明は，情報のCredibility（信憑性）を高める取組みの1つと考える。責任表明により，情報利用者は，組織の戦略や

1）　本章では，新組織になる前に発行されたフレームワークを扱っているため国際統合報告評議会（IIRC）という名称を使用しているが，2021年に国際統合報告評議会（IIRC）とサステナビリティ会計基準審議会（SASB）が統合してValue Reporting Foundation（VRF，日本では価値報告財団と呼ばれる）という新しい組織になっている。

2）　インテグリティ（Integrity）の日本語での意味について，本章においては行為に対しては誠実性，情報に対しては完全性という意味で使用する。

227

第Ⅲ部　コーポレートガバナンスの実務

価値創造プロセスへのガバナンス責任者の関与を理解し，当該情報に対する情報利用者のTrust（信頼）が高まってConfidence（確信）を抱くことが期待される。したがって，統合報告書におけるガバナンス責任者による責任表明は，Credibilityシリンダーのメモリ上昇に影響を与える事象のため本章にて取り上げる。

　IIRCによると，世界72カ国，1,700を超える企業等がフレームワークを活用して統合報告書を発行しているとしている。なかでも日本は，世界で最も発行が盛んな国とされ，884社近くの企業等が統合報告書を発行している（KPMG［2023］65頁）。世界にはESG情報の開示に関する様々なガイダンス等が存在するが，国際統合報告フレームワークはその中でも比較的企業から活用されているガイドラインの1つとなっている（KPMG［2022］4頁）。

　本章前半では，2021年1月の国際統合報告フレームワークの改訂について取り上げた。改訂にはいくつかのポイントが存在するが，本書の元となっている研究会（以下，本研究会）の目的は，会計，保証，ガバナンスを合わせた3つの領域を一体的に構築するコーポレートディスクロージャーについての考察であるため，改訂の中から統合報告書の質の保証における重要な論点として，内部統制[3] としてのガバナンス責任者に着目した。本章後半では，日経225企業の統合報告書（2022年版）を対象に，ガバナンス責任者による責任表明の実態を調査し，その特徴や傾向を分析した。

　まずⅡ節では，統合報告やIIRC，フレームワークの概要と背景について説明する。次にⅢ節では，2021年6月に改訂された国際統合報告フレームワークの内容を紹介し，その中でも特にガバナンス責任者による責任表明の部分に注目する。その後Ⅳ節では，ガバナンス責任者の定義や役割について，日本と諸外国との体制の違いを比較するとともに，国際的な動きや日本における課題を整理する。そしてⅤ節では，ガバナンス責任者による責任表明の実態調査の方法とデータ収集の手順について説明する。さらにⅥ節では，調査結果を分析・

---

3)　「内部統制とは，基本的に，業務の有効性及び効率性，財務報告の信頼性，事業活動に関わる法令等の遵守並びに資産の保全の 4 つの目的が達成されているとの合理的な保証を得るために，業務に組み込まれ，組織内のすべての者によって遂行されるプロセスをいい，統制環境，リスクの評価と対応，統制活動，情報と伝達，モニタリング（監視活動）及び IT（情報技術）への対応の 6 つの基本的要素から構成される（金融庁企業会計審議会・内部統制部会［2005］9 頁）。」

228

考察し，ガバナンス責任者による責任表明の意義や効果について議論する。最後にⅦ節では，本研究の結論と今後の課題についてまとめる。本章を通して，ガバナンス責任者による責任表明がどのような役割を果たしていくのか，またどのような課題があるかを明らかにしていく。

Ⅱ　統合報告書と国際統合報告フレームワークの概要

1　統合報告書の定義と特徴

　リーマンショック以降，企業の中長期的な価値創造が重要視されるようになり，情報開示の手段として統合報告書を用いた報告が定着しつつある。統合報告書を発行する企業は年々増加しており，日本国内において2013年には90社であったが，2022年は884社に達した（KPMG［2022］65頁）。統合報告書による情報開示は任意の開示であるため，記載する情報の選択は企業側に任されている。統合報告書作成にあたり，IIRCが2013年に発行した国際統合報告フレームワークを利用する企業が多い。2021年1月にはじめて改訂版が発行されたことを受け，今後さらに各企業において活用が進むと考えられる。

2　国際統合報告理事会（IIRC）の沿革と活動

　IIRCは，2010年にイギリスで創設された国際的な非営利団体である。すべての人類への繁栄と地球の保全を目標として掲げ，そのために，財政の安定も図りながら，持続可能な開発ができるよう支援活動を行っている（IIRC［2021b］5頁）。IIRCは，投資家，企業，会計専門家などにより構成される国際的な連合組織である（IIRC［2014］1頁）。IIRCは，「統合思考と統合報告の循環によって，効率的かつ生産的な資本の配分がもたらされ，それによって金融安定化と持続可能性につながる」（IIRC［2014］2頁）としている。

第Ⅲ部　コーポレートガバナンスの実務

　IIRCは，2020年にCDP[4]，CDSB[5]，GRI[6]，SASB[7]の4団体と協働して，包括的な企業報告を目指すことを表明した（KPMG［2020］）。さらに，2021年にはSASBと合併し，価値報告財団（Value Reporting Foundation: VRF）を設立した。この合併では，IIRCのフレームワークとサステナビリティ関連の指標とが結び付きより一貫性のある報告体系の実現が期待されている。

3　国際統合報告フレームワークの原則と内容

　国際統合報告フレームワークは，統合報告書の全般的な内容を統括する指導原則および内容要素を規定し，それらの基礎となる概念を説明することを目的としている。フレームワークの発行にあたりフレームワークのより詳細な内容を記載したBASIS FOR CONCLUSIONSとその検討過程を明らかにしたSUMMARY OF SIGNIFICANT ISSUESも発行されている。

　フレームワークの対象は，主に民間の営利企業であるが，公的機関や非営利組織にも適用が可能である。実際に，日本では，学校法人や地方自治体などがIIRCのフレームワークを活用して統合報告書を発行している。

Ⅲ　フレームワークにおけるガバナンス責任者による責任表明の要求事項

1　フレームワーク改訂の背景と目的

　2021年1月，改訂版フレームワークが発行された。今回の改訂は，世界から寄せられた意見や経験を反映させて，旧フレームワークについての解釈にばらつきのある点や説明不足の点について，補足説明や定義の見直しで明瞭化した。改訂では，次の3つの視点から改訂している。1）　Clarity：フレームワーク

---

4)　Carbon Disclosure Project：企業や政府による温室効果ガスの排出量削減，水資源の保護，森林保護を促進するためのグローバルな非営利組織。

5)　Climate Disclosure Standards Board：企業の気候変動情報開示の標準化を目指し，自然資本と財務資本を同等に扱うグローバルな企業報告モデルを推進するビジネスおよび環境NGOの国際コンソーシアム。

6)　Global Reporting Initiative：企業，政府などの組織がその影響を理解し，報告することを支援する組織であり，サステナビリティ報告のスタンダードを策定している。

7)　Sustainability Accounting Standards Board：企業が財務的にマテリアルなサステナビリティ情報を特定・管理し，投資家に伝えるための業種別スタンダードを開発している。

230

をより明確にするための改訂，2）Simplicity：フレームワークをよりシンプルにするための改訂，3）Quality：統合報告書の質を高めるための改訂である。

　主な改訂のポイントとしては，次の3点がある。1）ガバナンス責任者による責任表明，2）アウトプットとアウトカムの明確化，3）価値創造プロセスの図の改訂である。もちろん企業側には，改訂のポイントを統合報告書へ正しく反映するために，社内での統合報告書作成プロセスの見直しや統合思考の理解の向上，経営者等の協力を取り付けることなど，組織はより一層一丸となって統合報告書へ取り組むことが求められている。本節では，本研究会のテーマである「サステナビリティ情報と会計・保証・ガバナンスの展開」に基づいて，ガバナンス責任者による責任表明について取り上げ考察する。

2　ガバナンス責任者による責任表明の内容と意義

　改訂版フレームワークでポイントとなるガバナンス責任者による責任表明（以下，責任表明）について，責任者を明確にすることで，報告書の質や情報のCredibility（信憑性），インテグリティが向上し，投資家や利害関係者のメリットとなる。今回の改訂では，従来求められていたすべてのガバナンス責任者の説明責任表明は削除され，開示要件が簡素化された。また，ガバナンス責任者による責任表明では，次の2つの内容が記載されることが望ましいとされている。

　　1）統合報告書のインテグリティを担保する責任がガバナンス責任者にある
　　　ことへの認識
　　2）統合報告書がどの程度,フレームワークに準拠しているかについての意
　　　見または結論

　さらに，補足情報として，統合報告書の作成プロセスにおいて，ガバナンス責任者や関連委員会の役割などの記載が推奨されている。

　日本企業の中でも，統合報告書の責任者や編集体制を明記している事例もある[8]。一方，その内容は取締役会レベルの関与がどの程度かまでは具体的に把握することはできない。日本では，統合報告書に記載の内容は監査対象外である。ガバナンス責任者の統合報告書の作成およびマテリアリティ特定への関与

8）　本章**V**節以降を参照。

第Ⅲ部　コーポレートガバナンスの実務

度は，統合報告書がTrust（信頼）に値するものであるかどうかを判断するうえでの重要な手がかりの1つとなる。また，ガバナンスの構造が国や地域等によって異なる点を考慮することにより，ガバナンス責任者の定義についての解釈の幅に広がりを持たせている。

3　ガバナンス責任者の概念と範囲

　ガバナンスの制度や体制は，国や地域，企業ごとに内容が異なる。そのため，改訂前のフレームワークでは，ガバナンス責任者とは誰かについての解釈が国や地域，企業ごとに異なっていた。そこで，改訂版においてガバナンス責任者とは，組織の戦略方向性，組織の説明責任およびスチュワードシップの遵守状況を監督する責任を有する個人または組織と定義している。

　ここでの組織とは，主に取締役会などが該当すると考えられる[9]。取締役会の役割については，「経営者（すなわち，取締役ないしは執行役）の職務の執行を監督する職務を担っている」（八田［2009a］274頁）。日本におけるガバナンス責任者として想定されるのは，取締役会や取締役，執行役等であり，統合報告書において責任表明が示されることになろう。Ⅳ節では，日本の取締役会の現状と課題を述べていく。

Ⅳ　日本企業における取締役会の役割と課題

1　日本企業の取締役会の特徴と現状

　日本のマネジメントモデル型の取締役会においては，執行と監督が経営者に集中し，大きな裁量を得ることで迅速な意思決定ができた。この裁量の自由度は，長期的視野に立った事業展開を可能にするものの，経営者が自己保身や地位の維持に重点を置き不作為による成長不足や不祥事を招くリスクを生じさせる。日本では取締役と経営陣の兼務が長らく続いており，この分離の不十分さが経営監督機能の弱さにつながり国際競争力の低下を招いているとの指摘がされてきた。

---

9) IIRC［2021a］より 1.20 ～ 1.24（14～54頁）の "(e.g. the board of directors or a corporate trustee)" という記述について，取締役会などと訳した。

東京証券取引所の調査（株式会社東京証券取引所［2021］96-113頁）によると，JPX日経インデックス400の企業のうちの96.4%が複数の独立社外取締役[10]を選任し，74.2%が指名委員会，76.3%が報酬委員会を設置している。ちなみに，コーポレートガバナンス・コードでは，経営者を監督する独立社外取締役の選任を推奨している。このことから，日本企業の多くが経営陣の事業執行を監督する機能を持つモニタリングモデルと呼ばれる執行と監督の分離を促す方向への移行を意識していることがわかる。モニタリングモデルを実施する場合は，当然ながら，取締役会は経営陣から独立した存在である必要がある。しかしながら，日本はモニタリングモデルへの移行の過渡期といわれている。実際，日本企業において独立社外取締役が過半数を占める企業は，JPX日経インデックス400において9.6%にとどまっている。また，監督機能を担保するため，取締役会の構成員のスキルマトリックスや実効性評価の活用や開示が，KPMGジャパンやPwC Japan有限責任監査法人など専門家の支援を受けて徐々に導入されつつある。

2 欧米企業の取締役会の特徴と比較

2018年度のアメリカS&P100（98社）とイギリスFTSE（77社），日本企業（TOPIX100）の情報を基にアメリカ・イギリス企業の取締役会および取締役の基本情報を整理した資料（図表10-1）によると，アメリカ・イギリスの取締役会は，日本に比べて社外取締役の割合が高い。

執行から独立した立場の社外取締役が取締役会の多数を占めていることから，アメリカ・イギリスにおけるコーポレート・ガバナンスはモニタリングモデルにて実施されていることがわかる。開示書類には，各取締役の経歴だけでなく，性別・年齢・在任期間・国籍およびスキルの状況をBoard Compositionという形で開示され，取締役会の監督機能が働くことを担保している。さらに，モニタリングモデルでは，社外取締役が取締役会を主導することが前提となるため，社外取締役の選任プロセスも重要視されており，アメリカ・イギリスの企業で

10） 独立社外取締役（Independent Directors）とは，会社法に定める社外取締役の要件を満たしたうえで，社外取締役の中で企業の内部者から証券取引所が定める独立性基準を満たした一般株主と利益相反が生じるおそれのない社外取締役のことを指す。

第Ⅲ部　コーポレートガバナンスの実務

図表10-1　アメリカ・イギリス企業の基本情報

	米国 （S&P100:98社）	英国 （FTSE100:77社）	参考：日本 （TOPIX100:100社）
取締役構成 （平均人数）	全体：11.87名 社内：1.63 社外：10.24 （社外比率：86.3%）	全体：10.44名 社内：2.90 社外：7.54（Chairman含む） （社外比率：72.3%）	全体：14.63名 社内：8.37 社外：6.26 （社外比率：42.8%） ※取締役会＋監査役会で集計
平均年齢 （社外）	62.4歳（62.7歳）	59.7歳（61.2歳）	64.2歳（66.9歳）
取締役の 平均報酬額 （千円）	社外　ベース　12,583 　　　トータル 34,453	社外 ベース　14,893 　　　トータル 16,358 ※Chairman含まず （Chairman平均は 　　　ベース　65,533 　　　トータル 68,476)	社外　ベース　13,282 　　　トータル 13,843 ※社外取締役,社外監査役平均
委員会の 平均設置数	4.58	4.01	2.78
委員会の状況	基本となる委員会 　Audit 　Nomination & 　Governance 　Compensation その他の委員会（多い順） Finance, CSR, Risk Innovationなど ※その他に不定期でExecutive Committeeを開催する企業も多く存在	基本となる委員会 　Audit 　Nomination 　Remuneration その他の委員会（多い順） CSR,Risk, Finance Innovationなど	基本となる委員会 　監査役もしくは監査委員会,監査等委員会（法定） その他の委員会（多い順） 指名委員会,報酬委員会については指名委員会等設置会社は必至,その他は任意の諮問機関

出所：山田［2021］図表１より引用のうえ筆者作成。

は，経営陣から独立した存在であることが求められている。

3　日本企業の取締役会が直面する課題と改善策

　日本の企業では，社長・CEOが主導して社外取締役を指名することが多い。経済産業省の調査によると，社長・CEOが社外取締役の指名に関与していると認識する企業は65%に上る。また，企業側の認識として，意思決定機能を重視したマネジメント型か監督機能を重視したモニタリング型かというアンケー

トに対して，どちらかといえばマネジメント型であるとする企業が63％であった（経済産業省［2020］15，41頁）。

　しかしながら，日本の会社では，監査役会が取締役の人事や報酬に関与する権限を持たない。日本における監査役会の権限と機能に関する制約は，企業のガバナンスの実効性に重大な影響を及ぼしている。監査役会が取締役会内での発言権に著しい制約を受けていることから，その監督機能は本来期待されるほどには発揮されていない。この状況は，アメリカにおける監査委員会や，イギリスにおけるそれに類する監督機関と比較した場合，特に顕著である。これらの国々では，監査委員会が取締役の行動に対してより厳格な監視を行い，適切なチェックアンドバランスを確立することによって，ガバナンスの厳正さを保っている。したがって，日本のガバナンスシステムが国際的な標準に適合するためには，監査役会の権限強化や独立性の確保に関する議論を深める必要があるといえよう。

　このように，本章で取り上げるガバナンス責任者について，取締役会の構成や役割において，日本とアメリカ・イギリスとでは前提が異なっていることを念頭に置く必要がある。取締役会の構成では，日本は社外取締役の割合が低く，その選任も経営陣が主導することが多いため，監督機能が十分に働いているとはいえない。このような日本のガバナンス体制は，経営判断や戦略決定における迅速性や一体性のメリットがある一方で，自己監査機能やチェック機能の弱さから，経営者自身による統合報告書の客観的な評価が困難になるデメリットがある。また，ガバナンス体制も，日本は，意思決定機能を重視するマネジメントモデル，アメリカ・イギリスは，業務執行を監督するモニタリングモデルと異なるため，ガバナンス責任者について議論する際には，この前提の違いに留意する必要がある。

Ⅴ　日本企業の統合報告書におけるガバナンス責任者による責任表明の実態分析

1　分析対象と分析手法

　まず，日本企業の統合報告書におけるガバナンス責任者による責任表明の実態を把握するために，2022年度末までに公表された日本企業約200社の統合報

第Ⅲ部　コーポレートガバナンスの実務

告書を対象として分析した。まずは本研究で用いた調査内容とデータ収集の方法について説明する。本研究の調査対象は，日経225企業（2022年10月18日時点）である。日経225企業とは，東京証券取引所第一部に上場している日本の大手企業の株価指数である日経平均株価の構成銘柄を指す。

　本研究では，各企業の統合報告書（2022年版）を分析した。調査対象となる統合報告書とは，IIRCフレームワークなどの統合報告ガイダンスを参考にして制作されている報告書，または冊子やWEBサイトでレポート名を統合報告書や統合レポート等と題されている報告書を指す。統合報告書や統合レポート等と題されていない場合は，編集方針を調査し，フレームワークに準拠し価値創造プロセスの開示を行っている企業を統合報告発行ありとし，以下の項目を調査した。

　　統合報告書発行の有無／報告書名／IIRCまたはVRFのフレームワーク準拠の有無／ガバナンス責任者からの挨拶や意見表明の有無／統合報告書のインテグリティを確保する責任に関する表明の有無／統合報告書の作成・表示プロセスの開示／フレームワークへの依拠程度／ガバナンス体制

　本研究では，2023年7月までに公表された2022年版の統合報告書を対象にデータ収集を行った。データ分析の手順として，まず各企業の統合報告書のPDF版またはWEB版を入手した。次に各企業の統合報告書（2022年版）を開き，調査項目に沿って内容を確認した（Excelファイルに記録）。最後に記録した内容を整理し，分析用のデータセットを作成した。

2　分析結果と考察

　本項では，本研究で得られた調査結果を提示していく。まず，統合報告書発行有無や報告書名，フレームワーク準拠の有無などの基本的な情報について示す。次に，ガバナンス責任者からの挨拶や意見表明の有無や内容について示す。最後に，統合報告書のインテグリティを確保する責任に関する表明の有無や内容について示す。

　図表10-2と図表10-3は，日経225企業の統合報告書の発行状況や報告書名，フレームワーク準拠の有無などを示したものである。日経225企業の統合報告書

236

発行状況について分析すると，発行社率は高い水準にあるが，報告書名やフレームワーク準拠の有無に多様性があることがわかる。日経225企業のうち204社（約90.7％）が統合報告書を発行しており，統合報告書の発行なしが19社，統合報告書に近い報告書を発行している企業が2社存在した（図表10-2）。

なお，統合報告書に近い報告書を発行している企業2社（約1％）については，統合報告という言葉や，フレームワーク・ガイダンスの記載はないものの，価

図表10-2 日経225企業統合報告書（2022年版）の発行状況

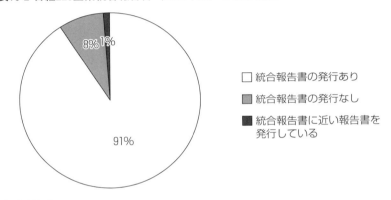

出所：筆者作成。

図表10-3　日経225企業の統合報告書におけるIIRCまたはVRFのフレームワーク準拠の有無

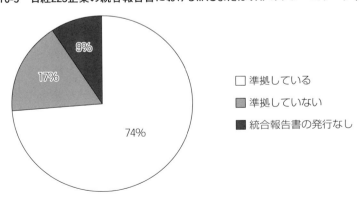

出所：筆者作成。

第Ⅲ部　コーポレートガバナンスの実務

値創造ストーリーの記載があるため，統合報告書に近いという表現を用いた。

　さらに，統合報告書を発行している企業の報告書が，IIRCまたはVRFのフレームワークに準拠しているかどうか調査した。167社（約74.2%）がIIRCまたはVRFのフレームワークに準拠している。準拠していない（記載がない）企業は39社（約17.3%），統合報告書の発行自体がない企業は19社（約9%）であった（図表10-3）。

　また，統合報告書のインテグリティを確保する責任に関する表明の有無を調査した。まず，統合報告書のインテグリティや情報のCredibility（信憑性）が十分なものであると明言しているかどうかについて，統合報告書全体を俯瞰し，該当する箇所を重点的に調べた。その結果，記載のない企業は159社と最も多く，統合報告書自体発行していない企業は19社，そのほかの企業で，統合報告書の責任について発言している企業は1社，統合報告書の作成について発言している企業は14社，正当性ありと発言している企業が13社，そして，責任表明といえる正当性ありと表現し，かつ責任も表明している企業は12社確認できた（図表10-4）。

図表10-4　日経225企業の統合報告書に関する責任についての表明の有無

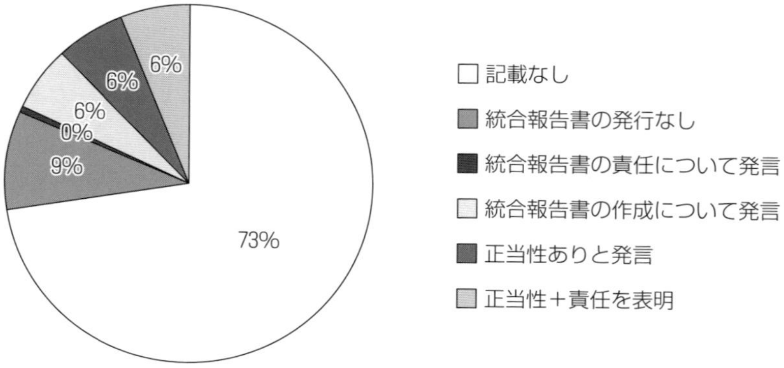

出所：筆者作成。

　次に，会社の機関設計について調査を行った。大会社に認められる機関設計は監査役（会）設置会社，監査等委員会設置会社，指名委員会等設置会社の3

図表10-5　日経225企業の統合報告書のうち表明を出した企業のガバナンスの機関設計

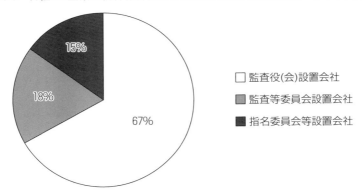

出所：筆者作成。

種類である。統合報告書に記載のない会社は，別途ホームページ等で調査した。その結果，「監査役（会）設置会社」27社，「監査等委員会設置会社」7社，「指名委員会等設置会社」6社であった（図表10-5）。

　機関設計は「監査役（会）設置会社」が最も多く，次いで「監査等委員会設置会社」や「指名委員会等設置会社」であった。「監査役（会）設置会社」は，日本の株式会社の統治形態の中で最も一般的なものであり，取締役や監査役などが経営に関与することが多い機関設計になっている。さらに，機関設計と表明を出したガバナンス責任者の肩書を図表10-6としてまとめた。

　ガバナンス責任者からの挨拶や統合報告書のインテグリティを確保する責任に関する表明を行っている企業では，ガバナンス責任者の肩書きは「取締役」が最も多く，次いで「代表取締役社長」や「取締役会長」，「代表取締役会長」，「CFO」などが存在した。これらの肩書きは，執行と監督を兼ねる立場であることが多く，統合報告書におけるガバナンス責任者と考えられる。また，ガバナンス責任者が執行側か監督側かという問題については，はっきりと執行と監督に分かれていると判断できるのは，執行役と監督役の立場を兼ねることができない"指名委員会等設置会社"の機関設計を採用する会社であると考えられる。その他は，執行と監督を兼ねることができる機関設計になっており，その機関設計を採用している企業が多い日本では，執行と監督を兼ねる立場の者がガバ

239

第Ⅲ部　コーポレートガバナンスの実務

ナンス責任者として責任表明を行うケースが多いと推察できる。

図表10-6　日経225企業の統合報告書のうち表明を出した者の役職と機関設計

（単位：社）

肩書き	監査役会設置会社	監査等委員会設置会社	指名委員会等設置会社
代表取締役社長	6	2	0
代表執行役社長	1	1	4
最高経営責任者	0	0	2
CEO	4	0	2
代表取締役会長	4	1	0
取締役会長	4	0	1
取締役会議長	2	1	0
取締役	6	2	3
執行役員	2	0	0
上席執行役員	1	0	0
常務執行役員	3	1	0
専務執行役員	2	2	0
社長執行役員	3	1	0
副社長執行役員	2	1	0
広報IR部担当執行役員	1	0	0
CFO（チーフ・エグゼクティブ・オフィサー，グループ資本政策総括，グループCFO，財務経理部含む）	5	2	0
コーポレート管掌	1	0	0
戦略本部サステナビリティ推進室長，サステナビリティ推進本部	1	1	0
経営企画本部長	1	0	1
IR担当，財務・資本戦略・IR・M&A広報室，広報IR室長	2	0	1
管理担当（管理本部長），管理本部管掌	0	2	0
コーポレートコミュニケーション部長	1	0	0
ＥＳＧ推進部長	1	0	0
統合報告書発行人，発行責任者	1	1	0
リスク統括部	1	0	0
広報・渉外・マーケティング本部長	1	0	0
理事	1	0	0
EVP	1	0	0
CSO	1	0	0

（注）日経225企業の統合報告書のうち表明を出した者の役職についての肩書を表にしている。複数の肩書を持つ者についてはそれぞれカウントしている。例えば"代表取締役社長取締役会議長"という肩書なら，代表取締役社長に1，取締役会議長に1が入っている。しかし，一度数えた役職は別の場所で再度カウントはしていない。例えば，"代表取締役"の場合，代表取締役で1とし，取締役ではカウントしていない。

出所：筆者作成。肩書を複数持つ場合はカウント重複している。

240

日本の統合報告書におけるガバナンス責任者の有効な関与　**第10章**

3　ガバナンス責任者の肩書きとガバナンス体制の違いによる 責任表明の文章の変化

　統合報告書は，企業の価値創造ストーリーを利害関係者に伝えるための重要な情報源である。そのため，統合報告書におけるガバナンス責任者は，統合報告書の作成プロセスや内容に対して，責任を持ち，その責任を表明する必要がある。本項では，統合報告書の作成責任者の肩書きやガバナンス体制の違いによって，責任表明の文章がどのように変化するかについて，テキストマイニングを用いた分析を行った。分析対象の企業は，日経225企業のうちガバナンス責任者による責任表明にあたる文章が確認できた40社である。

　統合報告書におけるガバナンス責任者の責任表明の文章は，その肩書きによって表現が異なる傾向がみられた。例えば，代表取締役会長や代表取締役会議長は，企業全体のトップとして，統合報告書の作成に責任を持つという立場を強調する傾向にあった。代表取締役社長は，企業の経営を担う立場として，統合報告書を通じて企業の価値創造ストーリーを利害関係者に伝える意義を強調する傾向にあった。取締役会長兼取締役会議長は，代表取締役会長と代表取締役会議長の2つの肩書きを兼ねることが多いため，統合報告書の作成責任を明確にするために，「責任の表明」という表現を用いる傾向にあった。取締役会長と代表取締役社長の2つの肩書きを兼ねる取締役会長兼代表取締役社長は，代表取締役会長の立場から，統合報告書の作成に責任を持つという立場を強調する傾向にあった。上席執行役員は，企業の経営に深く関与する役職であり，統合報告書の作成にも責任を持つという立場を強調する傾向にあった。

　さらに，ガバナンスの機関設計ごとに責任表明の文章について具体的に頻出した言葉の数を示し，言葉の数が多い順（上位10位まで）に並べた表が図表10-7である。

　監査役（会）設置会社では，「作成」「取締役会」「責任」「経営」「内容」などの統合報告書の作成プロセスや，統合報告書の内容に関する言葉が頻出している。また，指名委員会等設置会社および監査等委員会設置会社では，監査役（会）設置会社に加えて，「ステークホルダー」「透明性」など統合報告書の情報のCredibility（信憑性）に関する言葉が頻出している。これらの傾向は，ガバナンス体制の強化に伴って，利害関係者とのコミュニケーションを円滑に進

241

第Ⅲ部 コーポレートガバナンスの実務

図表10-7　ガバナンスの機関設計と責任表明の文章内の言葉

ガバナンスの機関設計	頻出した言葉	頻出数
監査役（会）設置会社	作成	181
	取締役会	129
	責任	127
	経営	126
	内容	107
	財務	91
	報告	88
	社会	86
	環境	83
指名委員会等設置会社	作成	216
	取締役会	154
	責任	149
	経営	148
	内容	128
	ステークホルダー	126
	透明性	123
	報告	118
	社会	117
監査等委員会設置会社	作成	235
	取締役会	170
	責任	165
	経営	164
	内容	144
	ステークホルダー	142
	透明性	139
	報告	134
	社会	133

出所：筆者作成。

めるために，統合報告書の作成プロセスにおいて，統合報告書の作成プロセス
の透明性と統合報告書の情報のCredibility（信憑性）という2つの要素が重視
されることに起因していると考えられる。

Ⅵ　おわりに

　本章では，統合報告書のインテグリティを高めるためのガバナンス責任者の有効な関与について，改訂版フレームワークの内容を基に研究した。統合報告書においてガバナンス責任者に求められる役割の1つは，責任表明を行い統合報告書のインテグリティを確保することである。これにより，組織内外に対する透明性と説明責任の強化，利害関係者との信頼関係の構築を図ることが考えられる。

　2022年度版日経225企業の統合報告書を分析した結果，責任表明が行われている事例は約20％であり，これらは主に監査役（会）設置会社で観察された。この実施率の低さは，責任表明の慣行が企業によってまだ十分に定着していないことを示唆している。

　責任表明を行った企業のうち，統合報告書の作成について正当性ありと表現し，かつ責任も表明している企業は12社であり，このうち半数の6社が監査役（会）設置会社であった。この傾向は，監査役（会）設置会社がその本来の役割，すなわち企業統治における厳格な監督機能を積極的に果たしていることを示唆している可能性がある。さらに本研究会にて議論を進める中で，指名委員会等設置会社と人事権を有するガバナンス責任者との組み合わせが最も効果的なガバナンス構造を形成していくのではないかとの知見も得られた。しかし，現状ではガバナンス責任者が財務報告の作成責任を兼ねる例も多く，これはガバナンスの機能分離が日本企業において完全には実現されていないことを物語っている。加えて，本研究会では，日経225企業における統合報告書の実践が形式的な慣行にとどまり，その背後にある「魂」の不在を指摘する声もあった。統合報告書の作成という形式は整っていながら，その内容が真の価値創造の透明性と説明責任を伝えるものでなければ，ステークホルダーとの関係構築に必要な情報のTrust（信頼）は得られないであろう。

　今後，統合報告書における責任表明の有効性をさらに高めるためには，責任表明の実践をさらに深化させ，その内容の具体性と範囲を拡大し，ステークホルダーとの真の関係構築に向けた取組みを強化することが必要である。統合報

第Ⅲ部　コーポレートガバナンスの実務

告書が利害関係者との関係構築および価値創造にどう貢献しているかを明らか
にするための，さらなる詳細な分析と国際的な比較研究が今後の課題である。
これらの取組みを通じて，統合報告書における責任表明の効果的な実施の方向
性が明らかとなり，それによって情報利用者は，組織の戦略や価値創造プロセ
スへのガバナンス責任者の関与を理解し，当該情報に対する情報利用者の
Trust（信頼）が高まってConfidence（確信）を抱くことが期待される。

【参考文献】

株式会社東京証券取引所［2021］『東証上場会社コーポレート・ガバナンス白書2021』東京
　証券取引所上場部https://www.jpx.co.jp/equities/listing/cg/tvdivq0000008jb0-att/
　tvdivq000000uu99.pdf（閲覧日：2022年6月25日）。

金融庁企業会計審議会・内部統制部会［2005］『財務報告に係る内部統制の評価及び監査の
　基準のあり方について』https://www.fsa.go.jp/news/newsj/17/singi/f-20051208-2.pdf（閲
　覧日：2022年6月25日）。

経済産業省［2020］『社外取締役の現状について（アンケート調査の結果概要）』https://
　www.meti.go.jp/shingikai/economy/cgs_kenkyukai/pdf/2_017_04_00.pdf（閲覧日：2022
　年7月25日）。

小西範幸［2018］「サステナビリティ会計と統合報告のあり方」『会計・監査ジャーナル』第
　30巻第7号，108-117頁。

小西範幸編著［2019］「統合報告書の公表企業像とその非財務情報の特徴－統合報告書の公
　表企業へのアンケート調査分析」『経済経営研究』（日本政策投資銀行設備投資研究所）第
　39巻第2号。

小西範幸［2019］「統合報告と保証業務の課題・拡充」『現代監査』第29号，12-21頁。

ディスクロージャー & IR総合研究所のESG/統合報告研究室［2021］『統合報告書発行状況
　調査2020最終報告』（https://rid.takara-printing.jp/res/report/2021/post1089.html（閲覧：
　2021年11月16日）。

日本経済新聞社［2023］「日経平均プロフィル　構成銘柄一覧」（https://indexes.nikkei.
　co.jp/nkave/index/component?idx=nk225（閲覧日：2023年7月15日）。

八田進二［2009a］『会計プロフェッションと監査－会計・監査・ガバナンスの視点から』同
　文舘出版。

八田進二編著［2009b］『会計・監査・ガバナンスの基本課題』同文舘出版。

山田英司［2021］「第2回求められる取締役会の機能強化〜モニタリングモデルへのシフト〜」
　『コーポレート・ガバナンス改革の展望』日本総研https://www.jri.co.jp/page.jsp?id=38045
　（閲覧日：2022年7月26日）。

International Integrated Reporting Council（IIRC）［2014］『国際統合報告フレームワーク日
　本語訳』（https://www.integratedreporting.org/wp-content/uploads/2015/03/
　International_IR_Framework_JP.pdf〔閲覧日：2020年12月15日〕）。

IIRC［2021a］『ＩＮＴＥＲＮＡＴＩＯＮＡＬ＜ＩＲ＞ＦＲＡＭＥＷＯＲＫ』（ｈｔｔｐｓ：／／ｗｗｗ．integratedreporting.org/wp-content/uploads/2021/01/InternationalIntegratedReportingFramework.pdf?_x_tr_sl=auto&_x_tr_tl=ja&_x_tr_hl=ja&_x_tr_pto=nui〔閲覧日：2023年7月30日参照〕）。

IIRC［2021b］『国際統合報告評議会（IIRC）のご紹介』（https://www.jpx.co.jp/corporate/sustainability/esgknowledgehub/disclosure-framework/nlsgeu0000053pne-att/IIRCslide1.pdf〔閲覧日：2021年11月10日〕）。

IIRC［2021c］『国際統合報告＜IR＞フレームワーク2021年1月日本語訳』（https://www.integratedreporting.org/wp-content/uploads/2021/09/IR-Framework-2021_Japanese-translation.pdf〔閲覧日：2023年7月30日〕）。

KPMG［2020］『包括的な企業報告の実現へ――IIRC, SASB, GRIなど5団体が共同声明』（https://home.kpmg/jp/ja/home/insights/2020/09/sustainability-reporting-20200923.html〔閲覧日：2021年11月5日〕）。

KPMG［2022］『日本の企業報告に関する調査2021』（https://assets.kpmg.com/content/dam/kpmg/jp/pdf/2022/jp-corporate-reporting-20220406.pdf〔閲覧日：2023年7月30日〕）。

KPMG［2023］『日本の企業報告に関する調査2022』（https://assets.kpmg.com/content/dam/kpmg/jp/pdf/2023/jp-sustainable-value-corporate-reporting.pdf〔閲覧日：2023年7月30日〕）。

（平田 沙織）

第11章

サステナビリティ情報の保証に関する実証分析

I　はじめに

　本章では，サステナビリティ情報の保証の付与メカニズムを明らかにすることを目的とする。

　ESGレポート，サステナビリティレポート，CSRレポート，社会・環境報告書，統合報告書などによるサステナビリティ情報の開示が急速に拡大している（KPMG［2022］）。サステナビリティ情報の重要性が高まる中，情報の信頼性を向上させるため，独立した保証に対する需要と供給が増えつつある。学術領域では，サステナビリティ情報に対する保証の有無，保証提供者の選択に対する決定因子と経済的帰結に関する研究が2015年以降増加しつつある（Venter and van Eck［2021］）。一方，日本企業のデータを用いた実証的な研究はNishitani et al.［2020］や笠井［2022］などそれほど多くない。本章では，このギャップを埋めるため，日本企業のデータを用いてサステナビリティ情報の保証の決定要因と帰結の解明に向けた分析を実施する。

　本章の構成は下記の通りである。II節では先行研究をレビューする。III節では本章のリサーチデザインについて説明し，続くIV節は実証分析の結果を議論する。そして最後のV節は結論と今後の課題に充てられる。

II　先行研究

　サステナビリティ情報の保証に関する研究をレビューした文献はいくつかある（Simnett et al.［2016］；Farooq and De Villiers［2017］；Maroun［2020］；髙田［2021］）。なかでもVenter and van Eck［2021］は本書執筆時点において最新

かつ包括的なレビューを行っている。彼らは2009年から2020年にトップランクジャーナルで公表されたサステナビリティ情報の保証に関する文献を調査対象とした。35ジャーナル121編の論文を分析した結果，特に2018年以降，論文の公表数が増えていること，ジャーナルのランク別にみると，Aランクが最も多く（42.1％），A*とBは同じ（28.9％）数が公表されているという特徴が見出された。研究の手法別に論文を分類すると，最も多い研究手法はアーカイバル手法（49.6％）であり，内容分析（14.9％）とインタビュー手法（14.9％）が同順位，それに実験手法（12.4％）が続いている。最初の3年間（2009-2011）にアーカイバル手法が少ないのは，分析に必要なデータが十分にそろっていなかったためであり，データの蓄積に伴ってアーカイバル手法を用いた研究が増えてきたことがわかる。特に2018年から2020年でみると，全体の半数以上がアーカイバル手法によるものとなっている。

　アーカイバルデータを用いた研究として大きく決定因子と経済的帰結が実施されてきた。決定因子は，①企業レベル，②産業レベル，そして③国レベルの特性に整理できる。企業レベルでは，企業規模が大きいほど，収益性が高いほど，そしてレバレッジが低いほど，企業は保証および会計専門家による保証を選択する傾向がある（Simnett et al.［2009］；Branco et al.［2014］；Wong et al.［2016］；Casey and Grenier［2015］）。規模が大きいほど，企業活動が社会・環境に与える影響が大きく，公共から監視されるため，保証を付したサステナビリティ情報を開示する動機が大きくなると解釈できる。また，財政状態および経営成績が良好な企業ほど，保証に係るコスト負担能力を持つため，より保証を付したサステナビリティ情報を開示すると考えられる。その他の因子として，非財務情報の開示の質と量が優れている，社会・環境パフォーマンスが高い企業ほど，保証および会計専門家による保証を選択するということが観察されている（Cho et al.［2014］；Clarkson et al.［2019］；Dutta［2019］）。さらにコーポレートガバナンスの観点から，環境・サステナビリティ委員会がある，女性の取締役が多い，取締役会規模が大きい，CEOと議長が分離している企業ほど，保証および会計専門家による保証を選択する（Peters and Romi［2015］；Kend［2015］；Datt et al.［2018］；García-Sánchez et al.［2019］；Liao et al.［2018］）。

　産業レベルでみると，より大きな社会・環境的インパクトのある産業（製造業，

電力，ガスなど）に属する企業ほど保証を選択する（Simnett et al.［2009］；Green and Zhou［2013］；Zorio et al.［2013］；Branco et al.［2014］；Cho et al.［2014］）ことがわかっている。一方，逆に環境負荷の低い産業の方がより保証を選択するという結果もある（Hassan et al.［2020］）。これは，環境負荷の高い産業ではすでに多くの企業が保証を付しておりこの点で差別化が難しい一方，環境負荷の低い産業においては保証を付すことが環境を重視しているというシグナリング効果を生みやすいと解釈できる。

　国レベルでみると，ステークホルダー志向型の国（成分法）に属する企業ほど，保証および会計専門家による保証を選択する（Simnett et al.［2009］；Kolk and Perego［2010］；Zhou et al.［2016］；Bollas-Araya et al.［2019］），また法規制および文化的な規範の圧力が強い国に属する企業ほど保証を選択する（Martínez-Ferrero and García-Sánchez［2017］）傾向にある。ただし，必ずしも統計的に有意な関係がみられない国もあり，国ごとの特徴付けの難しさがみてとれる。

　続いて，サステナビリティ情報の保証に関する経済的帰結をみてみよう。大きく①報告書の質と量，②保証報告書の内容，③資本市場へ与える影響が検討されている。

　第一に，報告書の質と量では，サステナビリティ情報に保証が付くほど，企業の環境情報の質と量が向上する（Moroney et al.［2012］；Brram et al.［2016］），サステナビリティ情報に保証および会計専門家による保証が付くほど，過去の報告書の訂正が増える（Ballou et al.［2018］，Michelon et al.［2019］）ことが報告されている。後者に対する解釈についてはやや注意が必要である。すなわち，一般に報告書の訂正（修正再表示）は，その質が低いことを意味する代理変数として用いられる。一方，当該研究では，企業が現在の報告書と過去の報告書の一貫性（継続性）を意識し確認した結果であり，企業の報告に対する意識の高さが反映されていると解釈している。

　第二に，報告書の内容では，会計専門家による保証，そしてより専門性と経験のある提供者による保証が付くほど，企業の保証報告書の内容が充実することが報告されている（Bollas-Araya et al.［2019］；Zorio et al.［2013］；Martinez-Ferrero and García-Sánchez［2017］）。

　第三に，資本市場への影響として，サステナビリティ情報に保証が付くほど，

第Ⅲ部　コーポレートガバナンスの実務

企業の資本コスト，アナリスト予測のエラーと分散が低くなることが観察されている（Casey and Grenier［2015］；Martinez-Ferrero and Garcia-Sánchez［2017］）。一方，アメリカの資本市場を対象とした研究では，2002年から2007年ごろを対象とした研究では保証と企業価値に有意な関係がみられないものの，2008年から2010年ごろになると会計専門家による保証と企業価値は有意に正の関係がみられるようになっている（Peters and Romi［2015］；Cho et al.［2014］；Clarkson et al.［2019］）。これらの結果はアメリカにおけるサステナビリティ情報の保証に関する資本市場の意識の変化が影響していることが示唆される。

　日本企業を対象とした研究はそれほど多くないものの，近年みられるようになってきた。例えば，Nishitani et al.［2020］はNikkei500index製造業（2007-2015年）1,533社・年を対象として，環境報告書の第三者意見・保証付与が企業価値に与える影響を分析している。結果として，（1）ISO14001の取得期間が長いほど，従業員数が多いほど，金融機関の株式所有割合が多いほど，UNCGに署名している企業ほど，環境報告書を開示していること，（2）環境報告書を開示している企業は，そうでない企業と比べて企業価値が高いとはいえないこと，そして，（3）環境報告書に第三者意見を付している企業ほど企業価値が高く，第三者保証（あるいは両方）を付している企業ほど企業価値が低いことを報告している。また，笠井［2022］は，2019年12月時点における東京証券取引所第1部上場企業1,992社を対象として，サステナビリティ情報の保証に関する決定要因を実証的に分析している。結果として，（1）資産規模が大きく，金融機関持株比率が高い企業ほど，第三者関与（保証あるいは意見）を求めること，（2）負債比率が低い企業ほど，第三者保証を求めること，（3）環境に敏感な業種に属している企業（自動車，鉄道・バス，空運，電力，ガス）ほど，第三者保証ではなく，意見を求めることを観察している。

Ⅲ　リサーチデザイン

1　仮説

　本章の分析課題は，サステナビリティ情報の保証の決定因子とその経済的帰結を明らかにすることである。保証の決定因子として企業ファンダメンタルと

コーポレートガバナンス，保証の経済的帰結として市場評価と情報内容が考えられる。つまり，本章の分析課題は，2つの決定因子（群）が保証に与える影響，および保証が2つの帰結因子（群）に与える影響というように整理できる。なお，Nishitani et al.［2020］，笠井［2021］でも述べられているように，日本ではサステナビリティ情報に対する第三者（独立）保証に加えて，第三者（独立）意見が付される実務が広く行われている。よって本研究でも保証と意見を分析対象とする[1]。

　先行研究およびこれまでの考察を踏まえ，本章では以下の4つの仮説を設定する。1つ目は，企業ファンダメンタル仮説である。企業規模は公共からの監視コスト増，また，経営成績および財政状態は企業のコスト負担能力増の因子と考えられる（Simnett et al.［2009］；Branco et al.［2014］；Wong et al.［2016］；笠井［2021］）。よって，規模が大きく，収益性が高く，レバレッジが低い企業ほど，サステナビリティ情報の保証（意見）を選択する[2]。

　2つ目は，会計・監査・ガバナンス仮説である。会計情報の開示とその信頼性の向上，そしてガバナンスに対する意識が高い企業ほど，サステナビリティ情報の開示に関しても積極的に信頼性を高めるインセンティブを持つと考えられる（Liao et al.［2018］）。よって，会計・監査・ガバナンスに力を入れている（充実している）企業ほど，第三者保証（意見）を選択する。

　3つ目は，市場評価仮説である。サステナビリティ情報の開示と信頼性に関する意識が高い企業はその活動にも積極的に取組み，そうした活動と開示が資本市場からも高く評価されると考えられる（Casey and Grenier［2015］；Martinez-Ferrero and Garcia-Sánchez［2017］）。よって，サステナビリティ情報に保証（意見）を付している企業ほど，市場評価が高い[3]。

　そして4つ目は，情報内容仮説である。サステナビリティ情報への信頼性付与は情報の伝達効果を高め，これが情報開示の投資対効果を高めることにつな

---

1)　保証（assurance）と意見（comment）の関係に関する理論的な考察も重要であるが，本研究では仮説構築の段階では両者の理論的な差異に深く立ち入らず，双方とも報告書の信頼性を高める効果を持つと仮定する。

2)　なお，第三者意見について笠井［2022］では企業規模のみ有意な結果となっている。

3)　一方，意見は市場評価が高く，保証（あるいは両方）を付している企業ほど市場評価が低いとの結果もある点に注意が必要である（Nishitani et al.［2020］）。

251

第Ⅲ部　コーポレートガバナンスの実務

がり，結果としてより多くの情報を開示するインセンティブにつながる（Moroney et al. [2012]；Brram et al. [2016]）。また，そもそも一定の対価を支払ってサステナビリティ情報に信頼性を付与しようとする企業は，サステナビリティ情報の伝達に積極的であることが想定される。以上から，サステナビリティ情報に保証（意見）を付けている企業ほど，報告書の内容が充実していると考えられる。以上の4つが本章の検証仮説である。

仮説1　規模が大きく，収益性が高く，レバレッジが低い企業ほど，サステナビリティ情報保証（意見）を選択する

仮説2　会計，監査，ガバナンスが充実している企業ほど，第三者保証（意見）を選択する

仮説3　サステナビリティ情報に保証（意見）を付している企業ほど，市場評価が高い

仮説4　サステナビリティ情報に保証（意見）を付している企業ほど，報告書の内容が充実している

2　検証モデル

　仮説の検証にあたり，3つのモデルを構築する。モデル（1）はサステナビリティ情報の保証（意見）の決定因子を分析するモデルである。従属変数は保証あるいは意見ダミー，独立変数は総資産，ROE，レバレッジ，IFRSダミー，BIG4ダミー，監査報酬ダミー，非監査報酬比率，取締役会規模，社外取締役比率，女性取締役比率，指名委員会等設置会社ダミー，監査等委員会設置会社ダミー，そして固定効果ダミー（産業，年）である。仮説1に基づけば総資産，ROEは正，レバレッジは負の符号となる。仮説2に基づけば，IRFSダミー，BIG4ダミー，監査報酬ダミー，非監査報酬比率，社外取締役比率，女性取締役比率，そして指名委員会等設置会社ダミーは保証（意見）の付与と正，取締役会規模，監査等委員会設置会社は保証（意見）の付与と負の関係を持つと考えられる[4]。モデル（2）はサステナビリティ情報の保証（意見）と企業に対す

4）　本章では，社外取締役，女性取締役，指名委員会等設置会社は，保証に対する促進因子となり，取締役会規模，監査等委員会設置会社は阻害因子と想定している。一方，どのようなガバナンスが

252

る市場評価の関連性を分析するモデルである。従属変数は株価純資産倍率（PBR），テスト変数は報告書ダミー，保証ダミー，意見ダミー，保証と意見の交差項の4つである。まずサステナビリティ情報の提出の有無がPBRに与える影響を検証したうえで，それに保証あるいは意見を付すことによる増分価値を検証するモデルとなっている。仮説3に基づけば，保証ダミーと意見ダミーはPBRと正の相関を示すと考えられる。さらに，保証と意見の交差項を挿入することによって，保証と意見を両方付している場合にさらに市場の評価が高まるのかどうかを検証する。モデル（3）はサステナビリティ情報の保証（意見）とサステナビリティ情報の情報内容の関連性を分析するモデルである。従属変数は，報告書の文字数であり，テスト変数は保証ダミー，意見ダミー，保証と意見の交差項の3つである。文字数が多いほど情報の量と質が充実していると想定できるため，仮説4に基づけば，保証（意見）の付与は従属変数と正の関連性を有すると考えられる[5]。

$$
\begin{aligned}
\text{ASRR, or CMMT} = {} & \alpha + \beta_1 \text{LnASSET} + \beta_2 \text{ROE} + \beta_3 \text{LEV} + \beta_4 \text{IFRS} + \\
& \beta_5 \text{BIG4} + \beta_6 \text{AFEE} + \beta_7 \text{NAFEE} + \beta_8 \text{BRDSZE} + \\
& \beta_9 \text{OUTSDR} + \beta_{10} \text{GENDR} + \beta_{11} \text{NMNTC} + \beta_{12} \text{AUDTC} + \\
& \text{Industry, Year fixed effect} + \varepsilon \qquad (1)
\end{aligned}
$$

$$
\begin{aligned}
\text{PBR} = {} & \alpha + \beta_1 \text{REPORT} + \beta_2 \text{ASSR} + \beta_3 \text{CMMT} + \beta_4 \text{ASRR*CMMT} + \\
& \beta_5 \text{LnASSET} + \beta_6 \text{ROE} + \beta_7 \text{LEV} + \beta_8 \text{IFRS} + \beta_9 \text{BIG4} + \beta_{10} \text{AFEE} + \\
& \beta_{11} \text{NAFEE} + \beta_{12} \text{BRDSZE} + \beta_{13} \text{OUTSDR} + \beta_{14} \text{GENDR} + \beta_{15} \text{NMNTC} \\
& + \beta_{16} \text{AUDTC} + \text{Industry, Year fixed effect} + \varepsilon \qquad (2)
\end{aligned}
$$

$$
\text{CHRAS} = \alpha + \beta_1 \text{ASSR} + \beta_2 \text{CMMT} + \beta_3 \text{ASSR*CMMT} + \beta_4 \text{LnASSET} +
$$

　　経営にどのような影響をもたらすかは現在も様々な観点から議論されているため，これ自体が理論的・実証的な検証課題でもある。

5)　本章の分析では，量が多ければ，それに比例して質も高まる（情報内容が充実する）と想定している。一方，いくら文字数が多くても，同じ内容が繰り返されている，あるいは定型的・抽象的であれば質が高いとはいえない。情報の質をより精緻に分析するにはこうした側面の分析も求められる。当該論点は今後の課題としたい。

第Ⅲ部　コーポレートガバナンスの実務

$$\beta_5 ROE + \beta_6 LEV + \beta_7 IFRS + \beta_8 BIG4 + \beta_9 AFEE + \beta_{10} NAFEE +$$
$$\beta_{11} BRDSZE + \beta_{12} OUTSDR + \beta_{13} GENDR + \beta_{14} NMNTC +$$
$$\beta_{15} AUDTC + Industry, \ Year \ fixed \ effectte + \ \varepsilon \qquad (3)$$

変数の定義は図表11-1で示されている。

図表11-1　変数の定義

変数名	定義
ASSR	報告書に保証（認証，検証）を付していれば1，それ以外は0（ALL，SR，IR，CR）
CMMT	報告書に意見を付していれば1，それ以外は0（ALL，SR，IR，CR）
ASSR*CMMT	報告書に保証と意見を同時に付していれば1，それ以外は0（ALL，SR，IR，CR）
CHARS	報告書の文字数の自然対数（ALL，SR，IR，CR）
PBR	株価／一株当たり純資産
ASSET	総資産の自然対数
ROE	当期純利益（親会社帰属）／純資産
LEV	負債／総資産
IFRS	IFRSを採用していれば1，それ以外は0
BIG4	大手監査法人（新日本，トーマツ，あずさ，あらた）による監査を受けていれば1，それ以外は0
AFEE	監査報酬の自然対数
NAFEE	非監査報酬／（監査報酬＋非監査報酬）
BRDSZE	取締役会の人数
OUTSDR	社外取締役の人数／取締役の人数
GENDR	女性役員の人数／総役員の人数
NMNTC	指名委員会等設置会社であれば1，それ以外は0
AUDTC	監査等委員会設置会社であれば1，それ以外は0

出所：筆者作成。

3　データ

　本章では，JPX400構成銘柄のうち銀行，証券，保険，その他金融除く367社の，2016年から2021年の6年間計2,202社・年を分析の対象とする。サステナビリティ情報は，サステナビリティレポート（CSR報告書，社会・環境報告書，環境報告書等を含む。以下，SR），統合報告書（コーポレートレポート，コミュニケーションレポート，「社名」レポート等を含む。以下，IR），そしてアニュアルレポート（年次報告書，コーポレートレポート，「社名」レポート等を含む。以下，CR）の3類型として個別に調査する。IRの判別にあたっては，レポート名に「統

合」という文言がなくても，「財務と非財務の統合」，「価値創造ストーリー」などの考え方が取り入れられている，あるいは，国際統合報告＜IR＞フレームワークを参考にしていることが認められればIRと判定している。また，保証の有無の判定にあたっては，「第三者保証」「独立保証」というキーワードを検索し，ヒットした場合にカウントしている。その際，笠井［2022］を参考にし，「認証」「検証」というワードも対象としている。また，意見も同様に「第三者意見」「独立意見」というワードを対象としている。

　なお，近年，サステナビリティ活動に関するデータをデータブックあるいはファクトブックなどの名称でウェブ上でのみ閲覧可能な形式（HTML文書のみ，あるいはEブック形式など）で掲載する企業が増えつつある。本章では，ダウンロード可能でかつテキストデータが含まれている場合にのみ分析対象とし，ウェブ上のデータの場合は分析の対象から除外している。

　データ抽出は以下のステップで実施する。まず，調査対象となる367社のウェブサイトにアクセスし，6年分のデータ（PDF）を手作業でダウンロードすることで2,202社・年サステナビリティ情報データベースを構築する。続いて，収集されたPDFデータをテキストデータに変換する。変換にあたり，まず①Pythonの外部ライブラリであるPDFminerを用いてテキストを抽出する，②その際PDFに保護パスワードが設定されている場合は，QPDF（windowsのコマンドラインソフト）を用いて解除してから，①を実施する，また，③PDFがすべて画像データによって構成されている場合，PDFElement（PDFの編集ソフトウェア）でOCR解析を実施してから，①を実施する。その後，Pythonを用いて，変換されたテキストデータから分析対象ワードを抽出するとともに，サステナビリティ情報の文字数をカウントする。最後に，分析に必要な財務関連データをそれぞれ外部データベース（日経NEEDS FinancialQUEST，日経企業基本データ）から抽出し，サステナビリティ関連データと結合させて分析データとする。このプロセスから最終サンプルとして抽出された2,127社・年を用いて分析を行う。

4　サステナビリティ情報の開示・保証のトレンド

　仮説の検証に先立って，まずはサステナビリティ情報データベース（367社

第Ⅲ部　コーポレートガバナンスの実務

図表11-2　サステナビリティ情報の開示企業数の推移

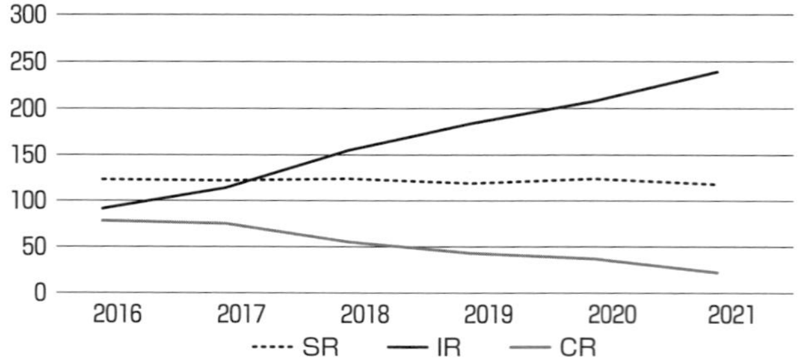

出所：筆者作成。

×6年間の2,202社・年）を用いてサステナビリティ情報の開示と保証（意見）の
付与の傾向をみておこう[6]。図表11-2はサンプルにおけるサステナビリティ情報
（SR，IR，CR）の開示企業数の推移である。2016年においてSRを開示している
企業は123社（33.5％），IRは91社（24.7％），CRは78社（21.2％）となっている。
2016年から21年の推移をみると，SRはほぼ横ばいで推移し21年に118社（32.1％）
となり，IRは顕著な増加を示し21年に239社（65.1％）となっている一方，CR
は顕著な減少を示し21年に22社（5.9％）となっている。これは，統合報告に対
する関心の高まりを背景として，IRを新規に作成する企業が増えるとととともに，
従来のCRからIRに移行する企業が増えていることの表れといえる。また，SR
とCRを統合してIRを作成する企業も散見されるものの，SRの作成数はCRほ
どには顕著に減少していない。この理由は，①IRとSRの役割分担を図っている，
②報告書としてのSRは廃止しつつも，データブックなどの形で開示している
ためと考えられる。

　続いて，サステナビリティ情報における保証（意見）の付与の傾向をみてい
こう。図表11-3にみられるように，SRとIRにおいて，保証の付与が経年的に
増加している一方，意見はSRにおいて減少，IRとCRではほぼ横ばいとなって
いる。

6）　サステナビリティ報告の実態についてはKPMG［2021］［2022］に詳しい。

256

図表11-3 サステナビリティ情報における保証（意見）の付与

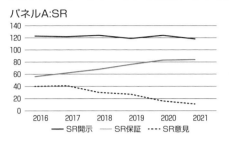
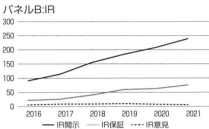
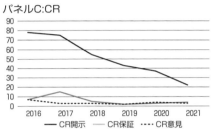

出所：筆者作成。

Ⅳ 分析

1 記述統計と相関係数

図表11-4は従属変数の記述統計である。分析対象企業となる2,127社・年のうち68.2％の企業が自発的にいずれかの報告媒体によりサステナビリティ情報を開示している。報告書の類型別にみると，IRが最も多く44.8％となっており，SRは33.1％，CRは14.4％と続いている。SR開示企業のうち保証の付与は58.2％，意見の付与は22.8％，SRの平均文字数は105,208字となっている。IR開示企業のうち保証の付与は28.5％，意見の付与は4.7％，IRの平均文字数は101,489字となっている。CR開示企業のうち保証の付与は11.4％，意見の付与は7.2％，CRの平均文字数は66,569字となっている。図表11-5は，独立変数の記述統計を示している。企業特性の変数をみていくと，PBRの平均値は3.1，総資産は5,259億97百万円，ROEは11.4％，LEVは47.5％，IFRS採用企業は25.6％となっ

第Ⅲ部　コーポレートガバナンスの実務

ている。監査について，大手監査人は90.2％，監査報酬は1億19百万円，非監査報酬比率は6.2％である。ガバナンスについて，取締役人数は10人，社外取締役比率は33.6％，女性役員比率は7.7％，指名委員会等設置会社は4.6％，監査等委員会設置会社は18.4％となっている。

図表11-4　記述統計（従属変数）

	変数	平均	標準偏差	p10	p50	p90	N
FULL	REPORT	0.682	0.466				2,127
	SR	0.331	0.471				2,127
	IR	0.448	0.497				2,127
	CR	0.144	0.351				2,127
ALL	ASSR	0.433	0.496				1,450
	CMMT	0.152	0.360				1,450
	ASSR*CMMT	0.077	0.266				1,450
	CHRAS	94,072	73,046	36,445	79,707	159,542	1,450
	lnCHRAS	11.265	0.610	10.504	11.286	11.980	1,450
SR	ASSR	0.582	0.494				705
	CMMT	0.228	0.420				705
	ASSR*CMMT	0.112	0.316				705
	CHRAS	105,208	103,648	24,086	76,884	201,075	705
	lnCHRAS	11.216	0.803	10.089	11.250	12.211	705
IR	ASSR	0.285	0.451				952
	CMMT	0.047	0.212				952
	ASSR*CMMT	0.025	0.157				952
	CHRAS	101,489	67,591	53,711	87,621	152,427	952
	lnCHRAS	11.387	0.456	10.891	11.381	11.934	952
CR	ASSR	0.114	0.319				306
	CMMT	0.072	0.259				306
	ASSR*CMMT	0.023	0.150				306
	CHRAS	66,569	40,965	24,177	62,839	102,724	306
	lnCHRAS	10.914	0.542	10.093	11.048	11.540	306

（注）連続変数はすべて上下1％でウィンソライズしている。
出所：筆者作成。

サステナビリティ情報の保証に関する実証分析　第11章

図表11-5　記述統計（独立変数）

	平均	標準偏差	p10	p50	p90	N
PBR	3.145	3.585	0.868	2.044	6.270	2,127
ASSET	13.173	1.479	11.254	13.060	15.192	2,127
ROE	0.114	0.070	0.047	0.104	0.199	2,127
LEV	0.475	0.183	0.220	0.484	0.715	2,127
IFRS	0.256	0.436				2,127
BIG4	0.902	0.297				2,127
AFEE	4.787	0.997	3.584	4.682	6.133	2,127
NAFEE	0.062	0.098	0.000	0.020	0.186	2,127
BRDSZE	10.107	2.749	7.000	10.000	14.000	2,127
OUTSDR	0.336	0.129	0.182	0.333	0.500	2,127
GENDR	0.077	0.071	0.000	0.070	0.170	2,127
NMNTC	0.046	0.209				2,127
AUDTC	0.184	0.388				2,127

（注）連続変数はすべて上下1％でウィンソライズしている。
出所：筆者作成。

　図表11-6は変数の相関係数を示している。

　サステナビリティ情報の開示企業の特徴をみておこう。図表11-7は報告書の類型別に各変数の平均値を集計したものである。SR開示企業は，資産規模が大きく，ROEが高い，Big4による監査が多く，監査報酬，非監査報酬が高い傾向にある。また，SR開示企業は，IRおよびCRに比べて保証，意見がより多く付される傾向にある。IR開示企業は，IFRS採用企業が多く，社外取締役，女性役員が多い傾向にある一方で，監査等委員会設置会社の割合も高い傾向にある。CR開示企業は，PBRを除く，ほぼすべての指標がSR・IR開示企業と比べて低いことがみてとれる。

図表11-6　相関係数

Variables変数	(1)	(2)	(3)	(4)	(5)	(6)	(7)	(8)	(9)	(10)	(11)	(12)	(13)	(14)	(15)	(16)	(17)
(1) ASSR	1																
(2) CMMT	0.155***	1															
(3) ASSR*CMMT	0.363***	0.689***	1														
(4) PBR	-0.163***	-0.091***	-0.064***	1													
(5) CHRAS	0.476***	0.232***	0.169***	-0.245***	1												
(6) ASSET	0.433***	0.125***	0.119***	-0.363***	0.521***	1											
(7) ROE	-0.221***	-0.085***	-0.055***	0.398***	-0.365***	-0.406***	1										
(8) LEV	0.071***	0.082**	0.031	-0.102***	0.092***	0.326***	-0.025	1									
(9) IFRS	0.251***	0.009	0.032	-0.034	0.219***	0.365***	-0.094***	0.051**	1								
(10) BIG4	0.119***	0.086***	0.070***	-0.013	0.073***	0.163***	-0.123***	0.026	0.171***	1							
(11) AFEE	0.417***	0.106***	0.093***	-0.283***	0.495***	0.859***	-0.353***	0.372***	0.444***	0.267***	1						
(12) NAFEE	0.123***	0.113***	0.114***	-0.02	0.152***	0.148***	-0.052***	0.059***	0.100***	0.144***	0.131***	1					
(13) BRSIZE	0.225***	0.069***	0.085***	-0.226***	0.253***	0.467***	-0.244***	0.207***	0.057***	0.088***	0.420***	0.113***	1				
(14) OUTSDR	0.034	-0.039*	-0.041*	0.088***	0.068***	-0.060***	0.080***	-0.034	0.151***	0.098***	0.028	-0.009	-0.432***	1			
(15) GENDR	0.141***	-0.018	-0.022	0.029	0.171***	0.160***	-0.039*	0.057***	0.192***	0.115***	0.192***	0.019	-0.076***	0.295***	1		
(16) NMNTC	0.086***	-0.03	-0.011	0.019	0.050**	0.140***	0.005	0.048**	0.120***	0.072***	0.143***	0.024	0.298***	-0.120***	0.035*	1	
(17) AUDTC	-0.068***	-0.066***	-0.046**	0.100***	-0.074***	-0.111***	0.015	-0.078***	0.065**	-0.109***	-0.120***	-0.066***	-0.367***	-0.080***	-0.006	-0.104***	1

***p<0.01, **p<0.05, *p<0.1
出所：筆者作成。

サステナビリティ情報の保証に関する実証分析　第11章

図表11-7　報告書の類型別比較

	SR	IR	CR
ASSR	0.582	0.285	0.114
CMMT	0.228	0.047	0.072
PBR	2.331	2.422	2.497
ASSET	14.001	13.859	13.308
ROE	0.096	0.095	0.101
LEV	0.495	0.499	0.457
IFRS	0.330	0.397	0.154
BIG4	0.950	0.936	0.846
AFEE	5.333	5.261	4.785
NAFEE	0.082	0.073	0.062
BRDSZE	10.586	10.441	10.225
OUTSDR	0.354	0.369	0.304
GENDR	0.087	0.094	0.064
NMNTC	0.067	0.065	0.010
AUDTC	0.162	0.176	0.101
n	705	952	306

出所：筆者作成。

2　モデルの推定結果

　図表11-8は，モデル（1）で従属変数を保証の有無とした場合の推定結果である。左側の列（ALL）はSR，IR，CRいずれかの保証を付していれば1をとる従属変数，そこから右側にそれぞれ報告書の類型別に作成した従属変数を用いた結果を示している。まず左側の列からみると，全体では，資産規模が大きいほど，レバレッジが低いほど，IFRS採用企業ほど，監査報酬および非監査報酬が高い企業ほど報告書に保証を付している。報告書の類型ごとにみていくと，SRの場合は，総資産，IFRS，BIG4，監査等委員会と正，レバレッジと負，IRの場合は，監査報酬と正，レバレッジ，取締役会規模と負，CRの場合には，監査報酬と正の係数となっている。以上の結果は概ね仮説1，仮説2と矛盾しないといってよいだろう。

　続いて，図表11-9で示された従属変数を意見の有無とした場合の結果を検討しよう。従属変数の類型は先ほどと同じ4つである。全体でみると資産規模が

261

第Ⅲ部　コーポレートガバナンスの実務

図表11-8　決定因子（保証）

	ALL	SR	IR	CR
ASSET	0.234 *** (3.508)	0.410 *** (3.089)	-0.0886 (-0.881)	0.00586 (0.0370)
ROE	-0.843 (-1.131)	-2.144 * (-1.832)	-0.615 (-0.640)	1.700 (0.797)
LEV	-0.782 *** (-2.705)	-1.033 ** (-1.976)	-1.051 *** (-2.727)	-0.846 (-0.947)
IFRS	0.204 ** (2.098)	0.267 * (1.755)	0.187 (1.568)	0.418 (1.127)
BIG4	0.0704 (0.432)	1.180 *** (3.956)	-0.250 (-0.996)	-0.526 (-1.414)
AFEE	0.281 *** (2.910)	-0.0166 (-0.0962)	0.360 *** (2.650)	0.0762 (0.269)
NAFEE	0.979 ** (2.575)	0.194 (0.336)	0.0262 (0.0524)	3.728 *** (2.727)
BRDSZE	0.0104 (0.561)	0.0347 (1.146)	-0.0546 ** (-2.107)	-0.0307 (-0.646)
OUTSDR	0.478 (1.102)	0.696 (1.045)	-1.088 * (-1.921)	2.430 (1.561)
GENDR	0.476 (0.766)	0.523 (0.526)	-0.232 (-0.290)	-3.370 (-1.435)
NMNTC	-0.107 (-0.520)	0.400 (1.142)	-0.0579 (-0.246)	
AUDTC	0.0472 (0.392)	0.484 ** (2.473)	-0.172 (-1.076)	-0.0315 (-0.0595)
Constant	-4.374 *** (-5.342)	-6.364 *** (-4.875)	-0.484 (-0.543)	-2.077 (-1.330)
Observations	1,413	636	931	198
Year FE	YES	YES	YES	YES
Industry FE	YES	YES	YES	YES
Pseudo-R	0.179	0.214	0.121	0.164

Robust z-statistics in parentheses
***p<0.01, **p<0.05, *p<0.1
出所：筆者作成。

小さいほど，大手監査人による監査ほど，監査報酬が高いほど，報告書に意見が付されている。ただし，報告書の類型ごとにわけてみると，SRでは総資産と負，IRではレバレッジと正，取締役会規模と負となり，CRではいずれの変数も有意ではなかった。以上から，意見の場合は仮説1，仮説2と必ずしも一貫していない結果となった。サステナビリティ報告に付される第三者意見は，監査法人・公認会計士など監査の専門家ではなく，大学の専門家やコンサルタント等の特定分野の専門家によって表明されることが多く，「信頼性の付与」

サステナビリティ情報の保証に関する実証分析　**第11章**

図表11-9　決定因子（意見）

	ALL	SR	IR	CR
ASSET	-0.173 **	-0.325 ***	-0.0876	-0.247
	(-2.090)	(-2.856)	(-0.386)	(-0.658)
ROE	0.712	-0.288	-2.668	-0.872
	(0.745)	(-0.255)	(-1.308)	(-0.153)
LEV	0.406	-0.153	1.609 **	1.657
	(1.201)	(-0.290)	(2.247)	(0.849)
IFRS	-0.0636	0.164	-0.297	
	(-0.555)	(0.986)	(-1.392)	
BIG4	0.861 ***	0.527 *		
	(3.591)	(1.646)		
AFEE	0.256 **	0.232	-0.0725	0.391
	(2.138)	(1.376)	(-0.286)	(0.501)
NAFEE	0.544	0.346	-1.475 *	3.298 *
	(1.372)	(0.611)	(-1.818)	(1.709)
BRDSZE	-0.0364 *	-0.0143	-0.106 **	0.0372
	(-1.734)	(-0.499)	(-2.125)	(0.341)
OUTSDR	-0.373	0.120	-0.757	-2.040
	(-0.707)	(0.180)	(-0.654)	(-0.494)
GENDR	-0.430	-1.771 *	-2.426 *	1.030
	(-0.603)	(-1.797)	(-1.954)	(0.285)
NMNTC	-0.345	-0.259	-0.316	
	(-1.195)	(-0.760)	(-0.550)	
AUDTC	0.0518	0.0143	-0.396	
	(0.354)	(0.0747)	(-0.928)	
Constant	0.0982	2.813 **	1.248	0.519
	(0.111)	(2.425)	(0.608)	(0.213)
Observations	1,361	654	612	90
Year FE	YES	YES	YES	YES
Industry FE	YES	YES	YES	YES
Pseudo-R	0.170	0.131	0.224	0.301

Robust z-statistics in parentheses
***p<0.01, **p<0.05, *p<0.1
出所：筆者作成。

というよりも「専門的な助言」と捉えた方が適切なのかもしれない。この解釈
は，環境に対する影響が大きい業種ほど第三者意見を選好する（笠井［2022］）

第Ⅲ部　コーポレートガバナンスの実務

という傾向とも親和性が高いともいえる。

　次に，図表11-10は従属変数をPBR，独立変数を保証（意見）の有無としたモデルの結果である。SRの開示はPBRと有意な正の関連性を持つものの，保証と意見の有無，そしてその交差項はいずれの報告書の類型においても有意ではなく，かつ符号条件も逆に負となっているものが多い。つまり，仮説3に反して，報告書に保証（意見）を付けることは少なくともPBRという代理変数を通してみた市場の評価に影響を与えるとはいえない。この結果は，資本市場はサステナビリティレポートの報告の有無まではウォッチするものの，それに保証あるいは意見がついているかどうかまでみていない，ということを示唆している。なお，その他のコントロール変数をみると，資産規模が小さいほど，ROEが高いほど，IFRS採用企業ほど，非監査報酬が高いほど，女性役員数が多いほど，そして指名委員会等設置会社ほどPBRが高い傾向がみてとれる。

　最後に，図表11-11は従属変数を報告書の文字数としたモデルの推定結果である。全体でみると，保証を付している報告書ほど，その文字数が多くなる傾向があり，SRとIRを個別に検証した場合でも同様の傾向がみられる。さらに，SRにおいて，報告書に保証と意見を同時に付している場合は，さらに文字数が多くなるという増分効果がみてとれる。一方，第三者意見はそれ単独では，文字数の増加に影響しないようである。これらの結果は，仮説4で説明されるように，サステナビリティ情報に保証が付されることで情報の信頼性が向上し，これが情報内容にも影響を与えるということを示唆している。一方，すでに述べたように，第三者意見は，情報の信頼性というよりも，特定領域の専門家からサステナビリティ活動全般にわたる助言（アドバイス）をもらうという側面が強く，この点において両者のもたらす効果に差異が生じるのかもしれない。なお，コントロール変数では，資産規模が大きいほど，レバレッジが高いほど，IFRS採用企業ほど，監査報酬が高いほど，社外取締役が多いほど報告書の文字数が多い。

　以上，本章の検証結果は，保証に関しては仮説1，仮説2，仮説4と矛盾しないものである一方，仮説3については仮説と一貫する結果を得ることはできなかった。また，第三意見はいずれの仮説も当てはまらないようであった。

264

サステナビリティ情報の保証に関する実証分析　第11章

図表11-10　市場評価

	ALL	SR	IR	CR
REPORT	-0.201	0.500 **	-0.220	0.129
	(-1.079)	(2.080)	(-1.566)	(0.758)
ASSR	-0.0234	-0.271	-0.166	-0.176
	(-0.173)	(-1.067)	(-1.153)	(-0.325)
CMMT	-0.180	-0.613 *	0.181	-0.431
	(-0.881)	(-1.940)	(0.464)	(-1.543)
ASSR*CMMT	0.268	0.647	0.0459	0.474
	(0.952)	(1.602)	(0.0811)	(0.754)
ASSET	-0.644 ***	-0.680 ***	-0.647 ***	-0.657 ***
	(-5.409)	(-5.599)	(-5.444)	(-5.510)
ROE	18.47 ***	18.56 ***	18.48 ***	18.68 ***
	(10.17)	(10.30)	(10.23)	(10.40)
LEV	0.444	0.459	0.442	0.465
	(0.778)	(0.810)	(0.774)	(0.811)
IFRS	0.419 **	0.467 **	0.460 **	0.435 **
	(2.106)	(2.377)	(2.325)	(2.184)
BIG4	0.455 *	0.470 **	0.452 *	0.476 **
	(1.933)	(2.010)	(1.937)	(2.029)
AFEE	0.0306	-0.0147	0.0346	0.00519
	(0.185)	(-0.0887)	(0.209)	(0.0311)
NAFEE	1.699 **	1.568 **	1.690 **	1.658 **
	(2.406)	(2.231)	(2.385)	(2.354)
BRDSZE	-0.0245	-0.0247	-0.0230	-0.0242
	(-0.813)	(-0.824)	(-0.769)	(-0.806)
OUTSDR	-0.751	-0.897	-0.756	-0.857
	(-0.991)	(-1.211)	(-1.012)	(-1.167)
GENDR	3.423 ***	3.193 **	3.385 ***	3.301 **
	(2.612)	(2.425)	(2.599)	(2.526)
NMNTC	1.029 **	1.088 ***	1.047 **	1.077 ***
	(2.482)	(2.644)	(2.534)	(2.608)
AUDTC	0.614 ***	0.620 ***	0.611 ***	0.631 ***
	(2.662)	(2.677)	(2.641)	(2.692)
Constant	7.043 ***	7.271 ***	6.791 ***	7.096 ***
	(6.219)	(6.292)	(5.965)	(6.257)
Observations	2,127	2,127	2,127	2,127
Year FE	YES	YES	YES	YES
Industry FE	YES	YES	YES	YES
Asj.R^2	0.374	0.375	0.374	0.373

Robust z-statistics in parentheses
***p<0.01, **p<0.05, *p<0.1
出所：筆者作成。

265

第Ⅲ部　コーポレートガバナンスの実務

図表11-11　情報内容

	ALL	SR	IR	CR
ASSR	0.312 ***	0.387 ***	0.215 ***	0.101
	(10.36)	(5.869)	(5.841)	(0.556)
CMMT	0.0536	-0.0153	0.0363	-0.0292
	(1.001)	(-0.193)	(0.364)	(-0.232)
ASSR*CMMT	0.0790	0.354 ***	0.108	0.214
	(1.197)	(3.865)	(0.962)	(0.866)
ASSET	0.0723 ***	0.167 ***	0.0725 **	0.0672
	(2.781)	(3.887)	(2.369)	(1.555)
ROS	-0.347	-0.695	-0.541	0.654
	(-1.269)	(-1.538)	(-1.465)	(1.209)
LEV	0.468 ***	0.664 ***	-0.0119	0.347
	(3.948)	(2.874)	(-0.0756)	(1.218)
IFRS	0.0912 ***	0.187 ***	0.0664 *	0.0679
	(2.632)	(2.675)	(1.685)	(0.582)
BIG4	-0.136 **	-0.0855	0.0237	-0.364 ***
	(-2.371)	(-0.578)	(0.346)	(-3.809)
AFEE	0.0843 **	-0.0674	0.0757 *	0.270 ***
	(2.515)	(-1.063)	(1.922)	(4.105)
NAFEE	0.142	0.189	0.0916	0.878 ***
	(0.897)	(0.767)	(0.538)	(2.631)
BRDSZE	0.00644	0.0244 **	-0.00212	-0.00961
	(1.000)	(1.970)	(-0.278)	(-0.736)
OUTSDR	0.356 **	0.127	0.268	-0.407
	(2.108)	(0.375)	(1.514)	(-0.864)
GENDR	-0.0267	0.537	-0.0825	-0.975 *
	(-0.116)	(1.151)	(-0.364)	(-1.824)
NMNTC	-0.0661	0.00949	-0.0821	-0.563
	(-1.007)	(0.0810)	(-1.341)	(-1.078)
AUDTC	-0.150 ***	0.0327	-0.0639	-0.463 ***
	(-3.320)	(0.453)	(-1.295)	(-2.841)
Constant	8.681 **	8.066 ***	10.62 ***	9.997 ***
	(26.75)	(15.35)	(28.90)	(18.75)
Observations	1,450	705	952	306
Year FE	YES	YES	YES	YES
Industry FE	YES	YES	YES	YES
Adj.R^2	0.401	0.442	0.295	0.565

Robust z-statistics in parentheses
***p<0.01, **p<0.05, *p<0.1
出所：筆者作成。

266

サステナビリティ情報の保証に関する実証分析　**第11章**

V　おわりに

　本章では，2016年から2021年までのJPX400社構成銘柄企業を対象として，サステナビリティ情報の保証（意見）の決定因子と経済的帰結を明らかにした。実態分析からは，2016年から2021年にかけて，IRの新規作成が増えるととともに，従来のCRからIRに移行する企業が増えていること，SRとCRを統合してIRを作成する企業も散見される一方で，SRの作成数は減少していないこと，その理由として，①IRとSRの役割分担をしている，②報告書としてのSRは廃止しつつも，データブックなどの形で開示している企業があるためと考えられることが明らかになった。

　続いて，実証分析から以下のことが明らかになった。まず決定因子として，全体でみると，資産規模が大きいほど，負債比率が低いほど，IFRS採用企業ほど，監査報酬および非監査報酬が高い企業ほど報告書に保証を付していることが観察された。一方，意見では仮説と整合的な結果が得られなかった。経済的帰結では，サステナビリティレポートの開示がPBRに正の影響をもたらしている一方，保証と意見の付与はいずれもPBRと有意な関係性がみられなかった。保証の付与は，CRを除いて，報告書の内容充実と統計的に強い正の関連性がみられた。

　以上の結果は，サステナビリティ情報の保証のメカニズムの一端を明らかにしている点で学術的，実務的に重要な示唆をもたらすものであるといえる。一方，分析の限界として，JPX400社のみを分析対象としていること，市場評価，経済効果変数としてPBRや報告書の文字数のみを対象としていることといった点が挙げられる。また，保証の提供者や提供内容など保証の内容をさらに深く掘り下げることも今後の検討課題として挙げられる。

【参考文献】

笠井直樹［2022］「サステナビリティ情報に対する第三者関与の決定要因分析－2019年東京証券取引所第1部上場企業を対象として－」『開示情報に対する保証の枠組みに関する研究－最終報告書』（日本会計研究学会特別委員会）。

267

KPMGあずさサステナビリティ株式会社［2021］『日本におけるサステナビリティ報告2020』

KPMGサステナブルバリューサービス・ジャパン［2022］『日本の企業報告に関する調査2021』

髙田知実［2021］「日本企業におけるサステナビリティ情報の開示と保証の実態」『開示情報に対する保証の枠組みに関する研究－中間報告書』（日本会計研究学会特別委員会）。

Akisik, O. and G. Gal [2019] "Integrated reports, external assurance and financial performance: An empirical analysis on North American firms," *Sustainability Accounting, Management and Policy Journal*, Vol.11, No.2, pp.317-350.

Ballou, B., P. C. Chen., J. H. Grenier and D. L. Heitger [2018] "Corporate social responsibility assurance and reporting quality: Evidence from restatements," *Journal of Accounting and Public Policy*, Vol.37, No.2, pp.167-188.

Bollas-Araya, H. M., F. Polo-Garrido and E. Seguí-Mas [2019] "Determinants of CSR reporting and assurance: An analysis of top cooperative and mutual organizations," *Australian Accounting Review*, Vol.29, No.4, pp.692-707.

Branco, M. C., C. Delgado, S. F. Gomes and T. C. P. Eugénio [2014] "Factors influencing the assurance of sustainability reports in the context of the economic crisis in Portugal," *Managerial Auditing Journal*, Vol.29, No.3, pp.237-252.

Braam, G. J. M., L. Uit De Weerd., M. Hauck and M. A. J. Huijbregts [2016] "Determinants of corporate environmental reporting: The importance of environmental performance and assurance," *Journal of Cleaner Production*, Vol.129, pp.724-734.

Birkey, R. N., G. Michelon., D. M. Patten and J. Sankara [2016] "Does assurance on CSR reporting enhance environmental reputation? An examination in the U.S. context," *Accounting Forum*, Vol.40, No.3, pp.143-152.

Casey, R. J. and J. H. Grenier [2015] "Understanding and contributing to the enigma of corporate social responsibility (CSR) assurance in the United States," *Auditing: A Journal of Practice & Theory*, Vol.34, No.1, pp.97-130.

Cho, C. H., G. Michelon., D. M. Patten and R. W. Roberts [2014] "CSR report assurance in the USA: An empirical investigation of determinants and effects," *Sustainability Accounting, Management and Policy Journal*, Vol.5, No.2, pp.130-148.

Clarkson, P., Y. Li., G. Richardson and A. Tsang [2019] "Causes and consequences of voluntary assurance of CSR reports: International evidence involving Dow Jones Sustainability Index Inclusion and Firm Valuation," *Accounting, Auditing and Accountability Journal*, Vol.32, No.8, pp.2451-2474.

Datt, R., L. Luo., Q. Tang and G. Mallik [2018] "An international study of determinants of voluntary carbon assurance," *Journal of International Accounting Research*, Vol.17, No.3, pp.1-20.

Dutta, P. [2019] "Determinants of voluntary sustainability assurance: The importance of corporate environmental performance," *Social Responsibility Journal*, Vol.16, No.8, pp.1403-1414.

Farooq, M. B. and C. de Villiers [2017] "The market for sustainability assurance services,"

Pacific Accounting Review, Vol.29, No.1, pp.79-106.

García-Sánchez, I. M., M. E. Gómez-Miranda, F. David and L. Rodríguez-Ariza [2019] "The explanatory effect of CSR committee and assurance services on the adoption of the IFC performance standards, as a means of enhancing corporate transparency," *Sustainability Accounting, Management and Policy Journal*, Vol.10, No.5, pp.773-797.

Green, W. and S. Zhou [2013] "An international examination of assurance practices on carbon emissions disclosures," Australian Accounting Review, Vol.23, No.1, pp.54-66.

Hassan, A., A. A. Elamer, M. Fletcher and N. Sobhan [2020] "Voluntary assurance of sustainability reporting: Evidence from an emerging economy," *Accounting Research Journal*, Vol.33, No.2, pp.391-410.

IFAC [2021] The State of Play in Sustainability Assurance.

Kend, M. [2015] "Governance, firm-level characteristics and their impact on the client's voluntary sustainability disclosures and assurance decisions," *Sustainability Accounting, Management and Policy Journal*, Vol.6, No.1, pp.54-78.

Kolk, A. and P. Perego [2010] "Determinants of the adoption of sustainability assurance statements: An international investigation," *Business Strategy and the Environment*, Vol.19, No.3, pp.182-198.

KPMG [2022] The Road Ahead: Global Survey of Sustainability Reporting.

Liao, L., T. P. Lin. and Y. Zhang [2018] "Corporate Board and corporate social responsibility assurance: Evidence from China," *Journal of Business Ethics*, Vol.150, No.1, pp.211-225.

Lu, M., R. Simnett and S. Zhou [2023] "Using the same provider for financial statement audit and assurance of extended external reports: choices and consequences," *Auditing: A Journal of Practice & Theory*, Vol.43, No.1, pp.125-154.

Maroun, W. [2020] "A conceptual model for understanding corporate social responsibility assurance practice," *Journal of Business Ethics*, Vol.161, No.1, pp.187-209.

Martínez-Ferrero, J. and I. M. García-Sánchez [2017] "Coercive, normative and mimetic isomorphism as determinants of the voluntary assurance of sustainability reports," *International Business Review*, Vol.26, No.1, pp.102-118.

Michelon, G., D. M. Patten and A. M. Romi [2019] "Creating legitimacy for sustainability assurance practices: Evidence from sustainability restatements," *European Accounting Review*, Vol.28, No.2, pp.395-422.

Moroney, R., C. Windsor and Y. T. Aw [2012] "Evidence of assurance enhancing the quality of voluntary environmental disclosures: An empirical analysis," *Accounting and Finance*, Vol.52, No.3, pp.903-939.

Nishitani, K., M. B. Haider and K. Kokubu [2020] "Are third-party assurances preferable to third-party comments for promoting financial accountability in environmental reporting?" *Journal of Cleaner Production*, Vol.248, pp.119-199.

Peters, G. F. and A. M. Romi [2015] "The association between sustainability governance characteristics and the assurance of corporate sustainability reports," *Auditing: A Journal of Practice & Theory*, Vol.34, No.1, pp.163-198.

第Ⅲ部　コーポレートガバナンスの実務

Simnett, R., A. Vanstraelen and W. F. Chua [2009] "Assurance on sustainability reports: An international comparison," *Accounting Review*, Vol.84, No.3, pp.937-967.

Simnett, R., E. Carson and A. Vanstraelen [2016] "International archival auditing and assurance research: Trends. Methodological Issues and Opportunities," *Auditing: A Journal of Practice and Theory*, Vol.35, No.3, pp.1-32.

Steinmeier, M. and M. Stich [2019] "Does sustainability assurance improve managerial investment decisions?" *European Accounting Review*, Vol.28, No.1, pp.177-209.

Venter, E. R. and L. v. Eck [2021] "Research on extended external reporting assurance: Trends, themes, and opportunities," *Journal of International Financial Management & Accounting*, Vol.32, No.8, pp.63-103.

Wong, J., N. Wong., W. Y. Li and L. Chen [2016] "Sustainability assurance: An emerging market for the accounting profession," *Pacific Accounting Review*, Vol.28, No.3, pp.238-259.

Zhou, S., R. Simnett and W. Green [2016] "Assuring a New Market: The Interplay between Country-Level and Company-Level Factors on the Demand for Greenhouse Gas (GHG) Information Assurance and the Choice of Assurance Provider," *AUDITING: A Journal of Practice & Theory*, Vol.35, No.3, pp141-168.

Zorio, A., M. García-Benau and L. Sierra [2013] "Sustainability development and the quality of assurance reports: Empirical evidence," *Business Strategy and the Environment*, Vol.22, No.7, pp.484-500.

（矢澤 憲一）

補 章

1 【鼎 談】サステナビリティ情報の
開示制度の確立に向けて

2 ESG環境下における
不正リスクの管理について
―2022年のA Report to the Nationsの
職業上のリスク管理との比較を中心として―

補章①

【鼎談】
サステナビリティ情報の開示制度の確立に向けて

 Ⅰ　はじめに―研究の背景―

小西範幸（以下，小西）：本書は，日本監査研究学会の課題別研究部会において2021年から2023年にかけて行った研究の成果物となります。この鼎談では，本書での知見についての確認もしくは補充ができればと思っています。鼎談にあたっては，本研究部会から八田進二先生と柿﨑環先生に加わっていただき，八田先生からは様々な制度設計に携わられた経験や視点から，柿﨑先生からは法学者としての視点から，議論をしていきたいと思います。

八田進二（以下，八田）：よろしくお願いいたします。

柿﨑　環（以下，柿﨑）：よろしくお願いいたします。

小西：さて，本研究については，大きく2つの特徴があるので，触れておきたいと思います。1つ目は，英国の制度を中心に据えていることです。日本では米国の制度研究を多く見受けますが，私自身は十数年来，英国のディスクロージャー制度に関心を持ってきているので，その知見を生かした研究にしたかったということ。2つ目は，会計・保証・ガバナンスといっても，ガバナンスを連結環として会計と保証を考察していきたかったということです。ここでの知見は，保証とガバナンスの合わせ技でサステナビリティ情報の開示が可能になるということです。誤解を恐れずに言うと，サステナビリティ情報を開示するにあたっては，保証と同等あるいはそれ以上にガバナンスの拡充が不可欠であるということです。この研究を2021年から始めることとなりましたが，世界的に環境，社会，ガバナンスなどにかかるESG情報をはじ

めとしたサステナビリティ情報が今後，任意開示から強制開示へとなってい
くにあたって，会計，保証，そしてガバナンスがどう変化していくのか，ど
うあるべきなのかという問題意識の下で『サステナビリティ情報の会計・保
証・ガバナンス』という表題になりました。

　ここでの「サステナビリティ情報」は，財務諸表を中心とする財務情報に
サステナビリティ関連財務情報を加えた情報を意味しています。換言すると，
「サステナビリティ情報」は「財務情報」と言えます。

　この発想の基にあったのが，八田進二先生，そして藤沼亜起先生と平松一
夫先生が共著で2003年に出版された『会計・監査・ガバナンスを考える』（同
文舘出版）です。ここでは，国際財務報告基準（IFRS）の導入を契機とした，
日本型の内部統制報告制度（J-SOX）の確立，そして，日本での米国型の
委員会等設置会社選択の容認を話し合っています。また同書「はしがき」の
冒頭では，「いまほど，会計，監査そしてコーポレート・ガバナンスが面白
い時代はない。」と書かれています。刊行から約20年が経ちますが，最初に
八田先生から，その当時の問題意識をお話しいただけないでしょうか。

八田：日ごろ会計とか監査，さらにはガバナンスに関する教育の現場でも必ず
　申し上げることは，20世紀における会計・監査の議論と，21世紀に入ってか
　らの議論は，単なる時代の延長線上にあるのではなくて，劇的に変わってい
　るということです。

　　「資本市場が健全な発達を遂げるためにはどうあるべきか」という課題を
　考えるときに，1つの答えは真実かつ公正なディスクロージャー制度が担保
　されているということが挙げられます。会計および監査に関わる立場からは，
　そこに焦点を絞ってこれまでも様々な取組みを行っているのですが，会計と
　監査はあくまでも企業活動の後追いにすぎないということです。したがって，
　正しい企業活動が行われていないと，結果的に不正会計や監査の失敗がもた
　らされてしまう。だからこそ，今一度根っこに光を当てることが必要だろう
　と考え，そのときに立ち至ったのが，まさに内部統制を中心としたガバナン
　ス議論の重要性でした。

　　「今ほど面白い時代はない」というのは，私たちがこれまで扱ってきた会
　計と監査の守備範囲を大きく超えて，さらに広がりを持って議論が進んでい

274

くことを念頭に、会計に身を置く人間としては、様々課題もあるけれど、社会に対する貢献もますます広がりを持ってきているという意味で面白いと申し上げたんです。

柿﨑：20年経ったいまでも監査領域はますます拡大していますね。

八田：その通りで、まさに本研究部会のテーマでもあるサステナビリティという、これまでは前面に取り上げられていなかった情報の開示の制度化も始まっています。第1フェーズが21世紀の始まり、そして20年たって今は第2フェーズの時代に入ったのかなという思いがあり、本研究部会での研究は、まさに時宜にかなったテーマだったという気がしています。

小西：「第2フェーズの時代に入った」と八田先生がおっしゃいましたが、本研究部会を開始した2021年からでも大きく進展してきたように思います。また「会計と監査はあくまでも企業活動の後追い」とおっしゃいましたが、ここでいうサステナビリティ情報とは将来キャッシュフローにどう影響するかという観点からの情報ですから、まさしく将来志向の会計と監査・保証になってきていると言えますね。

コーポレートガバナンスの潮流

1 広義のガバナンスと狭義のガバナンス

小西：これまでわれわれ会計学者はコーポレートガバナンスに内部統制を重ね合わせた議論をしてきたと思います。「コーポレートガバナンスは」というと、社長・CEOが主権者として振る舞わないようコントロールするための法律づけのシステムであると定義できると思います。これは日本ガバナンス研究学会会長で弁護士の久保利英明氏の言う基本的な考え方です。現在では、コーポレートガバナンスの意味づけも変容してきていて、それは単なる取締役会の行動および対話より複雑で多面的であって、かかる行為は企業、株主、その他のステークホルダーの間に存在する関係性と関連性を反映していっていると考えられます。

　ところで、八田先生の過去の書物・論文を拝読させていただくと、ガバナンスを内部統制と同義に使っている場合が多いのかなと思いますが、コーポ

レートガバナンスについてどう理解されているかを教えていただけますか。

八田：内部統制の議論とコーポレートガバナンスの議論がどういう関係にあるのかというのは、古くて新しい問題なのかなという気がしています。というのも、企業活動の中において、どの領域を守備範囲として議論をしているのかということと、もう1つは、それをつかさどっている主体は誰なのか、そしてさらに言うならば、それは誰のために必要な仕組みないしは考え方なのか、こういう論点を考えたときに、それぞれの論点によって見解に違いが出てきています。

ただ、私はあまり言葉にこだわってはいません。1992年に内部統制の統合的フレームワークを公表したCOSO（Committee of Sponsoring Organizations of the Treadway Commission：トレッドウェイ委員会組織委員会）という団体が、2013年の報告書で提示している簡単な図があります。四角形の中のコアの部分が内部統制、そしてさらにその外延として全社的リスクマネジメント（Enterprise Risk Management）、さらに企業経営活動のすべてを包含するものとしてコーポレートガバナンスが位置付けられています（下図）。ただ、中身の定義はあまりしていません。私はこれが教育の現場でも一番わかりやすいのかなと思います。

ただ昔、内部統制の勉強をしたときに、内部統制は組織の中の視点で規律づけを考え、ガバナンスは組織の外の目、具体的には株主や主要なステークホルダーが、その会社の健全な方向づけを考えたものであり、それぞれ視点が違うのではないかという見方をした時期もありました。今は全体を包含するものとして、かなり抽象的に考えているのが現実です。この辺は法律を専門とする先生とはだいぶ違うのかもしれません。

出所：COSO, Internal Control — *Integrated Framework, Framework and Appendices*, 2013, p.181.（八田進二・箱田順哉監訳、日本内部統制研究学会新COSO研究会訳『内部統制の統合的フレームワーク　フレームワーク篇』日本公認会計士協会出版局、2014年、215頁。）

小西：柿﨑先生にも同じ質問をさせてください。

柿﨑：ガバナンスと内部統制の明確な区別は，八田先生からご指摘があった通り難しいと思いますけれども，今回のテーマである「サステナビリティ情報の会計・保証・ガバナンス」の中には，ガバナンスの中に内部統制を含めて考えていると思います。ここでは広い意味でのガバナンスの一部という扱いをしているのかなと思います。ただ，なぜ会計・保証・ガバナンスの３つを考える必要があるのかといったときに，ガバナンスと内部統制は区別して考えていった方が良いと思います。

八田先生からもお話があったように，資本市場に開示される情報の信頼性をどう高めるのか，特に今回はサステナビリティ情報の信頼性ということですけど，今回はサステナビリティ関連の財務情報という限定が付きましたので，開示される情報の大本のところは，企業が公表する情報が会計基準という共通の物差しで記載されているということで，他社との情報の比較可能性が担保されています。その比較可能性が担保された情報を，また会計専門職として共通の資格を持つ監査人が検証する，これが保証だと思います。それがあることで財務情報の信頼性が高められることになりますが，一方でさらに情報の出し手である企業によって，不実開示がなされないようにするために，内部統制が企業内に有効に整備されていなければなりません。その内部統制を監督するための有効な機関の在り方としてのガバナンス，つまりは広義のガバナンスはそういうところの意味合いがあるのではないかと考えました。今，お話したいくつかの要素が制度的に整備されて初めて，市場に対して開示される情報が信頼され，ひいては健全な市場機能が確保されるというようにつながってくるのではないかと考えています。

小西：ありがとうございます。いまお二人の先生からご発言いただきましたように，本研究のテーマとしている「会計・保証・ガバナンス」におけるガバナンスが意味するところは広義のガバナンスであることを明確にさせていただきました。

2　英国のコーポレートガバナンス改革に見る開示制度

小西：本書の第１章では，この30年余りの英国のコーポレートガバナンス改革

の変遷を整理し，その特徴を明らかにすることを目的としました。これを最初に整理したことは，その先の研究を進めるにあたって非常に大きかったと振り返ることができます。どのような意味かというと，英国のコーポレートガバナンス改革は，ソフトローである2つのコードを介して行われていて，コーポレートガバナンス・コードでは内部統制を拡充することで，会計と保証の連携強化を図るように考えられています。内部統制については，リスクマネジメントと合わせた議論になっています。このコードは企業と株主との連携を強化する必要があるとのことでスチュワードシップ・コードに分化しています。この2本立てのコードとハードローとの連携によってコーポレートガバナンス改革が遂行されています。

　ここで，注目に値することが2つあります。1つ目は，英国のコーポレートガバナンス改革では，サステナビリティ情報の開示は必然的なものだったということです。もう1つは，この改革を実行するために基準設定主体等の改編が行われているということです。これは日本ではあまり注目されていないところです。

　英国では，環境情報などはすでに強制開示になっており，統合報告書にあたる戦略報告書も公表されています。これらの現状から保証についての改革が積極的に行われてきているのかといえば，実はそうではなくて，内部統制の改革と歩調を合わせながら，取り組んでいるということがわかりました。このあたり，柿﨑先生にご説明していただければと思います。

柿﨑：英国では2021年に公表された「監査とコーポレートガバナンスの信頼回復」というタイトルの政府白書に基づいて近年のガバナンス改革が実施されてきたという背景があります。ただ，今現在は英国の証券市場改革と相まって紆余曲折しているという印象があります。

　当初，2023年5月にコーポレートガバナンス・コードの改訂案が出されて，ここには多様な内容の情報開示，企業情報の開示制度改革が盛り込まれていたのですが，2023年11月に，一度コーポレートガバナンス・コードの改訂案が撤回されました。ただ，内部統制については，2023年5月に公表された以前のコード案の内容をそのまま維持していて，内部統制の強化策だけは残されました。

【鼎談】サステナビリティ情報の開示制度の確立に向けて　補章①

小西：その理由についても，もう少し説明をお願いします。

柿﨑：英国はブレグジットによって証券市場規制に対して独自路線を取ることができるようになりましたので，規制緩和の要素を含めて魅力的な市場にしようとしている動きがあるのではないかなと思われます。その一環として本来はガバナンス改革も進めようとしてきたはずなのですが，ふたを開けてみると，あまりにも厳しい開示要求を盛り込むことは避けようといった動きが見て取れます。ただ，先ほど小西先生がお話されたような新しい規制機関としてFRC（Financial Reporting Council：英国財務報告評議会）を改組して，企業情報の開示に対する監督や取締役に対するエンフォースメントをつかさどるARGA（Audit, Reporting and Governance Authority：監査・報告・ガバナンス庁）という機関が今後，誕生する予定です。

　英国はそこを中心に長期的かつ持続可能性を重視する経営戦略といった視点を見据えた，リスク管理と内部統制の強化を図っていく，そういう方向で広義のガバナンスを充実させていくというアプローチを取っているのではないかと考えています。

八田：先ほども話題になったCOSOの報告書が出された同じ1992年に，英国はキャドベリー委員会報告書が公表され，財務に関するガバナンスの議論が始まったわけです。その報告書の中の第1章が内部統制という形で記載されています。それを踏まえつつ，報酬委員会の在り方を考え，さらにガバナンス全体を考えたということで，1998年にハンペル委員会がコーポレートガバナンスの報告書を出し，それをロンドンのシティにおける企業に導入するためにコード化されたものが公表になり，現実の「コーポレートガバナンス・コード」という姿になりました。英国は内部統制という考え方よりも，もっと広い意味でガバナンスを考えながら，かつソフトローのコードという形で施行しています。

柿﨑：そうですね。

八田：実は2015年に日本で制定されたコーポレートガバナンス・コードは，まさに英国型を導入したものです。しかしその前の2006年に，金融商品取引法で導入された内部統制報告制度は米国型だったのです。どうも2020年以降は，日本の証券市場の改革の方向性は明らかに英国型を目指しているように見え

279

ますね。

柿﨑：ただし，注意しなければならないのは，英国のコーポレートガバナンス・コードと日本版との違いについてです。日本の場合は，「コンプライ，オア，エクスプレイン」というのは，遵守できなくても，その理由を説明すれば良い，というように捉えられていますが，英国の場合は，プリンシプルに掲げられた目標をコーポレートガバナンス・コードに記載された方法で達成できなくとも，それを達成する異なる方法を説明できれば良い，という意味でのエクスプレインですから，相当に意味は違っているはずです。

小西：最初にも申しましたように，英国のディスクロージャー制度に興味を持って研究を続けてきた理由の1つに，会社法改革の中でのOFR（Operating and Financial Reports：営業・財務概況報告書）からBR（Business Review：事業概況）への展開があります。その後，国際統合報告評議会（IIRC）が2013年に公表した『国際統合報告フレームワーク』に準拠した「戦略報告書（SR）」の強制開示を含むアニュアルレポートにおいて英国がサステナビリティ情報をどのように開示していくのかという関心事がある中で，本研究では，まずは英国に注目したわけです。

III　内部統制とは

1　Internal control は「内部統制」なのか

小西：ここで，先の議論で出てきた「内部統制」という言葉について，一度整理してみたいと思います。われわれはinternal controlを「内部統制」と訳していますが，英国を見るとinternal controlとrisk controlを合わせて議論しています。それを私はリスクマネジメントと考えているのですが，COSOでは，2023年3月に「サステナビリティ報告に係る有効な内部統制（ICSRの実現：COSO内部統制の総合的フレームワークによる信頼と自信の確立）」と題するガイダンスを公表し，サステナビリティ報告にかかる効果的な内部統制導入に向けた1つの指針を示しています。

　さて，八田先生にお伺いしたいのですが，internal controlは内部統制という訳で良いのでしょうか？

八田：いかなる訳語を当てるかというのはとても大きな課題です。internal controlは，戦後，日本の会計領域・監査領域では当然のように「内部統制」と訳したが故に，その言葉が独り歩きしているわけです。ただ，統制という言葉は，戦前・戦中・戦後に身を置いた人は統制経済という形で，権限を有する上の者が下の者を押し付けるという抑圧的な意味合いをいだくため，あまり好まれていないのです。

少し脇道にそれますが，ガバナンスあるいはコーポレートガバナンスも20世紀までは「統治」あるいは「企業統治」と訳していたのです。でも，何かそぐわないという感覚があり，結果的に，すべて，カタカナ語に置き換えられるようになったのです。思い出すのは，「internal controlを内部統制と訳すのは間違っている」と強く主張された監査論学者の檜田信男先生です。檜田先生は「internal controlは訳してはいけない。内部統制と訳すと誤解を招くから，これはインターナルコントロールと訳しなさい」とおっしゃっていました。

コントロールとは何かというと，彼は「コントロールとは設定されている目的に実際の結果が到達するようにすることである。したがって目的達成の主体が人であるときには，関係する当事者により高い動機付けを与え，当事者の目標達成への期待要求を高めるようにすることだ。にもかかわらず統制は，部下が目標に到達するようにこれを抑制し，監督することのように捉えられている。したがってコントロールでは個人の主体性の尊重および自由な判断が前提とされるのに対して，統制と訳すと目標の達成こそが至上の命題とされ，部下の心情は軽視ないしは無視され，命令に従うことのみが要求される」と主張されておられる。

小西：そうだとしたら間違った意味合いで捉えられる可能性がありますね。

八田：たしかに私も統制という言葉はあまり好きではないです。でも，実際に金融庁で内部統制基準を作ったときに，インターナルコントロールをどのように解釈するかというのは幾度も議論を重ねたんです。「片仮名にした方が良いのではないか」との提言もしましたが，当時では時期尚早でした。

internal controlという本来の英語が持っている意味合いと，私たちが制度上，使っている言葉に若干離齬があるのかもしれませんが，あとは実行され

る仕組みやプロセスの中身で判断すれば良いのではないかと思っています。学者としては用語上の詳細な検証は必要かもしれませんが，私は内部統制という言葉に新しい意味を付着させて運用してもらいたいと願っています。

2　サステナビリティ情報の開示に伴った内部統制の拡充

小西：サステナビリティ情報の開示に伴った内部統制拡充の必要性についてはいかがでしょうか？

八田：COSOが2023年3月に公表したサステナビリティ情報に関しての内部統制の議論ではサステナビリティ情報の処理・開示に関しても，これまで培ってきたCOSOの内部統制の考え方を全面的に適用できると説明しています。ここでは目新しい知見が出ていたわけではないので，あくまで再認識をさせたという意味があるのかもしれません。

小西：当初のCOSOは会計不正を防ぐことを主目的にしていると思うのですが，今度のサステナビリティ情報は将来の企業・社会のサステナビリティに貢献する情報を公表するにあたっての内部統制ですから，目的が違うわけですよね。2023年3月公表のガイダンスは，一部改正，または保留した印象を受けていますが，全面的に改訂しなくても大丈夫なのか，少し疑問に思います。

八田：たしかに今の指摘は多くの方が感じる点だと思います。まずCOSOからいうと，1992年のCOSOの出自は，その5年前の1987年のトレッドウェイ委員会報告書『不正な財務報告』の議論の中で，当時，証券市場において跋扈していた複数の会計不正をどうやって防止・抑止すべきかという点が中心課題でした。この委員会は民間の5つの団体（米国会計研究学会，米国公認会計士協会，内部監査人協会，IMA（全米会計人協会），FEI（財務担当経営者協会））から成っており，そこで公表された提言書には49の勧告がありました。その中の1つに「不正の問題を追及していくと最後にたどり着くのは内部統制という議論である。ただ，内部統制の議論は今般の5つの団体がそれぞれに様々議論してきている。そのため，ばらばらな考え方で共通する土俵がないから，今後，別組織を立ち上げてこれを集約する形で内部統制だけに限った報告書を出すべきだ」という勧告がありました。その5年後にCOSOから「Internal Control – Integrated Framework」が公表されたのです。まさに小西先生が

おっしゃったように，不正会計をどうやって抑止・防止するかという点が大前提にありました。

　ところが，学術的に，あるいは理論的に考えてきた，内部統制とかコーポレートガバナンスのありようは，それが第一義ではなくて，健全かつレジリエント（強靭）な，そして企業の繁栄が約束されるような内部統制議論およびガバナンス議論でなければならないということです。したがってサステナビリティ問題は，別に不正ではなくて，「第一義的な本来の目的にかなった形で適用しなさい」ということを言っているのではないかと思っています。

小西：英国および米国の両方の内部統制報告制度について非常に知見がある柿﨑先生にも同じ質問をしたいのですが，内部統制ではなくてinternal controlについて，どういうご理解をしているか。英国は内部統制とリスク管理を一体的にして，あまり内部統制という言葉は使ってないと思うのですが，いかがでしょうか？

柿﨑：内部統制の長い歴史を紐解いて，ざっくりとお話をすると，元々まさに監査論の中で展開されていたもので，近代監査は，試査によって行われるので，その前提として内部統制が絶対に必要という理解から始まったものです。私が大学生のときには「米俵の米を品質管理するのに米俵全部を調査するのが精査だ。けれども，試査は一部の米を抜き取って，それを検査して大丈夫だったら米俵全体も大丈夫というお墨付きを与える。そのためには同じ品質の米だけを集めているような内部統制が会社なり企業なりにないとだめなのだ。試査の前提として内部統制はそれぞれの組織に必要になってくる」と教わったことがあります。

小西：わかりやすい例えですね。

柿﨑：企業の規模が拡大・複雑化すると，監査人による監査対象が会計事項だけではなくて管理統制の部分にまで広がりを見せています。内部統制が発展する歴史の中で会計統制の部分と経営統制の部分の相互の要素が，あるときは経営統制の色彩が強くなり，またあるときはその反動で会計統制の色彩が強くなるという，この相互の相関性から中身が段々とアップデートされて，最終的に現在はCOSOのフレームワークというところに収斂してきたのではないかと思っています。

283

COSOも2013年にフレームワークを改訂しましたが，改訂のポイントとして非財務情報としてのサステナビリティ情報についても内部統制の対象になるということなので，昨年（2023年）3月に公表された「ICSRの実現」報告書も，当然COSOの内部統制で賄うことができるというガイダンスになっているのだろうと思います。

　それだけ非財務情報は企業実態を把握するために，今，21世紀になって重要になってきている。そういう意味では，会社内部の管理統制，つまり，今まではアドミニストレーティブコントロールは会社の内部に向けられた統制だったと思うのですが，例えば，今般の気候変動課題については会社の外部にある要素を統制することになります。

　先ほど八田先生がおっしゃった，設定された目標に対してどう到達させるかという，そのコントロールという意味でアドミニストレーティブコントロールの色彩が今，少し強く出てきているのではないかと考えるのか，もしくはアカウンティングコントロールが将来リスク情報も取り入れた形で，リスク会計というような形で拡大していくのか，この2つの要素の相関関係で内部統制はこの先も発展していくのではないのかなと考えています。

小西：お二人のお話をお聞きしていると，サステナビリティ情報の開示に伴ってinternal controlの本来の機能が今，洗い出されているというか，本来の機能を考え再構築しようとしているということがわかってきます。また，internal controlとは，会計統制と経営統制を統合したものになってきているというように整理できるようですね。

八田：歴史的にもそうですね。米国公認会計士協会も最初，監査人にとっての内部統制は内部会計統制と言っていました。ただ，それから広がりを持って，今，おっしゃったようにアドミニストレーティブの経営統制を包含する形で，内部統制のフレームワークを作り，最終的にCOSOの考え方へと至りました。

　会計は企業の経済的実態を描写するといいますが，実際は会計数値だけではなくていろんな要素があるわけです。それを見なければ株主・投資家は経済意思決定ができないことがわかり，情報開示の拡大が社会の要請となり，それに応えながら，かつそれが独り歩きしている情報ならば，真実かつ公正でなければいけないということで保証の議論が沸き起こる。だから，これは

時代の要請です。その意味で必然的な流れなのかもしれないですね。

Ⅳ　ガバナンス責任者とは

1　ガバナンスの責任の所在

小西：『国際統合報告フレームワーク』が2021年1月に改訂されました。そこでは「ガバナンス責任者」という言葉が1つのキーワードになっているのですが，取締役に加えて執行役もガバナンス責任者にできることになりました。

そして，このフレームワークへの準拠性が統合報告書のすべてに及んでいない場合でも，ガバナンス責任者による有効な関与があれば，インテグリティ，誠実性が高まるとの見解が示されています。また，企業の業務プロセス，統制，ガバナンス責任者の役割などを説明することによって，統合報告書の信頼性を高めることが可能であるとあります。

日本では監査役会設置会社，指名委員会等設置会社，監査等委員会設置会社の3つの機関設計が考えられますが，ガバナンス責任者は誰になるのか。換言すれば，開示されたサステナビリティ情報の質を担保する責任を持つべきガバナンス責任者は誰なのでしょうか？　柿﨑先生，いかがでしょうか？

柿﨑：まず，「取締役会の権限は？」というと会社法362条2項で，どの機関設計を取るとしても，業務執行の決定と取締役の職務執行の監督は取締役会が行うことになっています。ただ，監査役会設置会社では，取締役会の機能としてはマネジメント型が多く，指名委員会等設置会社ではモニタリング型が多いといわれていますように，そこで行われる取締役会での業務執行の決定の意義は，それぞれの機関設計で異なってきます。特に「モニタリング型と呼ばれる場合の業務執行の決定とは何ですか」と問われると，本来は業務執行と監督を分離する，これを制度的に標榜することが，指名委員会等設置会社の趣旨ですから，取締役会の業務執行の決定は，あくまでも「執行サイドが提案した内容に対して最終的なお墨付きを与える監督者としての決定」というように読み込まないと，制度としてはおかしなことになるかなと思います。

統合報告書の信頼性を確保するためのガバナンス責任者は誰なのかという

質問はなかなかに難しいのですが，そのための内部統制なりの社内体制を構築するのは業務執行取締役になりますし，その体制の有効性を監督するのは取締役会になりますので，私としては「お墨付きを与える」という最終的なゴーサインを出すのが取締役会ということを考えると，代表取締役を含む取締役会がガバナンス責任者になるのではないかと思っています。

小西：ありがとうございます。私はWICI ジャパン「統合報告優良企業表彰」審査委員会の委員として10年間統合報告書を見続けていますが，ここ数年，「ガバナンス責任担当取締役」というような肩書による説明文が見受けられるようになっています。ほかにもCFOやCDOなど，いわゆる「Chief X Officer」の肩書による説明が増えています。

八田：ただ，これらは職階的に組織の中で位置付けているのであって，会社によって実際の職務なり責任の程度は異なると思います。そのため，責任論を議論するのであれば，あくまで「会社法上の機関設計の中の責任は誰にあるんだ」ということを議論するのが生産的だと思います。私も柿﨑先生がおっしゃったようにガバナンス責任者といったら代表取締役を中心とした取締役会になると考えています。

柿﨑：コーポレートガバナンス・コードが普及したこともあり，ガバナンス関係について決めなければいけない事柄の量が非常に多くなっています。そのような状況で誰かが舵取りをして，会社内部で練り，取締役会に上げていく，この舵取りをする人をガバナンス責任者としているのだと思いますが，その会社のガバナンスの最終責任者が誰かというと，やはり代表取締役だと思うんですね。色々な名称の役職があってもいいとは思いますが，それはあくまで役割の話であって，法的な責任ということになると，代表取締役になると思います。

小西：役割と責任を別々で考えるということですね。

2　監査等委員会設置会社では，ガバナンスは機能するのか

小西：3つの機関設計のうち監査等委員会設置会社については，以前より八田先生からいくつかの問題点があることを伺っているのですが，ガバナンスの視点から，どういったところに問題があるのでしょうか？

八田：そもそもの前提として，日本で上場会社を中心とした株式会社に対して３つの機関設計を用意して，競争原理でこれを採用しなさいということ自体が間違っていると思っているわけです。実際にいろんな不祥事企業を見てみても，形，つまり「仏作って魂入れず」ばかりです。「いかなる機関設計であっても実効性ある形の運用ができなければだめです。そのためには仕組みはシンプルなものでいい」という考え方を持っています。ただ，監査役制度に関していうならば，海外との関係で見るとガラパゴスの状態になって，「日本でしか通用しない」といわれているから，英訳して説明しても誰も理解できないという問題はあります。つまり，監査役制度は，海外の人は誰が見てもinternal audit（内部監査）と見ているわけです。

　実際に監査論の勉強をしていたときに，「監査役監査は内部監査ですか，外部監査ですか」という質問が出るんです。答えは，どっちつかずです。立ち位置は内部にいて，役員と同じように株主から選ばれています。その意味で見ると内部監査に近いのですが，ミッションは株主目線で遂行しなければいけないから，外部の目線で見るという意味で外部監査であると言って，その両方を兼ね備えているのが監査役監査なのだ，と生前主張されていたのが監査論学者の日下部與市先生です。しかし，アングロサクソンは内部と外部を完全に分けて説明しようとしているから，海外にとってはどうしても理解できないわけです。

　一番の問題は，組織の上層部を原因とする経営者不正がなくならないことです。法文上は，取締役の職務の執行を監査するのが監査役ですが，その監査役が機能していないということで，戦後，会社法になるまでの商法の10回近い改正のほとんどすべては監査役制度の見直しですよね。

柿﨑：その通りです。

八田：そもそも，監査等委員会設置会社の「等」とは何なのか？　これは監督のことを言っているのです。最初は監査・監督委員会と言っていたのですから。

　ただ，監査論の世界から見ると，監督と監査は決定的に違うのです。監査等委員はあくまでも取締役会の構成員です。第一義的には取締役としての職務が課せられていることから，他の取締役の業務の監督を行うことが求めら

れる。一方，監査というのは，執行にかかる意思決定や判断そのものには関与せず，それが適切に行われるように執行や判断の結果を評価することです。

つまり，監督とは監査と異なり評価だけにとどまらず，むしろ執行にかかる意思決定や判断に深く関わり，それを実現あるいは是正するためになされる行為をいう。ということは，監査等委員は取締役として監督をし，意思決定にも関わりながら，業務執行にも影響を与えながら，そして監査をするということになります。これは利益相反ないしは矛盾しているわけです。

それどころか，監査等委員会設置会社の取締役会の構成の中身を見ると，他の取締役の任期が１年なのに，監査等委員だけは任期が２年なのです。つまり，同じ取締役のメンバーでありながら「上級取締役」といった具合に差を付けているわけです。こういった状況で足並みをそろえた議論ができるのかどうかということで，非常に懐疑的なのです。

ただ，考え方としては監査等委員会設置会社が日本的には，２つの理由で，向いているのだと思っています。１つは，社外取締役の数を最低限にすることができるということ。それから，従来の監査役，特に社内監査役をそのまま横滑りさせることで，穏便に制度改革というか変更ができる。だから，あるべき姿とは乖離したところで日本的にはマッチしていると考えています。

小西：監査役設置会社から指名委員会等設置会社に移行する一時的な体制とも言えますか。

八田：制度設計担当者からは「これは過渡的な，中２階方式なんだ」との説明をよく聞きます。ただ何より問題は，社外取締役の質のばらつきが大きいということ。

柿﨑：その通りだと思います。質が担保されてないので，それで果たして本当に独立した立場から公正な職務の遂行ができるのか疑問です。

小西：社外取締役のように社外役員の役割は非常に大きいと思います。質を高めることはもちろんなのですが，質を高めても日本的風土の中で社外役員がうまく機能するのでしょうか。

八田：機能させるには監視の目を強める，つまり，内輪の論理から脱却するということ。それと，市井の民・一般の人の感覚を植え付けるということ。「それっておかしいよね？」と思えるようにする必要がありますね。

【鼎談】サステナビリティ情報の開示制度の確立に向けて　補章①

小西：一方で指名委員等設置会社ではどうなのでしょうか？

柿﨑：正直なところ，取締役会に社外の人間が過半数までいくと，これまでの理解で本当に大丈夫かなと思っています。というのも，社外の人間が過半数を超えるというのは，すなわち過半数の社外の人間がいる取締役会が意思決定をするという建付けになるんですよね。外の人たちがこの会社の意思決定をするとは変な話で，この場合には，完全に取締役会が監督機関になるということを意味しますよね。

八田：そこまでいくと「会社は誰のものか」という議論になります。米国の場合，株式会社は「物的会社」との視点に立ち，業績が良くなれば，いかようにも会社を高く売りたいわけです。日本は違う。手塩にかけた子飼いだから分身なんです。買収されたりM&Aをされたりしたら身を焦がれるようで「絶対にだめだ」といいます。会社に対する意識が全く違いますよね。

3　パフォーマンスが低いCEOを解任することができない日本

小西：先日，日経新聞で，いくら社外取締役を過半数にしても，指名委員会等設置会社を増やしても，パフォーマンスが低いCEOを解任することが日本ではほとんどできてない，という記事を見かけました。これに対してお二人はどう思いますか？

八田：日本は風土的にクビを切るのが嫌いでしょう。皆，従業員に対しても雇用を守るわけです。例えば社長が「残念ながら業績が落ちてきて半分の人を減らさなくてはならない」と言うと従業員は何と言うと思いますか？　「私たちの給料を減らしてもいいから一緒に守ってください」と言う。こういった運命共同体的発想の声に対応しないと，労働基準法やそのほかの問題が起きてくる可能性がありますから。

柿﨑：米国型のCEOの解任の行いやすさという点で，米国はたしかにガバナンスを機能させているといえます。ただし緊張感をダイレクトに経営に持ち込んで，「だめだったら，すぐクビを切りますよ」という企業風土は，なかなかに日本には馴染まないでしょう。

　　もっとも，近年は，業績が下がったからすぐクビを切ることについて米国企業も少々まずいなということは気が付き始めているように見えます。長期

289

的かつ持続可能な経営ということから考えても，むしろ日本のあまりクビを切らない風土も，長期的視点からみればそんなに私は悪いものでもないかなと思います。バランスの問題だと思うんですけどね。

小西：柿﨑先生がおっしゃったように，サステナビリティ情報は将来の企業の業績に関わることなので，それを短期的に業績が悪いからといってCEOのクビを切るようなことになると，サステナビリティ情報の開示とは相反するものがあると思います。

柿﨑：そうだと思います。長期経営，つまり30年後の「こうなりますよ」というあり姿からバックキャストして，現時点での実現可能性にあるストーリーを投資家に対して，いかに納得させる，腹落ちさせるような事業計画によって示すことができるのかが今，問われているんだろうと思うのです。

八田：どちらの方がいいという答えはないと思っていますが，ドラスティックな改革や見直しは日本では向いていないと思っています。日本では基本的にはソフトランディングで行われています。長期政権でずっと社長の座に座っていて，ROIも低ければ，配当も安定配当かつ低配当で推移している。こうなったとしたら交代してもらわなければいけないという圧は掛かりますよね。けれど，日本の投資家自体も利益が出ても出なくても毎年5％の配当はもらえるという状況に甘えている。

小西：株主はどちらかといえば短期のキャピタルゲインを望むということは否めません。そこを社外の取締役などが中長期計画を見て，「ここ2～3年は業績が悪いんだけれども，5年後には回復するんだよ」という，もっと中長期の視点を含んだレベルで見解を示す必要があるのではないでしょうか。

柿﨑：あるときには，それが合理的な計画であれば，今期の成績が悪くても，社長を後押ししてあげる。そういう役割だって今の社外取締役には求められていますが，それがあまりにもずさんな計画で，現状の財務状況から見て「この遂行は無理でしょう」となったら，それは交代してもらわざるを得ないということだと思います。

八田：株式会社は営利企業なので，営利を目的として組成されています。慈善事業を行っているわけではないから，ある一定レベルの利益は計上できるようにしなければいけないことは，資本の論理としての前提だと思います。

Ⅴ 合理的保証を実施するには

1　限定的保証と合理的保証

小西：サステナビリティ関連財務情報に対して，「最終的には合理的保証を実施していくとしても，現状では限定的保証を現実的な目標にすべきであり，順次，パートパートで合理的保証の対象にしていけばいいのではないか」というような議論があります。これに対して八田先生，いかがでしょうか。

八田：監査理論上，合理的保証と言っているのは，諸条件が整っていてなされる監査の場合です。例えば監査人は独立性があるとか，監査対象項目は有効な内部統制のもとによって処理されている。そういう条件が整って行われた総合的な意見表明をしたときに合理的保証というわけです。これが欠落している場合には，監査担当者あるいは監査を受け入れる側も，「それは不十分だから一部のものに対してだけ保証しましょう」ということで限定的保証と言っているのですよね。だから，制度が整ってくれば，世の中として求められているのは合理的保証レベルかもしれません。

　ただ，日本で使っている合理的保証は，英語圏の人が考えているようなレベルの保証よりずっと高いレベルを指向しているように思っています。そもそも絶対的保証ではないので，失敗はあり得るのです。あまり目くじらを立てて厳格なことを追求する必要はないと思います。それと，仮に「サステナビリティ保証は限定的保証しかしていませんよ」と言っても一般の人は区別できません。

小西：その通りですね。

八田：監査論学者は，現実の中間監査の保証水準とレビューの保証水準，そして年度監査の保証水準は皆違うと言うわけです。年度監査の場合の保証のレベル・信頼性は95％ぐらい，中間監査は80％ぐらい，レビューは60％ぐらいという。一般的に，この違いについてわかる方はどれほどいるのでしょうか。プロフェッショナルが行った専門的なチェックのもと「特に問題ない」と言われたら安心して信用するわけなので，受け入れ側は皆同じレベルだと思っているはずです。違う点は，何か起きたときの責任論だと思います。

ただ，まだまだサステナビリティ情報は厳格な基準が用意されたわけではないですし，担当者を誰が保証するかということも非常に不明です。すでに実務の世界では非アカウンティングプロフェッションが実施している例が多いです。こういった例もあるため，ほんの一部の信頼性を保証するために限定的保証に頼らざるを得ないのかもしれません。

小西：開示基準が出ないのに先に保証基準を作るということはないですよね。

八田：ないですね。

小西：ISSB（International Sustainability Standards Board：国際サステナビリティ基準審議会）が公表したS1とS2を基に各国がそれぞれの政策の優先順位によってより広範な要求事項や特定の開示の要求事項を追加して自国基準を公表していくわけですが，開示基準ができたことは非常に大きいです。

八田：開示基準ももちろん大事ですが，もう一つは保証業務実施者の行動規範が必要だと思います。監査基準はあっても保証基準がないわけですし，先ほど申し上げたように非プロフェッショナルの方が担うケースもあるわけですので，担当する人の行動規範も考えるべきでしょう。

小西：保証に関してネガティブに見れば，開示基準ができて，それに伴う保証基準ができれば，つまり，合理的保証の手続きが決まれば，それは合理的保証になると言えるかもしれません。サステナビリティ情報がどういう情報であるかということとは関係なく，言い換えれば，情報の特性によって保証がどう変わるかではなくて，開示基準さえできれば，あとは保証の領域でその手続きを作れば合理的保証にしていけるという考えもあるでしょうか。少し乱暴な解釈ですが。

　私は，実は監査可能性とか保証可能性という言葉が以前から好きで，つまり「この情報は監査，保証できないよ。だから，これは開示できない」という，監査・保証の影響力が開示に及ぶものと思っています。

柿﨑：逆から見るということですね。

小西：そうです。ガバナンスはと言うと，開示基準の公表がガバナンスのあり方を変えるというか，影響を与えていくことになると見ています。

2 サステナビリティの開示基準によってガバナンスはどう変容するのか

小西：開示がガバナンスに影響を与えるというお話をしましたが，ここでは具体的にサステナビリティに関する開示基準が出ることによってガバナンスの何が一番変容するか伺ってみたいと思います。柿﨑先生，いかがですか？

柿﨑：今現在，例えばTCFD（Task Force on Climate-related Financial Disclosures：気候関連財務情報開示タスクフォース）開示にせよ，その他の有価証券報告書に入ってきたサステナビリティ情報にせよ，今まで突き付けられたことのない項目について企業が開示をしていかなければいけないことになりました。それまで開示は企業が通常取り組んできたことを適正に表示する開示で良かったのですが，気候変動関連課題に関しては，企業は，どういう課題認識をしているのか，リスクはどのように評価しているのか，その課題解決に向けた戦略は適切なのか，それをきちんと遂行しているのか，そしてこれらをガバナンスとして監督しているのかを開示せよということになった以上，それに沿った形で経営をしていかなければいけなくなりました。その経営が開示に書かれたような内容になっているかどうかを，ガバナンス体制としてチェックしていかざるを得ないので，そういう意味で変容していくでしょう。

小西：英国ではアニュアルレポートとして様々な報告書を出していますよね。そこで，ガバナンスは開示に対して働きかけをしているということですか？

柿﨑：その通りだと思います。英国の戦略報告書は会社法に基づく開示です。会社法の事業報告書みたいなものですよね。その中に戦略報告書で将来の気候変動関連課題とか，それに対して具体的にどのように戦略を立てて取り組んでいくのかということを，会社法上の開示項目として要求されているわけですから，日本とは相当違うと思います。

　英国の会社法は，ほぼ公開会社法ですが，日本には公開会社法という特別な建付けはないので，そこはソフトローとの連携になってきます。ただし，コーポレートガバナンス・コードなどは会社法との調整をとらずに策定されていますので実現はなかなかに難しいですね。

3 保証担当者に求められる資質

小西：サステナビリティ情報を保証する専門職は，公認会計士という資格要件だけでは不十分でしょうか？

八田：不十分でしょうね。保証の一番典型的な例は現に行われている財務諸表監査です。監査制度が信頼し得る形で機能していくためには，監査担当者に対する適格性要件が極めて厳格に定められているわけです。

　よくいわれるように独立性の問題，それから専門性の問題，そして倫理性，こういったものがきちんと担保できているが故に，独占業務で行われる監査に対して利用者は全幅の信頼を持ってその結果を受け入れることができるわけです。このように考えると，これからサステナビリティ情報は財務情報と同じレベルで発信され，利用者に対して受け入れられていくためには，保証担当者は同じ適格性要件を取得している必要があります。つまり，現行の公認会計士は会計マターの専門家ではあるけれども，例えば環境，それ以外のサステナビリティ情報に関して精通しているという保証はないですよね。

　ただ公認会計士の場合には，現実の問題として，既存の監査業務内容以外のものに対して保証するために，CPDという継続教育によって必要な専門的な能力や知識を追加取得できると説明することもできます。さらには独立性という要件は厳しく厳格にわれわれには備わっていると言います。

小西：昨年（2023年），米国会計学会（AAA）の年次大会おける米国公認会計士試験にかかるいくつかのセッションに出たのですが，米国は3年に1回ぐらい試験制度を見直しているようで，直近ではデーターサイエンスに関する科目が入ってくるそうです。次は，サステナビリティ情報に関して，これを試験科目にどう入れていくかということが議論されていました。

　日本の公認会計士試験では，IFRS（国際財務報告基準）さえも試験範囲ではないし，最低限，会計士としてスタートするのに必要な試験科目しか整っていません。日本の場合は，実務補習所に通常3年間通って最終考査に合格して公認会計士となるわけですから，試験と実務補習所を合わせて，カリキュラムを考えていく必要があると思っています。

八田：もちろんその通りですね。ただし，制度の問題は，劇的に変わる環境にマッチしていなければ難しいでしょう。あまりにも理論的に，あるいは概念

的に，誤った方向へいく場合には学者や研究者がブレーキをかける。あとは民主主義社会だから多数決の世界で「これが一番ふさわしい」というように決まれば良いのではないでしょうか。

VI 保証とガバナンスの議論の今後の展開

小西：昨今，制度で決められていなくても，開示している情報が多くなっている傾向があります。その情報に対する保証がされているにせよ，されていないにせよ，こういった現状についてはどのように思われますか？

柿﨑：統合報告書は任意の開示であるにもかかわらず，日本の企業は，一流の企業としては統合報告書を出さないと格好が付かないという風潮があって，一生懸命にみんな統合報告書を公表している。小西先生がおっしゃるように，この内容についての保証は誰もしていない。

八田：それはファッションでもあり，単なる広告でもあると言えますね。

柿﨑：そうなんですよね。報告書の中味をいかに綺麗に見せるかというところに重きが置かれているようです。

八田：美辞麗句を並べて，120点満点を取っているところは不祥事が起きやすい。開示というのは実態を忠実に反映しなければいけない。逆に実態が違った場合にはサンクションを与えなければだめです。

小西：10年間，私は統合報告書を何百社と審査してきた中で，任意開示だからこその各企業に工夫があると見ています。統合報告書は読み手に相当の読解力が必要です。作成する側にも関わってみると，その工夫の大変さがわかります。その開示に伴っての企業行動に変化が見られ，これこそが開示の本質ではないでしょうか。

八田：たしかに任意のために制約がない以上，様々な取組みができるといえます。ただ，任意開示だからこそ，問題点はサンクションがないということ，その点を作成側も意識する必要がありますね。

柿﨑：資本市場に開示する情報は，投資家にとって重要な情報なわけだから，同じ基準で会計開示がされて，同じ資格のある人がチェックをする，それで初めてその情報は比較可能性があり信頼性が担保されると考えるので，「よ

くわからない人がチェックしたけど，担保はされています」というのは，少なくとも資本市場の開示という意味では，私は成り立たないと思っています。

　例えば米国のSEC規則の中で，米国ではグリーンガスの指標については財務諸表の注記で書かれています。注記で書くからには監査の対象になっているわけです。米国では，このSEC規則に基づいて，非財務情報に対する監査の保証を入れていこうというアプローチをとっています。

　他方，英国は非財務情報としてナラティブ情報も，戦略報告書の中に書いています。それは企業の中のガバナンスをきちんと機能させることを意識したものであり，内部統制も強化することで，その信頼性を確保していこうというものです。

　現在の英国では，非財務情報やリスク情報についての信頼性が課題となっているときに，「財務報告に係る内部統制」の外部監査を米国のように強制しても，その実効性はどうなのかという思いがあるのではないでしょうか。ですから，原則として，財務報告に係る内部統制に対する外部監査人による監査は強制しない道を英国は取ったのだと思います。

　今，問題になっているリスク情報を含めた非財務情報を，現在の会計制度なり監査制度の中で，どこでどう受け止めて生かしていくかは，国によっても，色々な方向性があるのだろうと思います。

おわりに

小西：これまでのお話を聞いていて個人的な結論があります。それは「保証することによって会計情報の信頼性を付与する」という考えは決して正しくはないということです。

　信頼性とは，会計情報が持つ質的特性です。これに対して情報利用者がどう感じるのか，つまりその情報をトラスト，信頼して利用するのか，コンフィデンス，確信して利用するのかが重要です。

　信憑性という質的特性を持つ会計情報だけれども，まだその情報を使うまでの確信が持てない情報，それがサステナビリティ関連財務情報です。

　「保証することによって信憑性から信頼性に変わるよ」と言われることも

ありますが，保証によっては会計情報の質は変わらないんです。ただ，情報利用者がトラストあるいはコンフィデンスを持って利用するためには保証が必要です。重要な点は，作成者側からの会計情報への働きかけ，つまりガバナンスの拡充によって利用者に対してコンフィデンスな情報になるようにするということです。いずれにしても情報の信頼性は最終的には利用者が決めるということだと思います。

柿﨑：そうですね。もっとも，英国は今後も，非財務情報に関して保証を求めないかというと，そんなことはないと思います。ただ，最初に監査人の責任とか監査人に頼るよりも，今はまず，監査委員会なりリスク委員会なりが，その部分をもっと詰めていきましょうという流れだと思います。

小西：それに伴って保証も向上していきましょうという建付けですよね。

柿﨑：そうだと思います。

八田：本研究部会の研究テーマであるサステナビリティ情報を取り巻く議論は，すでに，見切り発車に近い形で，各国も導入が進められているという現実があります。したがって，市場の信頼を得て，多くのステークホルダーの意思決定に資するための情報開示になるためにも，われわれ学界人としては，学術的な知見の提供と制度の健全な発展に貢献できる理論的基盤の構築を継続的に行う使命があるのではないかと思っています。

小西：日本でのサステナビリティ情報の開示制度の確立には「まずは保証を整える」という考えが主流なように思うので，本書では，少なくとも保証とガバナンスが一体的にという主旨で研究が進められています。話題は尽きませんが，今後も関心を強く持って，わが国でのサステナビリティ情報の開示制度の確立について検討していきたいと思っています。八田先生，柿﨑先生，どうもありがとうございました。

補章②

ESG環境下における
不正リスクの管理について

―2022年のA Report to the Nationsの
職業上のリスク管理との比較を中心として―

I　はじめに

　米国に本部を置く公認不正検査士協会（以下，ACFE）は1988年に設立され
全世界に約92,000人の会員を擁する世界組織である。

　日本公認不正検査士協会（ACFEジャパン）の2024年3月現在で個人会員は
約3,000人で法人会員は78社であり，CFE資格の受験者は毎年約500名程度で合
格者の資格登録業務と年20時間のCPE（継続教育）などを行っている。試験科
目は「財務取引と不正スキーム」，「法律」，「不正調査」および「不正の防止と
抑止」の4科目となっている。

　ACFEは1996年以降，2年ごとに世界の公認不正検査士の協力を得てGlobal
Fraud Survey を実施して"A Report to the Nations"（国民への報告書）を公表
している。この報告書の最新版は2022年に公表されたもので，サブタイトルと
して"2020 Global Study on Occupational Fraud and Abuse"（職業上の不正と
濫用に関するグローバルな研究）という名称が付いており，これは公表時の2年
前から2022年の報告書の作成準備が実際に開始されていることを示している。

　またACFEは，特に最近のESGに関する社会の関心の高まりから，2022年6
月に大手会計事務所の Grant Thornton会計事務所（以下，GT）と協働した成
果として，「ESG不正リスクについての報告書」を"Managing Fraud Risk in
an evolving ESG Environment"として公表している。

　一方，IFRS財団評議会（IFRS Foundation Trustees）は，2021年11月に同財
団の傘下に従来から存在する国際会計基準審議会（以下，IASB）に加えて，非

299

財務情報の開示基準を作成する国際サステナビリティ基準審議会（以下，ISSB）を設置し会計基準と非財務情報の開示基準の国際的な比較可能性を高めることを目指すようになった。

　上述のACFEやIFRS財団の取組みからもわかるように，従来の不正リスク管理の対象が非財務情報にも拡がりかつ対象範囲もグループ内の組織のみならずサプライチェーンなどにまで拡大することが予定されていることから，これらの非財務情報の開示内容に対して監査事務所またはその他の組織が，職業上の倫理規定および品質マネジメントの基準に加えて，どのような保証（限定的保証または合理的保証）が表明できるのかが問われており，2024年8月には国際監査及び保証基準審議会（以下，IAASB）の公開草案「サステナビリティ保証業務の一般的要求事項」が公表されたところである。現在の段階で個々の保証のレベル，例えば限定的保証または合理的保証など，がどのようになるのか判断することは難しい。しかしESG不正について考えられる不正の分類（タクソノミー）とESG不正の管理方法を研究することを通じて，E（環境），S（社会）およびG（ガバナンス）のそれぞれの分野におけるリスクの内容を予想することに加え，それぞれの分野と全体のリスク管理つまり不正リスクマネジメントの原則を明らかにすることは意味のあるものと思っている。ここでは，この問題を中心にして検討を進めることにする。

Ⅱ　職業上の不正の分類とそのリスク管理

　2022年に米国の本部が公表した"A Report To The Nations"では，職業上の不正について公認不正検査士から得られたデータに基づきまた特定の不正事例についての詳細な質問事項に対する回答から得られた情報により作成されている。

　職業上の不正には3つの主要カテゴリーがあるが，不正実行者はこの主要カテゴリーのうち複数を実行していた傾向がある。

1　資産の不正流用

　従業員が雇用組織の資源を盗むまたは濫用する不正で，事例数は86％で不正スキームの大多数を占める。不正の損失中央値は10万ドルと最も低かった。

資産の不正流用の手口については，偽造の請求書不正がその頻度と損失中央値が最も高く，次いで，小切手の改ざんおよび現金以外の資産の不正流用，また経費精算の不正が多かった。

職業上の不正の分類上での「資産流用の不正」は，まず「現金預金」と「棚卸資産及びその他の資産」に関わる不正に2分類され，次いで，現金預金は「手許現金」，「記帳済み現金の窃盗」，「不正支出」に3分類されている。棚卸資産及びその他の資産の不正は「不正流用」と「窃盗」2分類されている。さらに，それぞれの不正の分類に基づき不正の手口が示されている。

2 財務諸表不正

上記とは対照的に，不正実行者が組織の財務諸表に意図的に重要な虚偽表示をする財務諸表不正は，9％と最も頻度が少ないものの，最も損失額が大きい不正であり，損失中央値は59万ドルと最も高かった。

財務諸表不正は分類上，まず「純資産・純利益の過大計上」と「純資産・純利益の過少計上」に2分類され，次いで，それぞれの不正の分類に基づき不正の手口が示されている。

3 汚職

汚職による不正には，贈賄，利害の衝突や強要などによる金銭の授受などの違反行為を含み不正の頻度と経済的損害の双方で上記2つの不正の中間に位置する不正で，損失中央値は15万ドルであった。

汚職に関わる不正は分類上，まず「利益相反」，「贈収賄」，「違法な謝礼」，および「利益供与の強要」に4分類され，さらに，この中の利益相反と贈収賄については不正の手口が示されている。

これら，職業上の不正はどのような手段で隠ぺいされたかを調べたところ，書類の偽造および改ざんが多く，次に電子文書・ファイルの改ざんによる偽造が多かった。

III 職業上の不正の発見，不正の多い業界，不正対策の有効性および犯行者と不正の兆候について

1 不正の発見とその他の手続

　不正発見の速度と発見手段は不正の規模に大きく影響するため，不正調査において発見は重要な概念となる。また不正発見は不正防止のカギやヒントとなり，また，組織は不正発見手段の改善措置を事前に講じることができるからである。不正が発見される一般的な手段は，過去においても同様であったが，調査事例の約40％以上が「通報」であった。

　以下，不正の発見手段の順位とその割合を示すと，①通報（43％），②内部監査（15％），③マネジメントレビュー（12％），④その他（6％），⑤偶然，⑥勘定の照合（4％），⑦外部監査（4％），⑧書類の精査（3％），⑨監視監督（3％），⑩法執行機関の通知（2％），⑪IT統制（2％）⑫本人の自白（1％）などであった。

　上記の発見手段の順位をみると，<u>通報を奨励し通報者を高く評価することが組織にとって優先事項だといえる。</u>

　なお，内部通報者が不正を通報した相手の属性は，①直属の上司（28％），②その他（15％），③不正調査チーム（14％），④内部監査部（12％），⑤会社の役員（11％），⑥同僚（10％）などであった。

2 不正の多い業界

　職業上の不正の多い業界（上位10位まで）および損失中央値は以下の通りであった。

　①鉱業（475千ドル），②エネルギー（275千ドル），③不動産（254千ドル），④情報通信（250千ドル）⑤建設（200千ドル），⑥医療（200千ドル），⑦製造（198千ドル），⑧公共事業・電気ガス水道（163千ドル），⑨その他のサービス（150千ドル），⑩専門サービス（150千ドル）などであった。

3 不正対策の有効性

　不正防止と発見のための不正対策の実施は不正リスク管理に必要な要素であ

ESG 環境下における不正リスクの管理について　**補章②**

る。過去10年間にわたり不正対策の変化を経た結果，不正対策を講じてきた組織は，そうでない組織と比べると不正による損失額が低くなっており，不正を早期に発見していたと思われる。

10年前と比較すると，ホットラインの設置数は13％の増加率であり，不正対策方針の策定は13％，従業員向けの不正対策トレーニングの実施は11％，また管理職・役員向け不正対策トレーニングは９％それぞれ上昇している。

ACFEの調査によると，以下の不正対策が不正による損失の削減に貢献してきたといわれている。

①行動規範の策定（削減率51％），②内部監査部門（50％），③経営者による財務諸表への宣誓（50％），④財務諸表に係わる内部統制の外部監査の実施（50％），⑤マネジメントレビューの実施（50％），内部通報制度の充実（49％）などである。

4　不正犯行者と不正の兆候

不正の犯行者の組織内の職位と不正の規模には強い相関関係がある。オーナーまたは役員は，職位の低い従業員や管理職員より内部統制を形骸化できる地位にありまた組織の資産にアクセスしやすいことから，オーナーまたは役員に起因する不正は，損失中央値が多額になる傾向にある。

これは，従業員による不正の件数は全体の41％であるが損失中央値は６万ドルに過ぎない。また管理職員の不正の件数は全体の35％で損失中央値は15万ドルであるが，オーナーまたは役員不正の件数は全体の20％であったが，損失中央値は60万ドルとなっていることで説明ができる。

不正犯行者が示す行動面での不正の兆候を認識し理解することは，組織の不正発見と損失の低減に役立つと考えられている。

犯行者が示す行動面における不正の兆候で，７つの主な警告は以下の通りである。

①不相応な生活（42％），②経済的困窮（26％），③業者および顧客と必要以上に親密（19％），④職務分掌を渋るなど統制上の問題（15％），⑤怒りっぽい・疑い深く保身的（13％），⑥やり手だが不誠実（13％），⑦離婚など家族内に問題を抱える（12％）と指摘されている。

303

不正の兆候を分類すると，52％のケースで犯罪者は「自分の仕事」に関連した兆候を示すが，63％のケースでは犯行者は「自分の個人的な生活」に関連した兆候を示している。また犯行者が不正を働いている最中は業務に支障をきたすことが多くあり次のような要因があったと指摘されている。

　①職場で低い業績評価，②過度な欠勤，③失業の不安，④過度な遅刻，および⑤昇給や昇進が却下されたなどである。

5　不正発覚後の対応（Case Result）

（1）犯行者に対する社内処分

　犯行者の80％は何らかの処分を受けている。その内訳は，①解雇（66％），②犯行者が在籍せず（11％），③示談（11％），④退職（10％），⑤謹慎・停職（9％），⑩処分せず（5％）などの処分を受けている。

（2）法執行機関への訴え

　民事訴訟は28％で，このうちの41％が勝訴，36％は和解，21％が敗訴であった。刑事訴訟は59％で，このうちの76％が有罪で，12％が棄却，無罪が2％であった。損失中央値はそれぞれ民事訴訟で400万ドル，刑事訴訟で200万ドルであった。

Ⅳ　ESGサステナビリティ情報について

1　ESGサステナビリティ情報について

　この報告書（Managing Fraud Risks in an Evolving ESG Environment）はACFEとGT会計事務所との共同作業で作成されたものでESG不正を対象としている。従来の財務諸表は主に財務のデータの適正開示を目的にしていたが，気候変動などの非財務情報の開示に社会の関心が高まり，2021年11月にIFRS財団の傘下に非財務情報を担当するISSBが設置されてから急速にサステナビリティ情報の開示が注目されるようになった。

　サステナビリティ情報はESG情報とも呼ばれており，そのEは気候変動など

の「環境」であり，Sは組織体の「社会的な取り組み」を指し，そしてGは「組織のガバナンス」を意味している。

　ESG情報の認知度は急速に拡大してきており，製造設備や金融商品への投資やM&Aのための資金調達や，大学や社会福祉活動のための寄付金を受領するときには，ESG情報の内容は重要な考慮事項となってきており，組織のブランドとそのレピュテーションが大きな影響力を持つようになってきている。

　ESG不正は「内部不正と外部不正」に区分され，不正リスクを適切に抑制するための統制環境を構築していないときには，不正行為が起きる可能性が増大する。内部不正は組織内またはグループ内の組織が関与するESG情報の不実開示であるが，外部不正は，組織のサプライチェーンに関わるベンダー，契約当事者または顧客などの組織外の情報の不実開示によって引き起こされる。

2　ESGに関連する項目の例示（行動におけるESG）

「E」環境

　生息地の保全と拡大，生物多様性，炭素排出，環境汚染，持続可能性，エネルギー管理，環境負荷，天然資源の管理，梱包・包装，廃棄物管理，水資源効率，大気質（指数），温室効果ガス（GHG）排出，気候変動，生態的影響，環境への配慮，（社会的）包摂，社会責任投資，負債・影響，保護対策，（社会的）責任

「S」社会

　人材マネジメント，労働条件，ジェンダーの平等，従業員の福利厚生，コミュニティーへの投資，社会経済の発展，サプライチェーンの透明性，従業員との関係，人権，健康と安全，顧客の個人情報，労働基準，原材料と調達先，多様性，公平，包摂，多様性と帰属（DEI&B），データ保護，アクセスと適正負担，製品の信頼性と安全性，公平，リーダー，人間尊重，存在意義

「G」ガバナンス

　規則の遵守，企業行動，企業倫理，データプライバシー，内部統制，取締役会・経営陣の監視，腐敗防止，責任あるマーケティング，役員報酬，顧客と製品への責任，株主の権利，ビジネスモデルの強靱性，競争行動，システミック・リスクの管理，危機管理，リスクマネジメント，取締役会の独立性，法および

規制環境の管理など。

　上記でアンダーラインを付した事項はそれぞれ前後の項目と関連する項目である。

3　ESG不正のタクソノミー（分類）

（1）ESG情報の不正のトライアングル

　不正のトライアングルは不正を助長する条件を説明するフレームワークであって，不正のトライアングルの3要素である，動機，機会，および正当化に関連している。「動機」とは不正行為に及ぶインセンティブ，例えば経営層による目標達成への圧力などで，「機会」は不正行為を為し得る環境を指し，「正当化」とは不正を行う者が不正行為の実行が正当であると自分自身に信じ込ませることを指し，例えば，ESGの達成に向けて進むことは称賛されることであって責められることではないと不正行為を正当化することが起こり得ると思われる。

（2）ESG不正のタクソノミー（分類）

　ACFEの従来の「職業上の不正の体系図」における3つのカテゴリー，つまり「贈収賄及び汚職」，「資産の不正流用」，「財務諸表不正」に加えて，ESG不正タクソノミーでは，「**非財務情報の不正**」という4番目のカテゴリーを設けて，ESG報告に関する不正リスクを説明している（図表補2-1を参照のこと）。

（3）ESG不正リスク管理について－COSO[1]/ACFE Fraud Risk Management Guide（March 2023）を参考にして－

　ESGに関連する活動についての不正行為あるいは不正リスクを検討する際には，組織の財務，業務，レピュテーションに関する完全性を脅かす不正行為や潜在的な不正行為の存在を伝達することが重要となっている。「COSO/ACFEの不正リスク管理ガイド」は，これらのESGリスクに取り組むための全体的な手法を確保するうえで有用なフレームワークを提供している。しかし，ESGに

1） COSO の英語名は Committee of Sponsoring Organizations of the Treadway Commission の略で米国の内部統制基準の開発をする委員会である。ACFE は不正調査の専門家として COSO の「不正リスク管理タスクフォース」委員会（11 人）に 2 人の委員を拠出している。

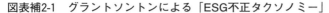

図表補2-1　グラントソントンによる「ESG不正タクソノミー」

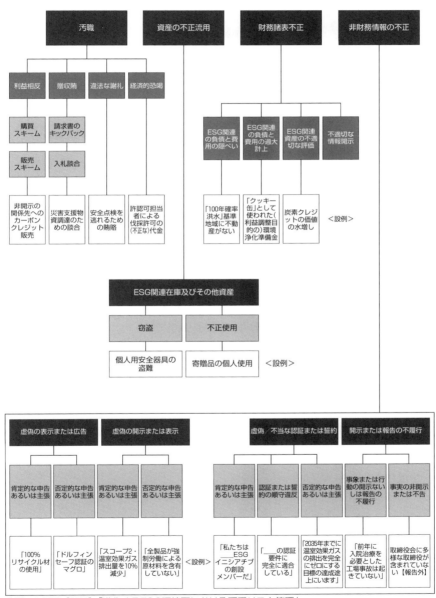

出所：ACFE［2023］「進化するESG環境下における不正リスク管理」。

関しては，今のところ，限られた指標しか存在せず統一的なガイダンスは存在してない。

例えば，ISSBでは何をもって重要情報とするかいった議論に関しては指針が具体的に示されていなく，企業などの組織としては「**ステークホルダーの意思決定に影響を与えるだろうか**」という問いに自らが対応するほかに方法がないように思われる。

なお，「不正行為」は，法廷で証明される犯罪行為を意味するが，本レポートでは，「不正行為が起きるかもれない」，つまりリスクがあるという意味で「不正リスク」という用語を使用している。

不正リスクの管理について「COSO/ACFEの不正リスク管理」では以下の提案を行っている。

不正リスクのガバナンス

・ESGの重要性に関する閾値を定義する
・自社に関連したフレームワークを特定し適用する
・ESGに関連した管理および報告プログラムの重要性を周知させトップの姿勢を明確にする（Tone at the Top）
・ESGについて組織のリスク選考に組み入れる
・従業員やベンダーの行動を設定した目標に照らして評価するために，ESGに関連する組織内の方針と手続き整備する
・インテグリティのある企業文化を推進し，正確性および透明性を重視する姿勢を強化する
・不正リスク評価を定期的に実施する，

不正リスク評価

・ESGの焦点を当てたサプライチェーンのリスク評価を実施
・主要な利害関係者からフィードバックを求める。
・ESG不正のタクソノミーを含む指針を活用する
・ステークホルダーと対話型ワークショップを設けて，内部統制とリスク軽減のために見直しをしていく
・ESG不正タクソノミーを自社の固有リスクに合わせて調整する，

不正統制活動

・サプライチェーンに対して強力な管理環境を構築する

・ESGに関する開示報告の強化をしていく

・自動化を活用し，変化する不正リスクを対象とした管理システムを強化する

・進化するESG不正リスクを対象とした統制システムを強化するために分析や自動化を活用する

・ESG不正に関する内部通報および調査能力を整備する

不正調査および是正活動

・ESG不正の防止研修の実施

・ESG不正の有無を確認するために，贈収賄および汚職防止プログラムを再検討する

・不正調査に協力的な組織との連携を確立する

不正リスク管理のモニタリング活動

・ESGリスク管理プログラムの主要業績管理指標（KPI）および主要リスク指標（KRI）を設定する

・ESG不正リスクに関わる管理報告書の作成し関連するプログラムを監視するための高度で予測的な分析能力を構築する

Ⅴ　おわりに－財務情報とESG情報の統合について－

　ESG不正は，組織が出資者，資金調達先，融資の実行者，その他の者の期待している便益を欺き，重要な非財務情報を意図的に隠ぺい，改ざん，または虚偽記載する手口が含まれ，組織は，ESGに関する主要業績評価指標（KPI），または関連業務についての重大な虚偽，不適切な表現，隠ぺいを行うおそれがあるので，すべての組織は，財務的な検討事項が企業の意思決定をけん引するのと同様に，ESG報告に関する指標と情報開示を，事業全体にわたって統合するべきであると考える。

財務的な検討項目に加えて，ESG不正はこれらの指標を含む開示と評価のプロセスにおいて厳格に管理されなくてはならず，COSO/ACFEの「不正リスク管理ガイド」はこれらのリスクに取り組むための全体的な手法を確保するうえで有能なフレームワークと提供しているとしている。

　環境，社会，ガバナンスの不正問題は，ほとんどの組織が直面する問題である。これらのリスクは不可避かもしれないが，不正による損失やレピュテーションの毀損は避けられないものではないと考えられるため，これら新たな脆弱性から組織を保護し，複雑なESG環境を乗り越えるために強力な基盤を構築することが重要となると考える。

（藤沼 亜起）

索　引

英数

AA1000 223
AAP 84
anti-competitive effect 118
ARGA 68
ASOBAC 21, 134
ASOBAT 138
BR（事業概況） 40, 41
Business Roundtable 123
CGC 13, 19, 38, 83
Climate Related Metrics 116
COSO 19, 107
COSO/ACFEの「不正リスク管理ガイド」 227, 310
COSOガイダンス 107, 120, 122-124
Credibilityシリンダー 22, 150
CTモデル 133, 142
EER（拡張する外部報告） 133
Elliott委員会 189
ERM（全社的リスクマネジメント） 111, 127
ESG情報 206
ESG投資 4
ESG不正 305
ESG不正のタクソノミー 306
ESG不正リスクについての報告書 299
FCPA 109
Financial Stability Board 115
Form 10-K 108
FRC 50
GHG排出量 116, 119, 210, 212, 219, 222
IAASB 209

IASB 209
IESBA 209
IFAC 205
IOSCO 205, 208
ISO14064（GHG検証基準） 208, 223
ISSB 209, 213, 218, 300
Managing Fraud Risk 299
MC（マネジメント・コメンタリー） 11, 217, 219
MD&A（財政状態および経営成績に関する経営者による討議と分析） 108
MD&Aガイダンス 109
OFR 34, 42
OI 187
Python 257
Reliability and Credibility 21
Risk Factors 118
Sarbanes and Oxley Act of 2002 110
Scope 1 119
Scope 2 119
SDGs 1
SEC 19
SEC「規則案」 111, 113
SR 45
SSC（スチュワードシップコード） 37, 46
TCFD 19, 113, 218
TCFD提言 113, 115
The Institute of Internal Auditors 123
1991 Federal Sentencing Guidelines 109
2006年会社法 39, 47
2023年コーポレートガバナンスコード改訂案 70
3つのディフェンスライン 123

311

3ラインモデル ……………………… 123

あ

アーカイバル手法 ……………………… 248
アカウンタビリティ ……………… 7, 13
アサーション ……………………… 140
アニュアルレポート ……………… 254

移行活動 ……………………………… 118
移行リスク ……………………… 118, 120
イノベーション ……………………… 2
インテグリティ（誠実性）……… 24, 236

ウォーカー報告書 ……………………… 37

汚職 ……………………………………… 273

か

海外不正支払防止法 ……………… 109
会計・監査・ガバナンス仮説 ……… 251
会計・保証・ガバナンス ……… 8, 10, 19
会計基準審議会（ASB）…………… 39
会計事務所 ……………………… 206
会計事務所系列会社 ……………… 206
会計主体 …………………………… 11
会計単位 …………………………… 11
会計メトリック …………………… 6
開示規準の「階層構造」…………… 156
外部不正 ……………………… 305
確信（Confidence）……… 22, 144, 229
ガバナンス …………………… 24
ガバナンス責任者 … 24, 143, 211, 216, 232
環境，社会，ガバナンスの不正問題 …… 310
環境報告書 …………………… 250
監査 …………………………… 135, 140
監査・保証方針報告書 …………… 64

監査等委員会設置会社 …………… 258
監査とコーポレートガバナンスの
　信頼回復 …………………………… 57
監査報酬 ……………………… 258
監査保証方針 ……………………… 84
監査リスク ……………………… 192
間接立証に関わる発見リスク ……… 160

機関設計 ……………………………… 24
企業改革法 ……………………… 110
企業家機能 ……………………… 3, 6
企業価値 ……………………………… 4
企業家論 ……………………… 2, 3
企業サステナビリティ報告指令 …… 172
企業ファンダメンタル …………… 250
企業ファンダメンタル仮説 ……… 251
気候関連機会 ……………………… 118
気候関連指標 ……………………… 116
キャドベリー委員会報告書 … 13, 19, 36, 38, 50
境界（boundary）………………… 120
共生価値 ……………………………… 6
金融安定理事会 ……………………… 115

グリーンウォッシュ ……………… 210
グリーンベリー委員会報告書 ……… 36
グローバル資本主義 ……………… 2, 5
グローバルリスク ……………………… 2

経営者による説明（MC）………… 11
経済的帰結 ……………………… 248
経済的困窮 ……………………… 303
継続的専門能力開発制度（CPD）……… 225
決定因子 ……………………… 248
限定的保証 …… 86, 197, 206, 212, 220, 222, 300
限定的保証業務 ……………… 139, 178

公益ステートメント ……………… 68
公開会社会計監査委員会（PCAOB）…… 110

312

索　引

行動面における不正の兆候……………303
合理的保証……84, 197, 212, 213, 220, 222, 300
合理的保証業務……………………139, 178
コーポレート・アカウンタビリティ………7
コーポレートガバナンス………1, 10, 12, 251
国際統合報告フレームワーク………5, 11, 230
国際内部監査人協会………………………123
コンセプトリリース………………………112

さ

財務情報……………………………………1
財務情報とESG情報の統合について………281
財務情報の質的特性………………………21
財務諸表情報に対する監査と連携した
　サステナビリティ関連財務情報に
　対する保証………………………………153
財務諸表不正……………………301, 306
座礁資産（stranded asset）………………119
サステナビリティ会計基準委員会財団…120
サステナビリティ会計基準審議会
　（SASB）……………………………………6
サステナビリティ関連財務情報
　…………………………………1, 6, 155, 165
サステナビリティ関連財務情報の
　基本命題…………………………………155
サステナビリティ関連財務情報保証の
　基本命題の翻訳…………………………160
サステナビリティ業績データ……………120
サステナビリティ経営…………………4, 6
サステナビリティ情報…… 1, 10, 165, 247, 304
サステナビリティ情報の範囲……………11
サステナビリティ情報保証における
　保証水準…………………………………161
サステナビリティ保証業務の
　一般的要求事項…………………………272
サステナビリティリスク…………3, 5, 6, 11
サステナビリティレポート………………254

資金主体論…………………………………15
資産の不正流用…………………300, 306
市場評価……………………………………251
市場評価仮説………………………………251
持続可能な資本主義………………………2
シナリオ分析………………………………118
指名委員会等設置会社……………………258
社外取締役比率……………………………258
重要性と発見リスク………………………159
証拠形成における実証主義と反証主義…158
情報内容……………………………………251
情報内容仮説………………………………251
情報リスク…………………………………191
情報利用者………………………22, 136
情報作成者………………………22, 144
証明…………………………………………137
証明報告書（attestation report）…………119
職業倫理規程………………………………141
女性役員比率………………………………258
シングルマテリアリティ…………………173
信憑性（Credibility）…… 10, 21, 133, 143, 227
信用（Trust）………………22, 133, 143, 227
信頼性（Reliability）…………………10, 21

ステークホルダー…………………………4
ステークホルダー論………………………3
スミス報告書………………………………37

政府見解……………………………………83
セーフハーバー……………………………220
責任表明…………………………231, 245
戦略報告書（SR）…………………………40

贈収賄及び汚職……………………………306
その他の保証プロバイダー………206, 215, 224
ソフトロー…………………………………13

313

た

ターンバルガイダンス ·····················44, 50
第三者意見 ···255
第三者保証 ···255
ダブルマテリアリティ ···························172

知識のスピルオーバー ···························221
忠実な表現 ··21
直接立証に関わる発見リスク ···············159

統合規程（The Combined Code）·······37, 50
統合思考 ···5
統合報告 ································3, 5, 206
統合報告書 ·····················142, 227, 254
投資リスク ···190
独立意見 ···255
独立保証 ···255
取締役（会）による「保証」··················150
取締役会 ···232
取締役人数 ···258
トレッドウェイ委員会 ···························109

な

内部統制 ··································1, 24, 219
内部統制の統合的枠組み ·······················110
内部不正と外部不正 ·······························277

日本的経営 ···8

は

ハードロー ··13
配当金支払実務報告書 ·····························66
反競争的効果 ···118
犯行者に対する社内処分 ·······················304

ピースミール・オピニオン ···················154
非監査報酬比率 ·····································258
非財務情報 ··ii, 5
非財務情報およびサステナビリティ情報
　ステートメント ··································45
非財務情報ステートメント ·····················45
非財務情報の不正 ·································306
ビジネスモデル発案機能 ···························4
ビジネスラウンドテーブル ···················123
ヒッグス報告書 ··37
品質管理基準 ···141

不完全性 ···3
不正行為 ···308
不正対策の有効性 ·································302
不正調査および是正活動 ·······················309
不正統制活動 ···309
不正発見・防止措置報告書 ·······················67
不正の分類（タクソノミー）···················300
不正リスク管理 ·····································300
不正リスク管理のモニタリング活動 ·······309
不正リスクのガバナンス ·······················308
不正リスク評価 ·····································308
不正リスクマネジメントの原則 ···············300
物理的リスク ·····························118, 120
分析リスク ···191

保証 ··································133, 206
保証業務 ··························137, 189
保証実施者 ·····················22, 136, 140
保証水準 ··························192, 222
保証プロバイダー ·································213
保証リスク ···192

ま

マテリアリティ ·····································213

索　引

命題の直接立証と間接立証……………………156

目的適合性 ………………………………………21

や

やり手だが不誠実………………………………303

ら

リスク管理および内部統制システム………50
リスク負担機能 …………………………………4
リスクマネジメント ………5, 24, 124, 127, 128
リスク要因 ……………………………………118
量刑ガイドライン……………………………109

レジリエンス報告書 ……………………………62
レモン市場 ………………………………………185

315

【執筆者紹介】（執筆順）

小西範幸（こにし・のりゆき）[序章，第1章，第5章，補章①]
※編著者紹介を参照のこと

上利悟史（あがり・さとし）[第1章，第4章]
金融庁

柿﨑 環（かきざき・たまき）[第2章，補章①]
明治大学法学部教授

小俣光文（おまた・みつふみ）[第3章]
明治大学経営学部教授

須藤修司（すとう・しゅうじ）[第5章]
公認会計士

山﨑秀彦（やまざき・ひでひこ）[第6章]
専修大学経営学部教授

蟹江 章（かにえ・あきら）[第7章]
青山学院大学大学院会計プロフェッション研究科教授

松本祥尚（まつもと・よしなお）[第8章]
関西大学大学院会計研究科教授

坂根純輝（さかね・よしてる）[第9章]
長崎県立大学経営学部准教授

平田沙織（ひらた・さおり）[第10章]
青山学院大学総合研究所客員研究員

矢澤憲一（やざわ・けんいち）[第11章]
青山学院大学経営学部教授

八田進二（はった・しんじ）[補章①]
青山学院大学名誉教授，大原大学院大学会計研究科教授

藤沼亜起（ふじぬま・つぐおき）[補章②]
（一社）日本公認不正検査士協会特別顧問，公認会計士，公認不正検査士

【編著者紹介】

小西　範幸（Noriyuki KONISHI）

青山学院大学大学院会計プロフェッション研究科教授
博士（経営学）南山大学
ダブリン大学トリニティカレッジ経営大学院客員教授
岡山大学大学院教授などを経て2009年より現職

【学外での主な活動】
国際会計研究学会会長
日本監査研究学会理事
（一社）日本取締役協会監事など

【主要論文】
・「企業家論と資金主体論の接合にみる統合報告」『会計プロフェッション』第19号
　（2024年）
・「統合報告と保証業務の課題・拡充」『現代監査』日本監査研究学会 第29号（2019年）
・The International Integrated Reporting Framework: Key Issues and Future
　Research Opportunities, *Journal of International Financial Management &
　Accounting*, Vol.25, Issue1（2014）
・「統合報告における「統合」の考え方」『国際会計研究学会年報』2011年度第2号
　（2012年度国際会計研究学会学会賞受賞）

2024年9月10日　初版発行　　　　　略称：サステナビリティ会計

サステナビリティ情報の会計・保証・ガバナンス

編　著　者　Ⓒ　小　西　範　幸

発　行　者　　　中　島　豊　彦

発行所　同 文 舘 出 版 株 式 会 社
東京都千代田区神田神保町1-41　　〒101-0051
営業（03）3294-1801　　編集（03）3294-1803
振替 00100-8-42935　　https://www.dobunkan.co.jp

Printed in Japan 2024　　　　　製版　一企画
　　　　　　　　　　　　　　印刷・製本　三美印刷

ISBN978-4-495-21066-3

JCOPY〈出版者著作権管理機構 委託出版物〉
本書の無断複製は著作権法上での例外を除き禁じられています。複製される
場合は，そのつど事前に，出版者著作権管理機構（電話 03-5244-5088，FAX
03-5244-5089，e-mail: info@jcopy.or.jp）の許諾を得てください。

日本監査研究学会叢書

〔研究シリーズ叢書〕

第1号『情報システム監査の課題と展開』第一法規出版，1988年6月。
第2号『中小会社監査』第一法規出版，1989年7月。
第3号『監査法人』第一法規出版，1990年6月。
第4号『地方自治体監査』第一法規出版，1991年6月。
第5号『新監査基準・準則』第一法規出版，1992年6月。
第6号『サンプリング・テスト』第一法規出版，1992年6月。
第7号『監査役監査』第一法規出版，1993年6月。
第8号『公認会計士試験制度』第一法規出版，1993年6月。
第9号『海外監査実務』第一法規出版，1994年2月。
第10号『国際監査基準』第一法規出版，1996年10月。
第11号『EUにおける会計・監査制度の調和化』中央経済社，1998年5月。
第12号『コーポレートガバナンスと内部監査機能』中央経済社，1999年11月。
第13号『会計士情報保証論』中央経済社，2000年11月。
第14号『ゴーイング・コンサーン情報の開示と監査』中央経済社，2001年11月。
第15号『監査問題と特記事項』中央経済社，2002年5月。

〔リサーチ・シリーズ〕

第Ⅰ号『監査のコスト・パフォーマンス』同文舘出版，2003年10月。
第Ⅱ号『現代監査への道』同文舘出版，2004年9月。
第Ⅲ号『政府監査基準の構造』同文舘出版，2005年5月。
第Ⅳ号『環境報告書の保証』同文舘出版，2006年5月。
第Ⅴ号『将来予測情報の監査』同文舘出版，2007年4月。
第Ⅵ号『会社法におけるコーポレート・ガバナンスと監査』同文舘出版，2008年4月。
第Ⅶ号『ITのリスク・統制・監査』同文舘出版，2009年9月。
第Ⅷ号『財務諸表外情報の開示と保証』同文舘出版，2010年10月。
第Ⅸ号『実証的監査理論の構築』同文舘出版，2012年1月。
第Ⅹ号『会計プロフェッションの職業倫理―教育・研修の充実を目指して―』同文舘出版，2012年4月。
第Ⅺ号『アカウンティング・プロフェッション論』同文舘出版，2013年10月。
第Ⅻ号『監査報告書の新展開』同文舘出版，2014年9月。
第ⅩⅢ号『監査人の職業的懐疑心』同文舘出版，2015年4月。
第ⅩⅣ号『監査役監査と公認会計士監査との連携のあり方』同文舘出版，2016年8月。
第ⅩⅤ号『中小企業の会計監査制度の探究―特別目的の財務諸表に対する保証業務―』同文舘出版，2017年7月。
第ⅩⅥ号『会計不正事例と監査』同文舘出版，2018年8月。
第ⅩⅦ号『監査の品質に関する研究』同文舘出版，2019年7月。
第ⅩⅧ号『テクノロジーの進化と監査―AIとデジタル技術が拓く新たな監査の可能性―』同文舘出版，2020年8月。
第ⅩⅨ号『監査領域の拡大を巡る問題』同文舘出版，2021年8月。
第ⅩⅩ号『地方自治体の監査基準に関する分析と検証』同文舘出版，2022年7月。
第ⅩⅪ号『監査人のローテーションに関する研究』同文舘出版，2023年8月。

※バックナンバーをお求めの方は，各出版社へ直接お問い合わせ下さい。

発行：日本監査研究学会
Ｂ５判

※『現代監査』バックナンバーについて
本機関誌は書店ではお求めになれません。バックナンバーをお求めの方は，同文舘出版内 日本監査研究学会事務連絡所（FAX：03-3294-1806, E-mail：audit@dobunkan.co.jp　URL：https://audit-association.jp/）までお問い合わせ下さい。